陆懋德文录

陈小赤　谯伟

邵华／编著

九州出版社
JIUZHOUPRESS

图书在版编目（CIP）数据

陆懋德文录 / 陈小赤，谯伟，邵华编著. -- 北京：
九州出版社，2022.12
ISBN 978-7-5225-1400-0

Ⅰ．①陆… Ⅱ．①陈… ②谯… ③邵… Ⅲ．①史学—
文集 Ⅳ．①K0-53

中国版本图书馆CIP数据核字(2022)第222892号

陆懋德文录

作　　者	陈小赤　谯　伟　邵　华　编著	
责任编辑	云岩涛	
出版发行	九州出版社	
地　　址	北京市西城区阜外大街甲35号(100037)	
发行电话	(010)68992190/3/5/6	
网　　址	www.jiuzhoupress.com	
印　　刷	定州启航印刷有限公司	
开　　本	710毫米×1000毫米　　16开	
印　　张	16.5	
字　　数	290千字	
版　　次	2022年12月第1版	
印　　次	2023年1月第1次印刷	
书　　号	ISBN 978-7-5225-1400-0	
定　　价	98.00元	

 前 言

　　陆懋德（1888—？），字用仪，别号咏沂，山东济南人。早年曾在山东高等学堂就读，1911 年 8 月，赴美留学。1914 年回国后，出版了《孙子兵法集释》《美法民政之比较》等专著。1919 年后，陆懋德相继在北京政法专科学校、清华大学、北平师范大学等高校任教，出版《周秦哲学史》一书。1923 年，陆懋德参与古史大论战，针对当时风靡一时的疑古思潮，发表《评顾颉刚〈古史辨〉》一文，引起学界轰动。此后，陆懋德完成《中国文化史》等系列论文，并在《学衡》杂志发表，成为该刊的重要支持者。1937 年 7 月，陆懋德随北平师范大学先迁至西安，后迁至城固，历任西安临时大学、西北联大、西北大学等校教授。抗战期间，陆懋德写作并出版《中国上古史》《中国史学史》等著作。同时，陆氏对汉中地区文化颇有兴趣，参与了何士骥、周国亭等人组织的张骞墓考古工作，并参与了对汉中地区文物古迹的多次调研考察。抗战胜利后，陆懋德返回北平，并在北平师范大学继续任教，讲授秦汉魏晋南北朝史。1949 年中华人民共和国成立后，陆氏曾在《光明日报》刊发多篇古史论文，积极投入学术研究中。1962 年左右，陆氏受佟冬邀请，赴东北文史研究所工作，此后活动不详。

　　就陆懋德所存留之学术遗产而言，目前学界已出版的有《周秦哲学史》《史学方法大纲》《中国史学史》。《中国文化史》及相关古史论文、史学方法论文、杂感等散落各处，未有整理。凡陆懋德已出版发行之著作，市面上能购买到的，编者不再做整理收

录。本书之辑录共分四个部分：第一部分专门收录《中国文化史》四章；第二部分以"古史钩沉"命名，就陆氏已发表且具有代表性的古史研究文章予以录入；第三部分名为"杂感与书评"，专门录入陆氏发表过的书评、随笔等文字；第四部分为"理论与方法"，收录陆氏在史学学科建制、中西史学史及研究方法等方面的论文。

所辑录之文字，由于作者当时表述之语法习惯、部分人名地名旧称谓及译名、参考文献格式书写习惯等，都迥异于当下，均照当时表述处理，尤其是古史类考证文章，辨识难度极大，编者对此进行了细致核校，纠正了个别参考文献征引之不确，改定了个别文字之误。此外，脚注部分为保留原貌，也未在格式上对其进行强行统一。因整理水平有限，书中若存在不足，祈请同道不吝赐教。

编者谨识

2022 年 7 月 28 日

 **凡 例**

1. 本书辑录之文献，原系繁体竖排，本书均改为横排简体。原文无标点的，由编校者重新加注标点；有明显错误的，则改正。行文中的标点符号按照当下用法做了改动，如加书名号、顿号等。

2. 本书辑录之文献，尽量保持原貌，不做任何修改。然文献当中所见漫漶残缺之字、衍误之字、不能辨识之字，皆以□标示。

3. 为方便读者阅读，所收录文章皆是按照时间顺序编排。

目 录

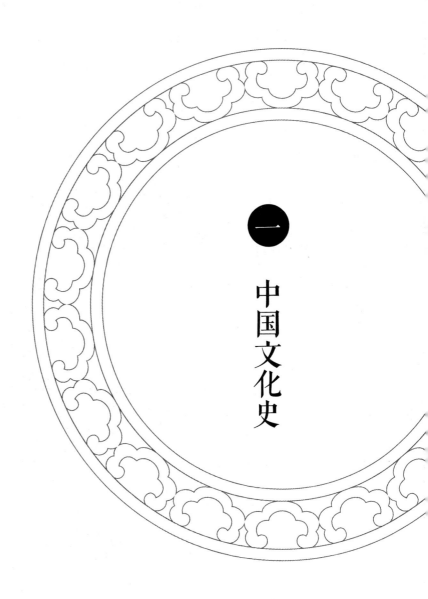

一

中国文化史

第一章　绪　论

文化史之研究

昔人作史，多注意朝代之政治，而不注意民族之文化。近数十年，西国学者始有文化史之著作。然其眼光所及，只知有欧洲人民之文化，与欧洲文化有关系之文化，如法人吉梭（Guizot）（1787—1874）作文化史，只述欧洲各国；法人塞诺波（Seignobos）作文化史，虽述埃及、巴比伦，而不及中国。其专言中国文化之书，如英人翟理斯（Giles）之《中国文化》（*Chinese Civilisation*）、法人拉非提（Laffitte）之《中国文化观》（*General View of Chinese Civilisation*），又皆材料缺乏，叙述简略。然求之吾国，亦尚无专书。夫亚洲在世界为文化发达最早之洲，中国在亚洲为文化发达最早之国。欲考其文化之真相，必上溯人种来源之始、石器时代之初、文字未兴之前。凡此各种问题，皆与地质学（Geology）、古生物学（Paleontology）、考古学（Archaeology）、人种学（Ethnology）、人类学（Anthropology）有关。而其材料，则不仅凭文字之记载，须有赖地下之发掘。考西人述欧洲文化，必首推希腊。希腊史学家希罗多德（Herodotus），西人称为"历史之父"，当其游埃及时，一老祭司谓之曰："汝希腊人不过如小儿。"（见希氏所作《古史辑存》。）吾国文化与埃及相比，孰为先后尚难论定（美人马克卜所作《文化进化论》，谓中国文化迟于埃及一千年，然未能举出证据）。然吾国人民至少当有数十万年之生

— 3 —

活，其文化至少当有五六千年之经历。英人韦尔斯（Wells）曰："当阿利安人语言生活传播东西之时，文化更高之人群已生存于埃及、美索不达米亚，或中国。"（《世界史纲》第十六章）此虽于中国用疑词之"或"字，然固以中国与埃及相提比论。余此后述中国文化史，即不能不取埃及老祭祀之态度，盖深信吾国文化之久远，虽俯视欧美各国如小儿，未足为过。［本书体裁，多仿英人巴克尔 Henry Thomas Buckle（1821—1862）《英国文化史》。］

文化之解释

　　"文化"二字究应作何解释？亦为作文化史者第一问题。此名词在英、德、法文为"civilisation"，亦为"culture"。一出于希腊语，原意为"市民"；一出于拉丁语，原意为"耕种"。现时多通用，不易分别。犹如吾国有"文明""文化"二名词。《周易》曰："文明以止，人文也。"又曰："观乎人文，以化成天下。"此其所本。近时日人于此类史书，则称文明史，而吾国则称文化史，其意亦无不同。美人吉丁斯（Giddings）曰："文化者，即包括有永久之家居，固定之生活，国家法律之易奉，心理道德之相似，各种人民之同化，社会组织之合成，以及政治、宗教、礼仪、习惯之日进于统一。"（《社会学要义》第二十二章）法人吉梭曰："文化者，笼统而不易捉摸，复杂而不易析解，隐秘而不易发现。"又曰："文化如民族之大市场，凡其生活所需，无不在此存贮。"（吉氏《欧洲文化史》第一章）余谓文化者，乃一国人学术、政治、风俗、礼教、美术、工作、嗜好、思想等所发现之特征；亦即一国人心理活动、生理活动之成绩；亦即一国人生活进步之结果；亦即一国人之生活。盖文化之为物，乃活动而非静止，乃继续而非间断。《易》又曰："观国之光。"用"光"字形容文化，极为合宜。美人马克卜（Mecabe）曰："文化乃相对之名词。"（《文化进化论》第一章）此言诚是。韩愈曰："孔子作《春秋》，诸侯用夷礼，则夷之。夷而进于中国，则中国之。"（《原道》）马端临称："凉州之地，自夷变为夏，始于汉，而殷富者则数百年。自夏后变为夷，始于唐，而伧荒者复数百年。"（《文献通考·舆地考》）然则文化必相比而后见其高下，初无一定之标准，亦无不变之程式。

世界文化之原始

文化之意义，即如前所释。然世界文化究始于何时？起于何处？仍未易言。盖世界人种是否出于一源？世界文化是否出于一处？至今尚为不能解决之问题。美人马克卜叙列世界文化，首为克里底（Crete，德按：此为欧洲之古国，多半沉入地中海内，今不可详），次为埃及，次为巴比伦，次为中国（《文化进化论》）。其书于一九二三年出版，可谓新著。然以余观之，其所定之先后次序，亦无甚确实根据。克里底现已难考（现时在希腊新发现之克里底石刻文数块，其文在希腊古文之前，惜至今欧洲人尚不能读），试以中国、埃及言之。若以帝王相比，则伏羲之王中国，与米尼斯（Menes）之王埃及，同在五千年前。而伏羲、米尼斯以前，必有若干帝王，皆不可考，又何能定其先后？若以著作相比，则黄帝之六铭（今所存《金人铭》即六铭之一，见《太平御览》卷五百九十引《皇览》。王应麟《困学纪闻》亦主此说。按：六铭汉时尚存，见《汉书·艺文志》。又按：《金人铭》今见刘向《说苑》及《孔子家语》，盖已经周初人译为今文）、塔侯太卜（Ptah-hotep）之箴言（塔氏为埃及第五朝君主，作箴言以诫青年。此书今尚存一部分，在巴黎博物院收藏），同在四千年前。而黄帝、塔侯以前，必有若干著作，亦不可考，又何能定其先后？其余二国相似之处亦多，如吾国古帝王称昊（太昊少昊乃帝王之称号，并非个人之人名。"昊"字从日，有视君如日之义），埃及古帝王称法老（埃及古文，法老即谓日之子，亦视君为日之义）；吾国有鸟篆，埃及有鸟文（埃及古文，画一幼鹅形即是子字，画一老鹅形即是母字）。又二国同用棺椁，同用车战，同重死葬，同重太牢，同以单音制字，同以朝代纪年。然欲定其先后，则不易言（西人谓：埃及古代善着色。发现之陶器，色彩如新，多年不变。余见近年河南出土之上古陶器亦然）。故世界古代文化是否同出一原，尚为未能解决之问题。

世界文化之比较

杨朱曰："太古之世灭矣，孰志之哉？"（《列子·杨朱篇》）盖人类之发现，至少已有百万余年（说本英人齐斯《古代人民考》）。而吾人所据之文字记载，至多不过数千余年。近时西国虽从事发掘古物，以证史事，然语其成绩，尚属幼稚。然则吾人于古代世界文化，所知盖已甚少，姑以西人所能考者言之。克里底（Crete）、阿泰兰体斯（Atlantis）、幼克唐（Yukton）相传均有极古之文化，然久已沉沦洋海，无从考证。其他在尼罗河一带者，则有埃及，五千年前，已有文化可考。在美索不达米亚一带者（此即底格里斯河、幼发拉底河之间）则有迦勒底（Chaldea）、亚述（Assyria）、巴比伦（Babylonia），四千年前，已有文化可考（据法人塞诺波《古代文化史》）。印度土人本无文化可言，距今约四千年前，阿利安人（Aryan）由西北侵入其地，占领全国，则至少四千年前，已有文化可考（据英人韦尔士《世界史纲》）。若以吾国比之，伏羲作八卦，既在五千年以上（详见下节），则其文化当在巴比伦、印度诸国之前，至少亦与埃及相等。若以成文之历史言之，印度、巴比伦皆无古史可证，埃及有曼尼收（Manetho）之史（曼氏为古代祭司，距今约二千二百余年，其书至今尚存，惟不完全），吾国有虞夏之书（《左传》引《尚书·虞书》[①]皆称《夏书》，是《虞书》亦为夏史官所记，详见赵翼《陔余丛考·卷一》。又按：夏距今至少在三千年以上），其内容高下，考古者自能辨之，若埃及五千年前之金字塔，诚为吾国所未有；而吾国五千年前之八卦，亦为埃及所不及。

---

① 《尚书·虞书》，以下简称《虞书》。

中国文化之原始

若但就中国考之，求其文化起点所在，亦未易言。古称"自开辟至春秋，凡二百二十六万年"（《春秋元命苞》），学者多以为虚诞，不知在人类史中，二百万年，并不足异，且在未发掘古迹以前，亦未能反证其说。古书述伏羲之事者，始见于《易·系辞》[①]（史迁、扬雄、班固均以《系辞》为孔子作），此书虽未必为孔子所作，然确为秦汉以前古书，即最谨严之古史家崔述亦宗其说（《补上古考信录》）。《系辞》称："庖羲氏（即伏羲氏）之王天下也。仰则观象于天，俯则观法于地。近取诸身，远取诸物，于是始作八卦。"（《易·系辞》）伏羲年代虽不可详，然据《系辞》，则伏羲在神农以前，而神农又在黄帝以前。据《史记》，由黄帝至帝尧凡五世（《史记·三代世表》），由帝尧至今为四千余年，已甚明了。再由尧上推七世至伏羲，定为五千年，实不为过。伏羲都陈（《帝王世纪》），即今河南陈县，是则五千年前，吾国文化始于伏羲，出河南。然伏羲既能作八卦，又能重为六十四卦（从《淮南子·要略训》。又按：孙星衍《周易集解》，亦主此说），当时之文化程度必已甚高。伏羲以前，不知经过几多帝王；八卦以前，又不知经过几多学理。据地质学家调查，中国北部，在冰川时代，已有人迹，而冰川时代距今至少为五万余年（地质学言冰川时代分四期，第一期距今为五十万年，第四期距今为五万年）。假定吾国人种有五万年之历史，可谓最少之估计。试思自伏羲以后，仅五千余年，今日文化成绩已能如此进步。伏羲以前，尚有四万余年，而谓毫无文化可观，谁其信之？然此尚待地下发掘为之证明。英人翟理斯曰："据中国之记载观之，则其文化之远，不如埃及。"（《中国文化》第十二章）然吾国历史以前之文化，正待吾人发掘，此时尚难断定。

---

① 《易·系辞》，以下简称《系辞》。

中国文化之来源

　　吾国文化为吾族自创，抑由外界输入？又成一问题。世界人种是否出于一源，至今尚未论定，则世界文化是否出于一源，今亦何能臆断。余谓人同此心，心同此理（本陆象山语），凡为人类，因环境之适合、生活之迫压，皆能自造文化。虽或相似，亦未必出于一源。西洋古国，如克里底大半沉于地中海，阿泰兰体斯沉于大西洋，幼克唐沉于南北美洲之间。迦勒底、巴比伦又久已灭亡，文物丧失，中国埃及虽至今存在，然最初皆无确实记载，无可证明。英人巴克（Parker）曰：“或谓中国文化受之于巴比伦、埃及，或谓彼等文化受之于中国，均乏确实证据。”（《诸夏原来》第三十一章）英人韦尔斯曰：“中国文化，似为自然发生，未受他助。”（《世界史纲》第十六章）英人罗素（Russell）曰：“中国文化乃欧洲以外完全独立之发达。”（《中国文化论载》，载一九二二年《世纪杂志》）此三说皆言吾国文化并非来自他国，其说颇为审慎。较之中国人盲从异说，反谓本国文化来自西方者，实远过之。近人或举器物相似之点，以为文化同源之证，不知日用器物取其便利，各人创造难免雷同。近年中国发现之石刀、石斧，虽形式与北美洲发现者略同（见日本人鸟居龙藏《南满洲古人种考》，美人劳夫尔《中国古玉考》），然此仅能证明二处人种之关系，而不足证明二处文化之孰为先进，孰为后起。关于人种之来源，将于第二章论之，兹不多叙。

中国文化之异点

　　前言吾国文化，或系闭门自造，不借他助。故其特别之异点，非他国所及。英人翟理斯曰：“他国文化，或断或亡。而中国文化何以自古至今，仍然存在？此问题永未得圆满之答案。”（《中国文化》）所谓文化至今存在者，即指历史未尝间断、语言未尝更换、文学未尝变异。凡二千余年，在宗教上、习惯上、文学上、政治上、道德上、美术上，仍然不失其自有之统系。美人罗斯（E. A. Ross）曰："古代中国文化盛于东亚，景教入中国，不久消灭。犹太人入开封，失其语言、宗教。满洲人入中国，亦失其语言、文学。"（德按：晋时胡羯人入中国，宋时辽金元人入中国，皆然）或谓："中国如大海，凡流入之物，无不溶化，此言诚然。"（《变化之华人论》，*Changing Chinese*）英人罗素曰："中国文化有若干处高于西国，至少亦西国之对手。"又曰："中国生于西国之前，或仍存于西国既亡之后，将来西国之兴衰，在中国史上，不过仅占数页之地位，且不过言在某时代内，受西人之侵扰，至某时代后，西人已衰，中国复享平安而已。"（《中国问题》）盖吾国有久远之历史，博大之哲学，优美之文学，丰富之物产，故一方面对自己之生殖力极强，一方面对外族之同化力极大。而一时间之盛衰强弱，皆不足介意。故虽有时外族侵入内地，而其文化则始终并不间断。此其文化之特异，西方各国殆无其比。而前引罗斯、罗素二氏之说，并非过誉。余又谓中国之所以能具此可惊之生殖力、同化力者，实因其人民繁众"取精多、用物宏"之故。

中国文化之传播

中国古代文化传播甚远，西方记载尚可考见。罗马人多勒麦（Ptolomy）著有《世界地志》（多氏生当吾国东汉安帝时代），内称"希瑞（Cerre）国（希瑞之字义即茧丝之谓），地大人众，东至东海，西至巴克陀利亚（Bactria，即波斯之一部，汉张骞曾至其地），人民文明，性质和平公俭，不好与他国交涉。然不惜以丝、皮、铁各货与他人交易"。又有阿米尼亚人楚润摩西（Choren Mosses）著有笔记（楚氏生当吾国东晋恭帝时代），内称："任那斯坦（Jenastan，任那，即支那之转音；斯坦，即邦国之意）为大平原国，东至世界之极边。其地出丝，其民富庶而文明，性爱和平。不但可称和平之友，且可生命之友。"（此二条均见英人玉尔所著《喀撒及至彼之路》第一册。）此皆记中国甚明，远在马可·波罗之游记以前，而吾国人知之者甚少。又如迦勒底旧称有民族，形色如中国人，自东北徙居于此地（法人塞诺波《古代文化史》）。叙利亚旧称一部分人之祖来自中国（英人玉尔所著《喀撒及至彼之路》第一册）。尧时，越裳国来朝（《述异记》）。周初，泥离国来朝（《拾遗记》）。法人包德尔（Pauther）以为越裳即来自迦勒底（见所著《中国政治之关系》），泥离即来自尼罗河畔（见所著《古代中国考》），此又见中西交通之早（罗马遣使中国在后汉时代，然私人交通必远在其前）。盖吾国与波斯、印度正式交通，虽在西汉时代（见《汉书·西域传》及《张骞传》），而私人交通必远在其前。当时波斯、印度早已通希腊、埃及，则中国与希腊、埃及，固已有相通之机会。又吾国已早通巴克陀利亚（张骞至巴克陀利亚在西汉时代，然私人交通必远在其前），由此西行，则达美索不达米亚（即迦勒底、巴比伦诸国所在）。再由此西行，则北达希腊，南达埃及。故迦勒底、巴比伦、埃及、希腊之习惯器物，多与中国相似。又如中国北部之动物，与美洲北部同源（据美国亚洲探险队安得思报告）；美洲古代之石器，与中国古代同状（据美人劳夫尔《中国古玉考》）；墨西哥发现之古玉，与中国古玉相仿（西历一九一六年，美国领事官桃木森，在墨西哥古井内发掘玉器金器多种，谓与亚洲发现者相似），此又古代中美二洲交通之证。至于日本（其文化或由春秋时吴人输入，见英人巴克《诸夏原来》三十六章）、高丽（其文化由商人箕子输入，见《史记》）、安南（周公时已通中国，即古之越裳氏，见《韩诗外传》）、暹罗（周公时已通中国，即古之扶南，见《古今注》）等国之文化，均得之吾国，固不待言。

中国文化之贡献

英人颉德（Kidd）曰："一国文化之高下，当以贡献于世界之多少为衡。"（《社会进化论》）余前已言吾国文化发达甚早，则其贡献于世界者亦必甚多。吾国人之茶、丝、纸、罗经、瓷器、火药，久为世界所取法，人尽知之。美人卜朗（Brown）有文一篇，历述吾国古代之发明，其言曰："在亚伯拉罕时代二百年以前，中国天文学家已有确实之测算记载。在耶稣纪元以前，中国人已用火炮。在欧人之祖先茹毛饮血、穴居野处时代，中国人已用茶、用胶，造火药、造陶器，以丝为衣服，以屋为居处。中国人发明活字印刷，在欧人发明活字印刷五百年以前。中国人发明拱形建筑，至今为西方建筑家所用。又如航海所不能不用之罗经，亦为中国人所发明。"（海斯丹勒《中国在太阳之地位》第三章引）英人韦尔斯曰："中国逐匈奴西去，以速罗马之灭亡，而救欧洲之停顿。中国人给世界以纸章，使能印书印报，以立新世界之根本。中国教蒙古人、匈奴人以战术，使几乎征服欧洲，以惊起欧人，遂有发现南非洲、北美洲之机会。"（《北京英文导报》，一九二四年五月二十二日《伦敦通信》）此就西人所知者言之，其余尚不可胜数。又如希腊古代之铜镜，与中国古代之铜镜相似；希腊古代之刻漏，与中国古代之刻漏相似（二说据英人翟理斯《中国及中国人考》）。余考吾国作镜，始于黄帝（《宣和博古图》），或至商周之际，流入希腊，为希腊铜镜之始。西人谓时计为克拉，英、德、法文皆同，其原出于拉丁语之克娄［据英人史其特（W.W.Skeat）《英国字源考》］。余考吾国作刻漏，亦始于黄帝（《隋书·天文志》），或至商周之际，流入希腊，再由希腊传于罗马，故至今字音尚同。又如希腊古代音乐，传自中国，西人久有此说（英人翟理斯《中国及中国人考》）；足球为西国所尚，而在吾国则为四千年前之蹴鞠（据刘向《别录》）。又如电影本于中国之走马灯（英国太子有此语）；远攻炮（欧战时德人所作，其力已及巴黎郭外）本于中国之二起炮（法人多有此说）。此见中国文化在世界上影响之大。

文化史之范围

文化史者，所以记人类社会进步之状况，与政治史专记治乱兴亡、法制史专记典章制度者不同。汉以前有书，名曰《世本》，内有制作篇，多纪先圣制作，近于文化史之性质。惜其书久亡（清儒有补辑本，惟不及十一），后来史家多不知此义。如黄帝时发明器物甚多，皆人生日用所需，文化史必详述之，以见生活之进步，而司马迁竟一字不提（《史记·五帝纪》）。汉明帝使人求佛书，为输入宗教之大事，文化史必详述之，以见思想之变化，而范蔚宗仅志以数语（《后汉书·西域传》）。反之，如《史记》叙楚汉战争，连篇累牍，文化史则可不著一字；《汉书》叙王莽篡位，连篇累牍，文化史又可不著一字。又如汉宫室建筑极精（如《三辅黄图》《两都赋》所叙，可见一斑），正史皆不载，而文化史则不可不记，以见工程之进步；汉画像雕刻极工（如孝堂山武梁祠石室所刻，可见一斑），正史皆不载，而文化史则不可不记，以见美术之进步。知此，则可见普通史与文化史之异别。昔隗禧讥《左传》为"相砍书"，王安石讥《春秋》为"断烂朝报"。李世勣对唐帝之言曰："此陛下家事。"余谓如能避去"相砍书""断烂朝报"及"陛下家事"之类，凡关于国人物质生活、精神生活之进步者，皆在文化史范围以内。

文化史之年代

吾国古称"自天地开辟至春秋获麟之岁，凡二百二十六万七千年"（《春秋元命苞》），昔人多以为妄，然习地质学、人种学者，皆知此数并不为大。实则至自有地球以来，至少已一万万年（据美人奥士彭《生命之来源及进化》），自有人类以来，至少已一百万年（据英人齐斯《古代人民考》）。而在此长久时间之内，自茹毛饮血、穴居野处，以至坐电车，乘飞艇，无一日非文化之进行，即无一日非文化史之材料。屈原有言："遂古之初，谁传道之。"（《楚辞·天问》）盖当时虽有多年之史事，惜无文字之记载，故埋没不彰，放失不传。美人鲁宾孙（Robinson）曰："人类已过之史，假如分订十册，每册千页。吾人所知者，尚不足最末一页之所记。"（《西欧发展史》第二章）此言极是。盖世界文字之发现，最早者距今亦不过五六千年。而文字所记载，又往往万不得一、千不得一。法人塞诺波作《文化史》，分有史以前为一期，有史以后为一期（《古代文化史》）。吾人须知，有史以后，虽有记载，而时间极短；有史以前，则时间甚长，惜无书可查。然则吾人对于历史之智识，固已为数无几。西国考古学家，由发掘（excavation）之结果，已知现时知识之有限。如十年前，塞诺波谓巴比伦文化在四千年前（《古代文化史》），而近时美国费拉德非亚大学在巴比伦已发现六千年前之古庙及石刻石画（见一九二四年二月十八日 Christian Science Monitors 报）。塞诺波谓埃及文化在五千年前（《古代文化史》），而近年英人又在埃及发现五千年前之古墓，内藏器物，精致异常（一九二三年伦敦《太晤士画报》详载其图）。由此又可推知，其文化去今必不止五六千年。英人齐恩（Keane）曰："自考古学进步以来，埃及文化，愈推愈远。"（《人类学》第四章）推之他国，推之吾国，何独不然。近人谓："尧舜至多不过为半开化部落之一酋长。"疑古未免太过。盖近人误以敢于疑古为科学方法，而不知真科学方法在疏通证明也。

时期之分配

西人分有史以前为三时期：①石器时代（Stone Age；*此时代又分为天然石器时代、人工石器时代*）；②铜器时代（Bronze Age）；③铁器时代（Iron Age）。始定此分期者，为丹麦国王家博物院，此事实在西历一八六〇年以后（*见英人哈顿《人类学史》*）。而吾国周末早有以石为兵（*此即天然石器时代*）、以玉为兵（*此即人工石器时代*）、以铜为兵（*此即铜器时代*）、以铁为兵（*此即铁器时代*）之语（*《越绝书·外传》*），此可谓最古之科学的分期法。惜后人多以此说为伪，而不之信（*《越绝书》虽纪春秋时事，而实为东汉人作*）。故唐宋人有时发现石斧，竟不知其为上古兵器，而以为雷公神斧（*周密《齐东野语》卷十二，沈括《梦溪笔谈》卷二十，均言此事*）。国人不学，其陋如此。十年前，日本人鸟居龙藏得石斧于朝阳铁岭，得石刀、石镞、石钻于辽河下流（*见所著《南满洲古人种考》*），然此数处在古代皆非汉族旧居，则其物亦非华人旧物。余于民国七八年间，在济南邹县、彰德等处，曾得是石凿、石刀、石斧数十具，此乃真为上古华人之遗物（*西人多谓中国未经过石器时代，其说大误。详见余所著《中国上古石器图说》，见《清华学报》第一卷第一期*）。其后民国十一年，瑞典人安特生（Andersson）得石器于河南渑池县。民国十三年，美人毕士博（Bishop）得石器于河南信阳州。于是石器始为人所注意。至于铜铁器品，吾国出土者甚多，不必细述。余又谓石器时代之内，同时亦用木类、骨类，惟木器易腐，今不可见。近年河南发现骨器颇多，余曾得骨刀一具，极为难得。（*李泰棻《中国史纲》特立木器时代、陶器时代二类，而不知西人所谓石器时代者，已包括木器、陶器而言。详见美人奥士彭《旧石器时代人民考》。*）时期之分配，其事甚难。大抵黄帝以前为石器时代，周末以前为铜器时代，秦汉以来为铁器时代。（*详见下章*）

史料之搜集

西人多以石器、铜器时代为历史前之时代，铁器时代为历史后之时代，按之吾国亦莫不然。如虞夏之书，皆政典誓诰，非正式史记。夏商虽已有史职（夏有太史，见《吕览·先识篇》，殷墟甲骨文亦有史字），然所任盖为卜祝之事。（三坟五典虽见《左传》，然未必为史书。《周礼》及伪孔《尚书序》，始言三皇五帝之书，然不足信。）自周以来，始入铁器时代，于是始有史官（史官之名始见《尚书·周书·金滕》篇，其职任则为册祝及收藏等事），始有史记。（周时各国有史，如《孟子》所谓"晋之乘，楚之梼杌，鲁之春秋"，皆是。）秦灭六国，尽燔诸国史书，独存《秦记》（见《史记·六国年表》）。今《秦记》亦亡，而《国语》《战国策》又非有统系之史，且今本亦非原书，于是周代史书只存《春秋》（孟子称为孔子所作）、《左传》（《史记》称为左丘明作，今本是否为左氏原书，已难证明，然必为周末遗著）、《竹书纪年》（《晋书》称汲郡人发魏襄王冢所得，今本已非原书）三种。而虞夏商周之书，亦仅存二十八篇（《书纬》称原有三千篇，孔子删为百篇，恐不可信）。夫有史以前即无史书，而有史以后又多亡失。欲考文化之起源，发展之遗迹，其事甚难。近时西人研究古史，必赖考古学之资助，即以发掘之古物证古代之文化，如英人之于埃及，美人之于巴比伦，成绩皆已卓著。汉人许慎曰："郡国往往于山川得鼎彝，其铭即前代古文。"（《说文解字·序》）可见古人已知注意及此。近因修造铁路，地下掘出古物不少。又如敦煌之发现古籍（内有汉代木札甚多，悉为法人得去，北京国书馆仅得六朝、隋唐人写经八千卷）、安阳之发现甲骨（皆商代文字，闻河南教士某西人曾得五万斤，见一九二四年六月十七日英文《东方时报》）、钜鹿之发现宋城（此城宋大观年间，为黄河所没）、渑池之发现石器（见瑞典人安特生《中国远古之文化》）、郑州之发现铜器（共百余件，皆周器，现存开封孔庙，惜无文字），皆有资于考证。如前十年，西人谓中国人上古未经过石器时代（美人劳夫尔《中国古玉考》），而不知石器已发现于河南渑池。又如近时华人谓商朝尚在石器时代（顾颉刚引胡适说，见十二年七月一日《努力周报》），而不知商代甲骨文为铜器所刻。古物与古史之关系，观此可见。然欲改造古史，非有大规模之发掘不可。

史料之鉴别

前言史料之搜集，一为古物，二为古籍。然古代器物多无文字，即有文字，亦甚简略，非好古敏求不能审定。周以前之书籍，存者无几，周以后之著述，真伪杂出，非博学慎思不能鉴别。如明人信韩愈之说，以《岣嵝碑》为《禹碑》，为作释文（杨慎作《禹碑》释文），而不知其字奇而不合法，韵奇而不合古，必为伪作（据顾炎武《金石文字记》）。宋人信李朝儒之说，谓铜盘铭得之凤翔府比干墓（张邦基《墨庄漫录》），而不知此盘实在唐时偃师县出土，并非比干墓物（据薛尚功《历代钟鼎彝器款识法帖》）。又如西人信《伪古文尚书》，研究《胤征》篇日蚀之日期，费数人之力，成书一册（一八八九年荷兰京城学士院出版《书经之日蚀》），而不知此篇为后人伪作，并非原书。西人又信《拾遗记》周初泥离国来朝，谓泥离来自埃及之尼罗河（见法人包德尔《古代中国考》），而不知《拾遗记》为晋人小说，原非实录。近时吾国学者又发生反动，处处勇于疑古。如近人谓三代以前无金属货币，而《尚书·尧典》[①] 有“金作赎刑”。夏字为大禹有天下之号，而《尧典》有“蛮夷猾夏”，遂谓《尧典》为后人伪作（梁启超《中国历史研究法》）。然以金属做成钱币，是否真始于三代？以夏字代表中国，是否真始于大禹？此为考古学尚未解决之问题。且古人谓铜为金，其计则以斤以两（王先谦《尚书孔传参正》已主此说），是金字并非确指钱币，古字多假借，传写易误。前人已谓“猾夏”本作“㹟扰”（同上），是夏字并非确指中夏。举此一端，即可见鉴别书古之不易。若论及发掘古物，考证时代，此又在考古学范围以内。未涉此学者，更无所容其讨论矣。

---

① 《尚书·尧典》，以下简称《尧典》。

第二章　开辟概略

开辟之想象

世人言及本国开辟故事，大抵皆为荒诞不经之神话。杨朱曰："太古之事灭矣，孰志之哉。"（《列子·杨朱篇》）盖当时既无文字之记载，不过凭人民之想象。既有想象，则父传之子，子传之孙，遂变为民族之故事。吾国古代人民，视本国为天下，且视本国为世界。故其本国开辟论与宇宙开辟论混而不分。虽其说多涉玄想，然亦可见最初人民之心理。《淮南子》述宇宙开辟之说曰："道始于虚霩，虚霩生宇宙，宇宙生气。清阳者薄靡而为天，重浊者凝滞而为地。清妙之合专易，重浊之凝竭难。故天先成而地后定，天地之袭精为阴阳，阴阳之专精为四时，四时之散精为万物。积阳之热气生火，火气之精者为日。积阴之寒为水，水气之精者为月。日月之淫为精者为星辰。"（《淮南子·天文训》）《淮南子》多存古说，此段必为古道家相传之旧说（《列子》所载之宇宙论亦与此相似，《周易乾凿度》《白虎通义》并袭其说）。而道家为古代最大之学派，自能代表多数学者之思想。其谓"道始于虚霩，虚霩生宇宙，宇宙生气"，至今吾人亦无以易之。然其说纯从阴阳二气推衍而出，不杂上帝制造、天神变化诸事，在古代已为近于科学的宇宙论。然此派理想仅足以代表当时之智识阶级，而未必能代表当时之普通民众。关于普通民众之思想，则又有盘古之神话，兹述于下。

盘古之传闻

吾国人民上溯世界之初，必言盘古。此说在中国各省流行甚广，入人甚深，或为自古相传之旧说，然其事不见于古籍。自六朝人始笔之书，其说曰："盘古氏者，天地万物之祖也。其死，头为四岳，目为日月，膏为江海，毛发为草木，气为风，声为雷。"（《述异记》）此以盘古为万物之祖，不但为人类之祖，盖古代以为人类万物必有共同之起源。即谓之为盘古，不过为假定之名词，并非真有此人，亦非真有此事。后人不达此义，遂信为实有。又因南海桂林间有大墓，相传为盘古氏墓（《述异记》称后人追葬其魂），遂信实有此人，不知此墓乃盘瓠之墓。而盘瓠为南蛮之祖（见《后汉书·南蛮传》），非内地所称之盘古。其他书传所记，虽杂神话，亦有可以学理为之证明者。如古称"十日并出，草木皆死"（《淮南子》），此古代日光极热之遗说。如称"天皇时遭劫火"（《真源赋》），此即古代火山喷火之遗说。如称"北方层冰万里厚百丈"（《神异经》），此即古代冰川南下之遗说。如称"海中行复扬尘"（《神仙传》），此即古代海陆变迁之遗说。如称"天柱折，地维绝"（《博物志》），此即古代地壳倾陷之遗说。凡此诸说，皆古代存留之印象。古之遗民，或得之亲见，或得之传闻。印象既深，故久而不忘。

亚洲之地势

吾国立国于亚洲，然今之亚洲，绝非数十万年前之情状。旧说称神人麻姑自谓："三见东海变为桑田，三见桑田变为东海。"（《神仙传》）以地质学之理论之，则自有地球以来，至少在一万万年以上（据美人奥士彭《生命之来源及进化》）。而此一万万年内，水陆陵谷之变，岂止三次，其实水陆陵谷皆不过地面升降之关系。昔年余在檀香山，曾乘玻璃船下视海底，见其石势起伏，与山顶无异（此地距城四十英里，为专备游客观海底之娱乐场）。然则山顶海底原无分别，不过地面升出若干里，则为山；地面降下若干里，则为海。美人奥士彭（Osborn）称亚洲为各洲之母（mother of continents），其为世界最老之大陆。不言可知，然此大陆自古至今时有变迁。以地质学说言之，在古生世期（Paleozoic）内（距今至少约一千万年以上），亚洲全部皆为冰川所没。其后冰川退出，亚洲北部变成高原，中部、南部则为大海，此时尚无喜马拉雅山。故此大海北至西伯利亚，南至印度，东至澳洲（此一带海水均有三叶虫发生）。亚洲西部则与欧洲东部相连，北部则与美洲北部相连。其后全球地壳忽生大变，有一期天气炎热，植物繁盛。而因地面升降数次之关系，亚洲煤矿遂以养成。又其后，有一期火山爆发，亚洲中部发生大变，中国西藏均有数处高出海面。而欧洲地中海忽由小亚细亚侵入亚洲，并将亚洲分而为二，大约横过蒙古与印度之间（地质学家称为古地中海）。至中生世期（Mesozoic）内（距今至少约五百万年以上），亚洲中部又逐渐高起，喜马拉雅山脉亦逐渐发现。中国北方与西伯利亚连合，中间仍为地中海所阻隔，但内有岛屿甚多。至新生世期（Cenozoic；距今至少约三十三万年以上），全球地壳忽又大变。欧洲发生阿尔伯斯山，以隔断亚欧二洲。亚洲发生喜马拉雅山，以隔断中印二国。地中海由此退出亚洲。而黄河、扬子江，遂横断亚洲中部。其后又经过火山时代、冰川时代，而因火山爆发、冰川冲刷之关系，地面改变又为不少。最末即为亚洲今日之现状。

中国之地势

前言在古生世期内，亚洲北部已有高原，中部则为大海。然考山东、满洲、山西、直隶各处，均发现玄古（Archaen）岩石（地质学家谓此为古生世期内最古之石），是知此数处曾为海岛。又考泰山（在山东省）、五台（在山西省）、南口（在京北）诸山之石，多为泥沙变形，则知此数处曾为海底（泰山附近汶河内，发现三叶虫化石甚多，此即大海中最初之生物）。在冰川南下之时，中国全部尽被淹没（西历一九〇三年，美国卡匮奇学院报告在中国宜昌发现古代冰川遗迹）。

及冰川退出之后，全部又成大海。惟秦岭一带（在陕西河南之间）变为大陆。其后中国北部、中部又逐渐高起。此时天气炎热，植物繁多。再后地面下陷，遂成煤矿。再后遭两次火山爆发，四川、西藏又高出水面，变为海岛。而中国东部、南部之地面，亦时有升降，变成海湾海港。在中生世期内，大海逐渐退出，陆地逐渐发现。惟中国南部仍多在海中，又因海水既退，高地变为平陆，低地变为湖沼，此类湖沼停积植物甚多，其后皆成煤田。此时中国北部与西伯利亚连合，南部与印度土股衔接。在新生世期内，中国中部、南部各陆地，大抵地位确定。所谓古地中海者（已见前节），完全退回欧洲。而黄河、扬子江两流域，亦大都稳固。其后又遭火山爆发，地面复有升降。中国北部如蒙古、满洲一带，尽成烈土。再后又遭冰川南下，中国北部以至扬子江流域，尽成冰窟。再后冰川既退，积水渐渴，戈壁沙漠（蒙古人谓沙漠为戈壁，汉人谓之瀚海，见《史记》）约成于此时（以上多采李仲揆《中国地势变迁小史》之说）。约略论之，中国地盘，至少已经七千万年以上（此因发现玄古岩石之故）。其间或由海底升为陆地，或由陆地降为海底，又不知共有若干次数。（宋人沈括《梦溪笔谈》卷二十四，言河北山崖之间，往往衔螺蚌壳及石子如鸟卵者，横互石壁如带，此乃昔之海滨。德按：此见宋人已知地质之学。）日本及中国台湾必有数次与中国大陆接联，山东、山西必有数次为海水环绕。在蒙古海（即戈壁沙漠）未发生以前，中国北部可以直达北美（此时美洲北部与亚洲北部接连）。在地中海未退出以前，中国中部可以直达西欧。其中有数期，冰天雪地，生物尽死。又有数期，火山遍野，沙石皆焦。此仅就近时所略知者言之。欲知其详，尚需十数年之查考也。

开国之年代

《春秋元命苞》称："天地开辟至春秋获麟之岁，凡二百二十六万七千年。分为十纪：一曰九头纪（即人皇氏），二曰五龙纪（共五姓），三曰摄提纪（共五十九姓），四曰合雒纪（共四姓），五曰连通纪（共六姓），六曰叙命纪（共四姓），七曰循蜚纪（共二十二姓），八曰因提纪（共十三氏），九曰禅通纪（共十八氏），十曰疏仡纪（自黄帝至春秋）。"余谓此说不见于周秦古书，盖世人相传之俗说，汉人始笔之于书。其所谓十纪者，虽不可尽信；而所谓二百万年者，则未可尽非。自有人类以来，欧洲学者已定为一百万年（据英人齐斯《古代人类考》）。而在亚洲，恐尚不止此数。最近法人李桑（Emile Licent）在甘肃北部发现人骨化石，定为一百万年至四十万年之久（见一九二三年十月二十八日英文《北京导报》），可见中国人种至少已有数十万年或百万年之生活。然则《元命苞》所谓二百万年者，并不为过。吾人如知地球之生命至少为一万万年，（据英人奥士彭《生命之来源及进化》），蠕形动物之生命至少为三千万年，脊椎动物之生命至少为二千万年，哺乳动物之生命至少为四百万年（据英人韦尔斯《世界史纲》），则区区二百万年之估计，又何足异。

人种西来之不确

吾国民族既由来已久，然究由本国发生，抑由外国迁来，又为未能解决之问题。西人有旧说，或谓中国人种来自马来半岛，或谓来自中亚细亚，或谓来自美索不达米亚（迦勒底巴比伦诸国所在之地）。余谓亚洲地势，北冷南热，最初民族未必由南迁北，则来自马来半岛之说不确。中亚细亚之开化，与黄河流域之开化，孰为早晚，至今尚未证明。则黄河流域之人来自中亚细亚之说，亦不能确定。其谓吾国人种来自迦勒底、巴比伦者，为说较有价值，在吾国亦较有势力。因二国开化极早，而其文字、习惯、形色、思想，又多于吾国相似，故华人多信其说（如刘光汉之《华夏篇》，章炳麟之《种性篇》，蒋智由之《中国人种考》，皆信华种西来之说）。余谓当二国开化之时，吾国亦在开化之期，尚未能定其孰为先进，孰为后进。且迦勒底有旧说，谓最初由民族形色如中国人，自东北徙居其地（据法人塞诺波《古代文化史》）。巴比伦亦有旧说，谓古代有民族状如蒙古人，自东北来，傍海筑城，为此处文化之始（据美人马克卜《文化进化论》）。据此言之，彼处方称东方民族徙入彼土，何能谓吾国人民来自彼处。祗因华人知东方民族徙入彼土之事者甚少，故多盲从旧说。美人劳夫尔又因中国发现之石器，多为在华之异族遗物，遂谓汉族入主中国，必在石器时代之后

（《中国古玉考》），近人又大信其说，以此为汉族外来之证据（如章鸿钊《石雅》、李泰棻的《中国史纲》，均信其说，不知其误）。不知近年山东、河南均发现石器（详见余所著《中国上古石器图说》，在《清华学报》第一年第一期）。则劳氏之说，实不能成立（瑞典人安特生已驳斥其说，见安氏所著《中国远古之文化》）。其余有谓吾国人种来自埃及者，有谓吾国人种来自阗者（在今新疆），均无确实证据。盖本国人尚无科学的研究、科学的发掘，则对于外人一知半解之说，未可轻信也。（参阅《学衡》第三十七期，缪凤林《中国民族西来辨》，编者附注。）

人种北来之假定

最近英人韦尔斯作《世界史纲》，对于中国人种来源，尚取存疑之态度。盖西国之东方学者，其知识仅限于埃及、巴比伦，而研究中国古事尚浅。美国亚洲探险队安得思（Andrews）颇主张华人由蒙古南下之说，盖彼已证明凡世界大动物皆发现于蒙古一带。动物既发源于此，则最初依动物为生之人类，当亦发源于此（详见一九二一年五月号《亚细亚杂志》）。此说发表后，美国纽约博物院长奥士彭（Osborn）来蒙古调查一次，并在北京发表论文一篇，名曰《蒙古或为原始人类之家》（详见一九二三年十月十日《北京英文导报》），此可谓最近之新说。余谓此说颇有理由。盖最初蒙古之戈壁沙漠，是一大海（汉时华人尚称此为瀚海，见《史记》），气候温暖，草木畅茂，故高等动物发源于此。及因地轴改变之关系，气候逐渐变冷，动物由北南下，然则中国人种发生于蒙古之说，亦为一种有力之理由。美人马克卜曰："近时美国人类学家，多谓三百万年前，北极一带，气候甚暖，哺乳动物均生于此。其后地势渐冷，动物南下。惟此时已有猿类，大概栖于树上。又因亚洲地形大变，希马拉雅山高起，平原由热变冷，林木逐渐枯槁，于是猿类又由树上生活，改为地上生活。其地当在中亚细亚，即为人类发源之地。"（《文化进化论》）此虽主张人类发源于中亚细亚，而动物既由北南下，则或先至蒙古，亦近情理。故余姑存吾国人种来自蒙古之说，以为现在之假定。其详尚待考查。

种族之分布

由前节之假定，则谓中国人为蒙古种，亦无不可。而此种内又分为若干民族。其入主黄河流域之民族，则自称曰"夏"。按：夏古作"夓"。《说文解字》曰："夓，中国之人也。百象首，臼象两手，夂象足。"盖言肢体完备，此为自夸之名词（"夏"字始见此《尧典》，然尧以前必早已通用）。此外则呼"东方曰夷，西方曰戎，南方曰蛮，北方曰狄"（《礼记·王制》），其原意则"夷者抵也，戎者凶也，蛮者慢也，狄者僻也"（《风俗通》），皆非良善之名词。此为古代贱人贵己之心理。然古代人民逐水草而居，迁徙无常，故夏族与夷、狄、戎、蛮，往往错杂而居。一有冲突，则战争发生。苏秦述历代之战争，始于"神农伐补遂，黄帝伐蚩尤。"（《战国策》）此即夏族与他种民族大冲突之始。其后，九黎、蛮夷、三苗（均见《虞夏书》），莱夷、淮夷（见《尚书·禹贡》[①]），鬼方、荆楚（见《诗经·商颂》[②]），狎狁、昆夷（见《诗经·周颂》[③]）诸族，均为古代极有势力之外族。其始夏族人口不多，地方不大，然夏族自古同化力极强，他族与之接触，不久即为所化，故异族部落日消，夏族范围日广。于是夏族所包又不止一族，故又称曰"诸夏"（"诸夏"二字始见《左传》，然周以前必早已通用）。兹将古代各族分布之区域条列如下：

诸夏组（即所谓汉族）据河南、山东大部，及山西、直隶、陕西之小部。

东夷组（莱夷、淮夷、徐夷、岛夷、嵎夷等）据山东海边及淮水流域。

荆吴组（附群舒）据湖北、江苏、安徽之一部。

苗蛮组（附黎濮等）据贵州、云南，并出没湖南、江西、广西等处。

北狄组（附鬼方、狎狁等）据山西、直隶之一部，其后为匈奴。

氐羌组（附巴、庸、骊戎等）据四川、甘肃及陕西之一部。

群貊组（知山戎、北戎等）据辽东及直隶北部，其后为胡。

---

① 《尚收·禹贡》，以下简称《禹贡》。

② 《诗经·商颂》，以下简称《商颂》。

③ 《尚收·周颂》，以下简称《周颂》。

文化之分布

夏族及其他民族分布之区，已如上所言。而论及文化之起源，则不能不以夏族为中心。其他各族虽不无若干补助，然至今皆不可考。洪水以前，吾国文化程度，必已甚高。洪水既降，古代文化多被埋没。幸洪水以后，人民安居乐业，文化进步甚速。而其发达之地，均在黄河流域。如伏羲都陈（《帝王世纪》），即今河南省陈县。然伏羲以前，则不可考。神农由陈徙于鲁（《帝王世纪》），即今山东省曲阜县。黄帝虽迁徙无常，而邑于涿鹿（《史记》），即今直隶省涿鹿县。少昊都曲阜（《帝王世纪》），即今山东省曲阜县。颛顼都帝丘（《帝王世纪》），即今直隶省濮阳县。帝喾都亳（《帝王世纪》），即今河南省偃师县。帝尧都平阳（《史记》），即今山西省临汾县。帝舜都蒲坂（《史记》），即今山西省蒲县。禹都安邑（《史记》），即今山西安邑县（尧、舜、大禹所以移入山西高原者，实为避洪水之故）。汤都亳（《史记》），即今河南偃师县。文王、武王都丰镐（《史记》），即今陕西长安县。当时帝都所在，即文化之中心。兹列表如下，以见各区域发达之顺序。

地名	都邑所在
河南陈县	伏羲、神农所都
山东曲阜县	神农、少昊所都
直隶涿鹿县	黄帝所都
直隶濮阳县	颛顼所都
河南偃师县	帝喾、商汤所都
山西临汾县	帝尧所都
山西蒲县	帝舜所都
山西安邑县	大禹所都
陕西长安县	文王、武王所都

石器时代之状况

石器时代分为二期：一为天然石器时代，二为人工石器时代。最古人民不知琢磨石器，只用天然石器。如拾石片，即用以为刀；拾石条，即用以为椎。其人民"穴居而野处"（《易·系辞》），"冬则居营窟，夏则居橧巢"（《礼记·礼运》[①]），"近山则食禽兽，饮血茹毛。近水则食鱼鳖螺蛤，未有火化"（《古史考》）。此时代内大抵为渔猎生活，此为天然石器时代。《越绝书》所谓"神农、赫胥之时，以石为兵"，即指此时，然其始必远在神农、赫胥之前。其后智识渐进，经验渐多，见石块而知选择，拾石块而知琢磨。或知钻孔以便佩带，或知磨痕以便束缚。其石钻甚锐，其石刀甚利。其人民已能为游牧生活，不但畋猎，且能畜牧。不但杀牲食肉，以应目前；且知畜养生殖，以备未来。此时或已知钻木取火，为熟食之始；已知抟土作物，为陶器之始。因器械便利之关系，而得生活安宁之结果；因畜养牛羊之关系，而得生活从容之结果。或竟能用极粗之符号，以为记识；或竟能用极组之器具，以为音乐。此时虽亦逐木草而居，而比昔日较有定处。虽无钱币，而以其所有，易其所无。此为人工石器时代。《越绝书》所谓"黄帝之时，以玉为兵"（玉即指石之磨治者），即指此时，然其始必远在黄帝以前。英齐恩（Keane）考欧洲后期石器之始，谓不能少于六万年以前（《人种学》五五页）。亚洲石器时代之久远，亦可由此推知。在此时期之内，同时亦用木材、兽骨为器，故《易》称为"斲木为耜，揉木为耒"（《系辞》）。《吕览》称"未有蚩尤之时，民固剥林木以战"（《荡兵篇》），木器易腐，今不可见。今河南发现骨制箭镞甚多（余在河南曾得骨刀一柄，极少见），是古代用骨器之证。

[①]《礼记·礼运》，以下简称《礼运》。

铜器时代之状况

铜器时代亦分为二期：一为赤铜时代，二为青铜时代。最初发现之铜，即为赤铜，此为纯铜。古称"黄帝采首山之铜"以造兵（《洞冥记》），此说虽不见于周秦古书，然蚩尤造五兵，已见《吕氏春秋》。蚩尤与黄帝同时，是黄帝时已入铜器时代（西史言埃及、巴比伦五千年前已用铜具）。其后，渐知化合之法，以锡入铜，则为青铜，此为杂铜。《周礼》记化合之法曰："金有六齐（即古"剂"字），六分其金（古人为铜为金）而锡居一，谓之钟鼎之齐。五分其金而锡居一，谓之斧斤之齐。四分其金而锡居一，谓之戈戟之齐。三分其金而锡居一，谓之大刃之齐。五分其金而锡居二，谓之削杀矢之齐。金锡半，谓之鉴燧之齐。"（《周礼·考工记》[①]）此盖古人相传之旧法。此时代内，其人氏已知范铜作物，以代石器。其于采铜之法，冶铜之法，先铸铜之法，已知研究。其民有定居，其居有宫室，其食有五谷，其衣有麻丝，其交易有货币，此由游牧生活，进为农田生活。又因刀兵坚利之结果，而居处平安。因文字发生之结果，而作事便利。其后有社会之组织、政府之建设、音乐之改良、文学之进步，此为铜器时代。《越绝书》所谓"禹穴之时，以铜为兵"，即指此时。然其时必甚久，约自黄帝以后至秦汉之初。用铜之初，仅用以造刀兵，其后用以造鼎彝。后世发现古代铜器，如虞舜匕首（《汉书·王莽传》），汉时尚存；夏禹铜钟（薛尚功《历代钟鼎彝器款识法贴》卷一引张怀瓘《二王等书录》），宋时尚存。今夏器已不可见，然商代铜器出土者尚多（余家藏蚕文刀、虺文献皆商器）。夏以前之铜器，现今久未发现。非从事掘地，不足以资考证。（胡适谓商代尚在石器时代，此实大误。盖彼未见商代古器，且不知甲骨文用铜刀所刻。）又按：楚子赐郑伯金，与之盟曰："无以铸兵。"（《左传·僖公·僖公十八年》）赵襄子困于晋阳曰："吾箭已足矣，奈无金何。"（《韩非子·十过篇》）秦收天下之兵，铸为金人十二（贾谊《过秦论》），此金字即指铜而言。可见至周末秦初，尚以铜造兵（梁人江淹《铜剑赞》序言之颇详）。

---

① 《周礼·考工记》，以下简称《考工记》。

铁器时代之状况

铁器时代为有史以前最末之期，亦为有史以后最初之期。余考吾国用铁甚早，铁字已见《禹贡》。近人谓《禹贡》时无铁（胡适有此说，见《努力周报》增刊十二期），因疑《禹贡》为伪书，不知铜器时代内并非无铁。不过因铜易冶治，而铁不易冶治，故用铜，而不用铁。英人巴勤（Parkyn）言埃及三千年前古墓中已有铁器（《历史前之美术》第十章），此即铜器时代内已用铁器之证。故余谓吾国用铁之始，或竟在商代以前，至周末已渐通用。如驷铁见于《诗经》（《国风》），铁耕见于《孟子》（《滕文公篇》），铁鉒见于《荀子》（《议兵篇》），铁幕见于《战国策》（《韩策》），铁室见于《韩非子》（《内储说》），铁甲、铁丈见于《吕氏春秋》（《开春论》），此可为铁器渐行之证。然至今发现古物，惟铁器甚少者，实因当时虽有铁器，而贵重物品仍用铜制；又因铁质一触氧气，即易销蚀，入土未久，即难完整，故古代铁器间有存者，亦必唐宋前后之物。此时代在吾国即代表自周代以后之文化。《越绝书》所谓"当此之时（此指周末时代），作铁兵"，即指此时。然此时虽已用铁，而仍多用铜。贾谊称秦收天下之兵，铸为金人十二（《过秦论》），此可为证。又按，应劭曰："古者以铜为兵。"（《史记集解》卷六引）劭为东汉人，谓铜兵为古，可见至东汉始不以铜造兵（近时出土之东汉弩机，仍皆铜制）。然自周末至今日，皆可谓在铁器时代之内。其特异之点，即为兵器家具之精利，居处日用之美备，哲学思想之发达，文字语言之统一，政治组织之改良，图画美术之进步。此时代又可分为二期：①前铁器时代，即炼钢术未发明以前。②后铁器时代，即炼钢术既发明以后。前期为农业时代、手工时代；后期为由农业进为工业之时代，由于手工进为机械之时代。此即最近之世纪也。

（载《学衡》1925 年第 41 期）

第三章　三皇五帝时代

　　吾国人上溯文化之原始，必数及三皇五帝。杨朱曰："三皇之事，若存若亡。五帝之事，若觉若梦。"（《列子》引）盖三皇五帝之事，周人已不能详。崔述疑三皇五帝之说，皆起于战国以后（《补上古考信录》卷上前论），其实亦不尽然。余考伏羲、神农已见《易·系辞》（汉儒均谓孔子作《系辞》。余按：其内多称子曰云云，盖门弟子所记），是三皇已举其二。而《史记》称"《春秋》《国语》，其发明《五帝德》"（史迁所见之《春秋》《国语》，必系原本），是则三皇五帝之名，战国以前，当已有之。孔子纂书，断自尧舜（《汉书·艺文志》），盖尧舜以前之事，不可详矣。而后人叙述三皇五帝者，反又甚多（如司马迁《史记·五帝本纪》[①]，皇甫谧《帝王世纪》，徐整《三五历记》，司马贞《三皇本纪》）。夫周人不能详之事，而汉晋人能详之，盖无此理。然以近时西人治古史之成绩言之，多有前人不能详而今人能详者，盖皆据地下之发掘，以补古史之不足（如埃及、迦勒底、亚西里亚、巴比伦之古史，皆已久亡，近皆由今人补作）。今观汉晋人之于三皇五帝，大抵仅凭传闻，并未有何发掘，则不成信史，自不待言。且三皇之人物，亦不一说。王符曰："世传三皇，多以伏羲、神农为三皇。其一者或曰燧人，或曰祝融，或曰女娲。"（《潜夫论·五德志》）应劭曰："燧人之功，重于女娲、祝融。"（《风俗通义·皇霸》）今从多数人之说，定以燧人、伏羲、神农为三皇（《尚书大传》《白虎通义》并同此说）。旧称燧人教民以渔，伏羲教民以猎（《北堂书钞》卷十引《尸子》），神农教民以农作（《白虎通义》）。由渔猎而耕稼，此即古人生活进步必经之阶级（详见美人伊勒《工业社会之进化》二十六页、二十七页）。故《尚书大传》称三皇曰："天地人道备。"（后世天皇、地皇、人皇

---

① 《史记·五帝本纪》，以下简称《五帝本纪》。

— 27 —

之说，盖出于此。）五帝之人物，亦不一其说。今亦从多数人之说，定黄帝、颛顼、帝喾、帝尧、帝舜为五帝（司马迁、班固、应劭，并同此说）。余谓上古民族所以能成此大国者，必赖有无数智力超众之首领。因书册未兴，故事迹未传，谓之三皇也可，谓之五帝也亦可。其实三皇五帝之称谓，皆非真实名号（其名皆传言，并无意义），而上古智力超众之首领，其人数亦不止于三、五。《尚书》虽始于《尧典》，本非尧时记录（刘逢禄定为夏史所修，魏源定为周史所修）。《史记》虽始于黄帝，尤无信史可据。至于三皇五帝，究竟有无其人，此又在考古学范围以内。正如埃及古帝王，有待于地下发掘，非书本所能证明（埃及发现五千年前帝王尸骨多具，现存开罗博物院）。孔子称尧时焕乎其有文章（《论语》），此五帝时代文化大有可观之证。此期内之古物，现存者甚少（虞帝七首，汉时尚存，见《汉书·王莽传》）。如石刀、石斧（详见前章），及贝币、铲币、磬币（河南出土之铜币，其形如铲、如磬，上无文字），当属此时代之遗物。此期为吾国文化起源之时代，在西方则为埃及金字塔时代，及迦勒底、巴比伦文化起源之时代。

民　族

关于人种来源之说，已见上章，兹不再述。吾国在此时代，地形大抵稳固。其人种或由蒙古南下（详见前章），大约所谓夏族者，即取道于中国西北部，再自西而东，沿黄河而下。法人奥非拉（Hovelaque）谓中国古书多言神人来自西方，此即人种西来之一证 [《中国考》（*La Chine*）[①] 卷二第一章]。盖太古人民顺黄河而东下，至少必经数千年之久，而此西来之印象，即留存于脑中。伏羲以前无考，旧说称："伏羲之母居于华胥……生伏羲于成纪。"（《帝王世纪》）华胥在陕西蓝田县，成纪在甘肃秦州（今天水县）。旧说又称："兹州文城县有孟门山，伏羲时龙马负图出此。"（《新唐书·地理志》）文城县即今山西吉县，此伏羲来自西北部之证。在周以前之古书，虽无确据（《左传》仅言陈为太昊之墟），而旧说如此，或有所本，盖由甘肃、陕西、山西以入河南（伏羲都陈，今陈县）。其后神农由河南迁山东（都曲阜），黄帝定居河南、直隶（《帝王

---

① *La Chine*，陆懋德对其翻译并不固定，此处译为《中国考》，后文亦可见《中国》《古代中国考》等译名。——编者注

世纪》曰都有熊，《史记》曰邑涿鹿。按：有熊即今河南新郑县，涿鹿今属直隶）。至尧遭洪水，又复迁回山西。伏羲之后，经过女娲而至神农。考伏羲、女娲皆风姓；而神农、黄帝皆出于少典氏，其母皆出于女娲氏（《三皇本纪》注引《国语》）；颛顼、帝喾及尧舜，又皆出于黄帝（《史记·五帝本纪》），此为一家民族占据黄河流域之证。古代同姓结婚，自伏羲至尧舜，为一家族相传。而此最初来自西北之民族，即所谓夏族。夏字古作"嬰"，象首足两臂完具之形。《说文解字》曰："嬰，中国之人也。"此盖最初民族自尊之名称（北极爱斯其摩人，称曰人，亦是此意）。同时甚古之民族，尚有二种：一曰九黎（其后为三苗，见《尚书正义·孔疏》），二曰荤粥①（其后为鬼方、猃狁、山戎，见《史记索隐》。又其后为匈奴，见《汉书·匈奴传》）。九黎之君曰蚩尤（此从马融《尚书注》及高诱《战国策注》，与郑玄说不同），其文化在当时已甚发达，能作五刑（从《尚书·周书·吕刑》②今文家说）。又作五兵（《史记索隐》卷一引《管子》，按：《世本》称蚩尤以金造兵），其俗民神杂糅，夫人作享，家为巫史，尜享无度，民渎齐盟（《国语·晋语》）。九黎为三苗之祖，其地当在中国南部（据《战国策·魏策》吴起语），后为黄帝所败，退居洞庭以南。（《尚书正义》孔疏谓周穆王深恶此族，著其氏而谓之民，民者，冥也）。荤粥（亦作熏鬻），在中国北部。其文化不及九黎。其后为黄帝所逐，退居长城一带。二族盖先后由蒙古南下，一入东北，一入西南，夏族则夹黄河两岸。其后同欲争据黄河流域，而二族终皆失败。（法人拉克伯里《中国太古文明西元论》，谓黎有黑意，而迦勒底古代亦有黑头人之名。）兹将三皇五帝都邑及年代列表如下（《皇览》曰"蚩尤冢在东郡寿张县"）。

名称	都邑所在	距今年岁
燧人（未详）	未详	未详（从《帝王世纪》，列燧人于伏羲前）
伏羲（风姓）	河南陈县（据《左传·昭公十七年》）	五千余年（详考见前第一章）
黄帝（公孙姓）	直隶涿鹿县（据《史记·五帝本纪》）	未详
颛顼（姬姓）	直隶濮阳县（据《史记·五帝本纪》）	未详
帝喾（姬姓）	河南偃师县（同前）	未详
帝尧（祁姓）	山西临汾县（据《帝王世纪》）	四千余年（据《史记·三代世表》，再加以尧舜在位之年）
帝舜（姚姓）	山西蒲县（据《括地志》）	四千余年（同前）

---

① 荤粥，陆懋德对其的称谓并不固定，后文亦可见"熏鬻""薰鬻""獯鬻"等，为保留原貌，故不做强行统一。

② 《尚书·周书·吕刑》，以下简称《吕刑》。

三 皇

《韩非子》称："上古民食螺蛤，腥臊恶臭，伤害腹胃。有圣人作，钻燧取火，以化腥臊。而民悦之，使王天下。号曰燧人氏。"（《韩非子·五蠹》）盖最初无火，燧人氏或偶然以二木相摩，或以他物钻木（埃及地下发现之上古取火具，形如中国木工所用之钻。上有弓，使之旋转。见法人 Maspero《文化原始》三一八页），忽见火出，一试再试，遂得取火之术。此虽为偶然之遇合（英人穆勒·约翰曰："创造者即取适当之物置于适当之地。"），且火之为利甚大，谓为世界最大发明，亦不为过。故古人称其发明家曰"圣人"（《礼记·礼运》曰：上古未知火化，后圣有作，然后修火之利）。《尸子》曰："燧人教（民以）渔。"（《北堂书钞》卷十引）此又见燧人为渔业生活之始。旧称："伏羲观象于天，观法于地，近取诸身，远取诸物，始作八卦，以通神明之德，以类万物之情。"（《易·系辞》）八卦内，☰即天字，☷即地字，☴即风字，☶即山字，☵即水字，☲即火字，☳即雷字，☱即泽字（《周易乾凿度》）。盖即极单简之象形字，与西方楔形文（Cuneiform Writing）相似（巴比伦、波斯均有此文）。刘知几称："伏羲造书契以代结绳。"（《史通·古今正史》）此可为证当时原以八卦代表天然界之巨象，其后即借以指示人事之吉凶，及重为六十四卦（《淮南子》谓六十四卦为伏羲所衍），乃于宇宙问题无所不包，此实五千年前一大著作。六十四卦名，当时未必有其文，而其文即寓于画之中（马骕《绎史》卷三语），此可谓世界最古之哲学。《尸子》曰："伏羲教民以猎。"（《北堂书钞》卷十引）此又见伏羲为田猎生活之始。（齐召南《历代帝王年表》曰：伏羲葬陈州城北三里。）神农氏斫木为耜，揉木为耒（《易·系辞》）；因天之时，分地之利，教民农作（《白虎通义》）；以为行虫走兽，难以养民，乃求可食之物，察酸苦之味，教民食五谷（陆贾《新语》）。故后世言农者宗之，此为农业生活之始。（《三皇本纪》曰：神农葬长沙。）

五　帝

《史记》称黄帝习用干戈，以征不享（《史记·五帝本纪》），此为武功定天下之始。当时之外患有二：九黎为南部有力之异族，荤粥为北方有力之异族。荤粥盖在长城一带，九黎盖在大江以南（见前）。关于南方者，黄帝以后，有颛顼之用兵，尧舜之用兵，大禹之用兵，其崛强可知。关于北方者，黄帝以后，有殷高宗之用兵，周宣王之用兵，齐桓公之用兵，其崛强又可知。黄帝之战功，史多不详，吾人仅知其杀蚩尤（《逸周书·尝麦解》），逐荤粥（《史记·五帝本纪》）二事。盖黄帝是时已造弓矢（《世本》），并发明大弩（谯周《古史考》。又按：《史记正义》谓蚩尤作大弩。其说本晋以后人，不可信），故能征服四方。假如古时无黄帝之武力，或夏族竟为他族所并，亦未可知。（《皇览》曰：黄帝葬桥山，在今陕西中部县西北。）颛顼、帝喾二君，皆黄帝之后。按旧说：周末畴人分散，所记有《颛顼历》（《汉书·律历志》）。而《国语》亦称，帝喾能序三辰以固民（《国语·鲁语》）。盖自黄帝制定历法，其后失序，复经颛顼、帝喾修而明之，此甚有功于授时便民。（《皇览》曰：颛顼、帝喾均葬顿丘，在今直隶清丰县西南。）古称五帝以天下为官，官天下，让贤是也（刘向《说苑》）。盖五帝之时，制度简易，人心淳朴，凡有大功于民，则奉之以为君。（崔述《补上古考信录》曰：唐虞以上无所谓禅亦无所谓继，故曰：唐虞禅，夏殷周继。）尧舜皆为黄帝之后，尧能舍其子而让舜，其后舜又舍其子而让禹，盖在尧为让贤，在舜为让功。（尧朝舜见《孟子》，舜放尧见《史通》引《汲冢周书》，盖皆传闻之误。又按：《三国志·魏书》注曹丕篡位。谓人曰：舜禹之事，吾知之矣。此盖过于疑古。）尧舜禅让，诚为吾国民族之美德。（《括地志》曰：尧陵在濮州雷泽，今山东濮县。《汉书·刘向传》曰"舜葬苍梧"，皇甫谧谓在九嶷山，王应麟谓在东海县苍梧山。按：东海县今属江苏。）民国以来，以舜之《卿云歌》为国歌，即以推贤让功为共和精神。《卿云歌》曰："卿云烂兮，糺缦缦兮。日月光华，旦复旦兮。"（《尚书大传》）

疆　域

吾国自伏羲以来，黄河流域，久为夏族所据。然其四界所至，则不可考。盖上古之时，大抵以游牧为生，迁徙无定。凡其人民所至之地，即视为自己之领土。又因夏族势力极伟，黄河流域以外，虽有异族，而多附属于夏族，故旧说皆谓吾国最古之疆域极大。所谓"黄帝以来，德不及远。惟于神州之内，分为九州。"（《帝王世纪》）此盖上古所留遗印象如此。尧使禹平治洪水，重定九州，而后疆域之界限可考。《尧典》称"协和万邦"。王充曰："此美尧化诸夏并及夷狄，言协和方外，可也；言万国，增之也。"（《论衡·艺增篇》）王充虽不信万邦之说，然刘向曰："尧有天下……其地南至交趾，北至幽都，东西至日所出入。"（《说苑·反质篇》）此说并见《墨子》（《节用篇》）、《韩非子》（《十过篇》）及《淮南子》（《修务训》），是必西汉以前相传之古说。再以《尧典》证之，尧命羲仲东宅嵎夷，和仲西宅昧谷，羲叔南宅南交，和叔北宅幽都。近人以为"嵎夷"《史记》作"郁夷"，而《汉书》又"郁"与"倭"通用，因谓"嵎夷"即"郁夷"，"郁夷"即"倭夷"，即今日本（王先谦《尚书孔传参正》卷一）。昧谷者，虞翻以为柳谷之误（《三国志·虞翻传》注引《虞翻别传》）。《论衡》称：日旦出扶桑，暮入细柳（《说日篇》）。柳谷即细柳，其地虽不可考，然必为中国极西之地。此正与《说苑》所谓东西至日所出入之说相合。南交即交趾，交趾为两广之南部，及安南之北部。幽都即幽州，幽州在今奉天之南部，及直隶之北部。《禹贡》亦言："东至于海，西至于流沙，朔南暨声教。"《论衡》曰："东海流沙，天地之极际也，相去万里。"（《谈天篇》）若以万里言之，则东可至日本，西可至亚拉伯，此说未免太过。海谓东海，当无可疑。流沙在甘肃西部，亦为定论。然则当时之地土，确已东至东海，西至西藏，南至安南，北至辽东。旧说皆以为古代德化及远，四夷宾服。至夏后中衰，四夷皆叛（《通典·边防门》）。后人遂有"上古地大，中古地小"之说。《史记》称："黄帝习用干戈，以征不享……披山通道……迁徙往来无常处。"盖当时四出征伐，略地甚多。其后四夷叛服无常，而安居中原既久，则四方所及，或不如前代之远，亦为可知。五帝时代，分中国为九州。洪水既平之后，分天下为十二州（《尧典》），此为最古之政治区域分划。四千年前之古国，论疆域之大，当以吾国为最。

洪 水

世界各国，除非洲各民族外，均有上古遭洪水之旧说，如中国、印度、波斯、犹太、迦勒底、巴比伦、叙利亚、希腊以及北美洲土人，无不皆然（详见 *International Encyclopadeia* "洪水"条）。而以巴比伦民族、希伯来民族洪水之说为最详。或谓希伯来人得之巴比伦，或谓巴比伦人、希伯来人同得之小亚细亚，至今迄无定论。余谓洪水之故事，当为上古最末次冰川融化之印象（最末次冰川时代，已有人类，近时地质学已能证明），故其事甚为普遍，且限于非洲以北各地（冰川所及之地在赤道以北）。或此后又因地壳变动，而发生部分之洪水，亦未可知。前述吾国在黄帝时，文化已灿然可观。而由黄帝至帝尧，凡三四百年，反无甚可纪。及至帝尧，文化程度忽又增高。世人因此疑尧舜事业不甚可信，不知其中曾隔洪水之祸，文物沦没。惟伏羲之八卦，黄帝之制作，昭昭在人耳目，未随洪水以去。求洪水之原因，中国则归之河溢逆流（《绎史》卷一引《尸子》），西国则归之霖雨为灾（法人 Maspero《文化原始》英译本第五六八页），二者均非真因。如河水横溢，乃河身增高之故，虽漫溢邻近，而不能泛滥全国；霖雨不止，乃蒸气上升之故，虽为害于一部，而不能为害于全部。余考其最大原因，盖由于火山喷发，地壳倾陷，以致海水侵入，河流涨溢。故当时水势突如其来，已有若干文化之民族，几乎全被淹没。而当时文书简册，不易保存，尽随洪水以去。《左传》称："微禹，吾其鱼乎？"此可见当时人民恐怖之状况。又当时地上淤湿，草木繁盛，蛇龙杂处，及"禹掘地而注之海，驱蛇龙而放之菹"（《孟子》），然后人民有安土可居，有生活可营。此可见洪水为祸之烈。

交　通

　　前言上古夏族，由西北顺黄河而下，盖由甘肃而陕西，而山西，而河南，而山东，其迹已了然可见。当黄帝以前，未有舟车。时在游牧时代，不过沿河岸游行，逐水草而居而已。相传黄帝时始造舟车（黄帝之臣共工作舟，见《世本》；黄帝造车，见《释名》），自有舟车，即为文化上一大进步，亦为交通上第一进步。《史记》称："（黄帝）披山通道，未尝宁居。东至于海，登丸山……西至于空桐，登鸡头。南至于江，登熊、湘。北逐荤粥，合符釜山，而邑于涿鹿之阿。"（《五帝本纪》）海即东海。丸山在今山东临朐县。空桐山即鸡头山，在今甘肃平凉县。熊、湘，二山名：熊山即熊耳山，在今湖南益阳县西；湘山即君山，在今湖南洞庭湖中。釜山在直隶怀来县。涿鹿山名，在今直隶涿县。此见黄帝时东西南北可通之地。尧时设四方测候所，使羲仲宅嵎夷，和仲宅昧谷，羲叔宅南交，和叔宅幽都（《尧典》）。嵎夷即倭夷（王先谦《尚书孔传参正》卷一）；昧谷即柳谷（《三国志·虞翻传》注。德按：此地当在甘肃以西，然不可考）；南交即安南北部；幽都即直隶北部。此可见尧时东西南北可通之地。《尚书》称舜东至岱宗（今山东泰山），西至西岳（今山西华山），南至南岳（今湖南衡山），北至北岳（今直隶恒山），中至中岳（今河南嵩山），此舜时巡狩所至之地。舜时放四凶族，"流共工于幽州，放驩兜于崇山，窜三苗于三危，殛鲧于羽山。"（《尧典》）幽州即幽都，已见上文。崇山在今湖南澧县，三危在今甘肃敦煌县（《后汉书·西羌传》谓三危即南羌），羽山在山东蓬莱县（此从胡渭说），此即舜时东西南北可通之地。西汉旅行家所谓"西至空桐，北过涿鹿，东渐于海，南浮江淮"（《史记》卷一）亦不出此范围。余又考五帝时代，西方如埃及、迦勒底、巴比伦，均有文化可考。而当时东西有无交通，现时仍不能证明。在未能发掘证据以前，仍以阙疑为是。（《焦氏易林》言："稷为尧使，西见王母。"德按：西王母地或在甘肃，详见下章。）

发　明

　　三皇时代，纯为石器时代。近时出土之石刀、石斧，多属此时物品。五帝时代，已为由石器入于铜器之时代。《世本》言黄帝时蚩尤以金造兵（《日知录》卷七引），而金银铜铁等名词，亦见于《禹贡》（铜器时代并非无铁，见英人Parkyn《历史前之美术》第二百五十四页）。此为五帝时代已入铜器时代之证。五帝时代之铜器，现已无考。而近时河南、山东出土之铜兵不少，其形式朴素，无花纹、文字者，或为五帝时代之遗物，亦未可知。在此期内，其人民已入于农业生活。因各种需要，故新发明最多。又按：世间无论何种器物，必经多人之研究，多人之改良，始能应用，皆难言始于某人，作于某氏。兹姑就古书所载，叙列如下，以见文化之进步。古书有述制造之理由者，如古人法蠡蚌而为户（《文子》），观落叶以为舟（《世本》），见空木浮而知为舟（《淮南子》），变乘筏以造舟（《拾遗记》），见鱼翼而制橹（《名物考》），见转蓬而为车（《淮南子》），观蜘蛛而作网（《抱朴子》），观蒙面而作罟（《古史考》），观翚翟之文，乃染帛以作五采（董巴《舆服志》）。弩生于弓，弓生于弹，弹生于古之孝子（《吴越春秋》）。由此诸说，可窥见古人制作。或本于偶然之遇合，或本于天然之提示，惜其余已不可考。三皇时，如伏羲作网罟（《易·系辞》），为渔猎之始。神农作耒耜（《易·系辞》），为耕稼之始。上古盖先用土器，其后渐知烧而用之，故古人谓土器已烧者为瓦（《说文解字》）。瓦器之兴，其源甚远。或在五帝以前（《吕氏春秋》言昆吾造陶。按：昆吾为黄帝时人，实则陶器之兴，当远在昆吾以前），旧称神农造瓦（《广韵》引《周书》），当为近之。又按：上古无磨，而断木为杵，掘地为臼（《易·系辞》），亦当在五帝以前。五帝时，以黄帝所作最多，如为上衣象天，为下裳象地（《帝王世纪》）；又作机杼（董巴《舆服志》），至此始有衣裳；又作车（《释名》）、指南车（《古今注》），其臣共鼓作舟（《世本》），至此始有舟车；黄帝又作刻漏（《隋书·天文志》），至此始有时计（漏之箭日夜共分百刻，见《周礼》郑注）；又作宫室（《白虎通义》），至此始知安居；又作棺椁（《汉书·楚元王传》），至此始知葬埋；又作蹴鞠（刘向《别录》），至此始有游戏。同时如蚩尤造兵（《世本》），为兵器之始；仓颉造书（《淮南子》），为文字之始；容成作历、隶首作算（《世本》），为历算之始；胡曹作冕、于则作履（《世本》），为冠履之始；挥作弓、牟夷作矢（《世本》），为弓矢之始（黄帝作弩见《古史考》）；垂作钟，随作笙，夷作鼓，无句作磬（《世本》），舜作五弦琴（《乐记》），为乐器之始；雍父作杵臼（《世本》），夙沙作盐（《史记》），伯益作井（《世本》），嫘祖制丝（本物原始），尤为人生日用所必需。舜时器皿虽尚陶（《考工记》），而同时已有漆器（《韩非子》）。以上记各物之原始发明家，虽未必皆实，然必系相传已久之旧说。盖必需之物，至此皆备。（《北史》记载刘懋述器物造作之原，作《物祖》十五卷，惜今不传。）

法　制

三皇时代，已不能详。黄帝时已有历算之法，刻漏之器（见前节）。尧时制定三百六旬六日，以闰月定四时成岁（《尧典》），此为授时之始。旧称黄帝书野分州，得百里之国万区（《汉书·地理志》），又称黄帝有子二十五人，或内列诸华，或外分荒服（《魏书·序纪》），此封建之始。《帝王世纪》称："黄帝以来，德不及远。惟于神州之内，分为九州。"（《绎史》卷五引）此为分州之始。（九州始见《禹贡》，当为尧时之制。然尧必有所本，或尧为黄帝遗制。）其官制，则黄帝有左右大监（《史记》）；尧有九佐（《战国策》），四岳、百揆（《尧典》）；舜有十二牧及司空（主水土）、司徒（主教育）、稷（主农）、士（主刑）、共工（主工业）、虞（主山林）、秩宗（主礼）、典乐（主乐）、纳言（主出入王命）等官（《尚书》《史记》）。其刑罚，则蚩尤作五刑，黄帝因之，曰：杀、剐、刖、椓、黥（《周书》引）。尧又代以墨、劓、剕、宫、大辟，并有放流之罚、鞭朴之刑及出金赎罪之制（《虞夏书》）。《吕刑》称尧时"伯夷降典，折民惟刑"（《尚书·周书》），或此时已有成文法典，惜今不传（此与巴比伦地下发现之 Hammurabi 法典，同为四千年前之物）。其军器，则黄帝以来，用铜时已有五兵（《史记索隐》卷一引《管子》），即戈、戟、殳、酋矛、夷矛（《周礼》郑注）。或曰：刀、剑、戟、矛、矢（《吕览》高注）。于是器械日益精利。又按：《吕刑》称"苗民……作五虐之刑，曰法"（《论衡》引此，谓为蚩尤之刑），黄帝因之。而当时必附以应用之条文，此盖吾国法典之始，惜今不传。尧时任土地之出产以作贡，别土壤之高下以作赋，贡限于方物，赋分以九等（《禹贡》）。尧舜时又有"敷奏以言，明试以功，车服以庸……三载考绩，三考黜陟、幽明"（《舜典》），此行政考课之制。

礼　乐

伏羲始制嫁娶，以俪皮为礼（《古史考》），此盖礼之始。三人操牛尾，投足以歌八阕（《吕氏春秋》），此盖乐之始。男曰巫，女曰觋，能以舞降神（《说文解字》），此盖舞之始。黄帝时，合符釜山（《括地志》曰：釜山在妫州。按：妫州在今直隶），其典祀已不可详。据《书经》[1]所载，尧时有五礼，即吉、凶、军、宾、嘉之礼（从马融《尚书注》）；五玉（郑玄《尚书注》曰：即五瑞）即珪、璧、琮、璜、璋之制。半珪为璋，方中圆外曰璧（后世出土古璧多内外皆圆），圆中牙外曰琮，半璧曰璜。珪以质信，璧以聘问，璜以征召，璋以发兵，琮以起土功（均从《白虎通义》之说）。三帛为荐玉之用，分赤、黑、白，以别亲疏。二生一死，为见人之贽，公卿执羔，大夫执雁，士执雉，以别贵贱。天子五年一巡狩，诸侯四年一朝觐，禷于上帝，禋于六宗（即天地四时，见高诱《吕氏春秋·月令》注），望于山川，偏于群神，祭祖庙用特牛礼。自黄帝造冕（见前），前圆后方，朱里玄表（《三礼图》）。尧以后，益增华美。垂旒示不邪视，黈纩示不听谗（《通典》）。自黄帝造上衣下裳（见前），尧分为五服十二章，一日、二月、三星辰、四山、五龙、六华虫、七宗彝、八藻、九火、十粉米、十一黼、十二黻。（《考工记》曰：白黑谓之黼，青赤谓之黻。）天子服备十二章，公自山龙而下，侯伯自华虫而下，子男自藻火而下，卿大夫自粉米而下（《虞书》），此礼之进步。相传伏羲时已造瑟（《世本》）、埙（《拾遗记》），神农造琴（《说文解字》），为乐器之始。当时虽有乐器，必甚简单。黄帝时伶伦作律（《吕氏春秋》），又发明各种乐器（见前节），故音乐日渐完备。尧舜使夔典乐，有六

---

[1]《书经》，即《尚书》。

律五声八音之说（《虞书》）。六律者，一曰黄钟，二曰太簇，三曰姑洗，四曰蕤宾，五曰夷则，六曰无射。（《汉书·律历志》。又按：崔述曰古只有六律，并无六吕，汉以后始有六吕之说。）五声者，即宫、商、角、徵、羽（《白虎通义》曰：宫，容也；商，张也；角，跃也；徵，止也；羽，纤也）。八音者，即金、石、丝、竹、匏、土、革、木（《白虎通义》）。舜又造五弦之琴，以歌南风（《乐记》）。除琴、瑟、钟、鼓之外，此时又有箫、管、鼗、鼓、柷、敔、笙、镛等器（《虞书》），此乐之进步。

学　术

上古无文字，其初用结绳，其后用书契。结绳者，大事大结，小事小结。书契者，书其事，刻于木（郑玄《周易注》）。伏羲时，已有极单简之象形文字，今存八卦即是（从《周易乾凿度》说）。黄帝时，仓颉观兽蹄鸟迹之文而作书（《说文解字序》），此为文字之始。古无纸，用木片以刀刻字其上，故谓之曰契。尧舜时有漆（《禹贡》已有漆字），即以玉笔调漆（余藏玉笔一，长五寸，与吴大澂《古玉图考》所载同），写字于木片或竹简，古人统谓之曰刀笔，用刀刻木作字甚难（余藏古铜刀，形如剃刀而尖，即古人刻字刀），及漆书兴，记录较便，此为刀笔之始。尧舜时，君臣赓歌，并谓"诗言志，歌永言，声依永，律和声"（《虞书》），此为诗歌之始。黄帝作刻漏（见前），隶首作算，容成作历，大桡作甲子（《世本》）。尧命四人分居东西南北，以察四时，以闰月定四时成岁（《尧典》），此为历算之始。伏羲作八卦，其后有神农之言（《孟子》），黄帝之铭（《困学纪闻》疑《金人铭》为黄帝六铭之一，其说本《皇览》），颛顼之道（《大戴礼记》），帝喾之言（《新书》）。尧舜时，契为司徒，教以人伦，父子有亲，君臣有义，夫妇有别，长幼有序，朋友有信（《孟子》）。皋陶陈九德，宽而栗，柔而立，愿而恭，乱而敬，扰而毅，直而温，简而廉，刚而塞，强而义（《尚书·皋陶谟》）。此为哲学之始。神农尝百草之滋味，令民知所避就（《淮南子》）。黄帝令雷公、岐伯论经脉（《帝王世纪》），《汉书·艺文志》医经内有《黄帝内经》《黄帝外经》，经方内有《神农黄帝食禁》（诸书皆后人依托，然必本之旧说），此为医药之始。

艺 术

艺术之兴，在各国民族中，皆发达甚早。譬如图画之作，即在文字之前，观各国文字皆始于象形，可以为证。中国、埃及古文，尤其显著。至于单独之上古图画，西国近时发现不少（如西班牙山穴内，发现石壁刻画之牛，其原甚古），而在吾国尚无所见。然考吾国自古旌旗衣服，皆用彩画。尧时贵者之服，绘以月日星辰，山龙华虫（《虞书》郑注），此见当时绘画之术已甚可观。上古仅有彩画，尚无刺绣。尧时贵者之服，又绣以宗彝、藻、火、粉米、黼黻（《虞书》郑注），此见当时刺绣之术已甚可观。尧时有人曰垂、曰殳斯，皆精于造器，此见工艺之进步。夔为尧典乐，戛击鸣球，搏拊琴瑟，笙镛以间，凤凰来仪，百兽率舞（《虞书》），此见音乐之进步。自颛顼至尧，有相传之璇玑玉衡。郑玄谓即浑天仪（《尧典》郑注）。圆者为玑，其径八尺，以美玉为之，悬而运之，以象天行。直者为衡，其长八尺，以美玉为之，孔径一寸，从下望玑，以视晨辰（蔡邕"盖天说"），此见制造之精巧。又吾国用玉，其原甚早。而玉又甚难雕琢，不知当时何以能制为种种玉器。今所传切磋琢磨之法，或古人已知之。[英人卜沙耳（Stephen Wootton Bushell, 1844—1908），《中国美术史》（*Chinese Art*，商务印书馆有译本）言治玉之法颇详。]至尧时定为五瑞，以别其用，曰：珪、璧、琮、璋、璜（从《白虎通义》说）。而五瑞之制，各随雕琢而异（见前），此见雕刻之精巧。史称尧舜时，茅茨不翦，采椽不刮，堂高三尺，土阶三等（《史记·太史公自序》）。当时尚无砖瓦，故建筑不能进步。《考工记》曰："有虞氏尚陶。"可见此时虽已知用铜，而日用器皿仍以陶器为多。

社　会

　　相传上古皆以建寅为正。尧建丑，舜建子（赵翼《陔余丛考》卷一），是则尧以前皆用夏历。尧以夏历十二月为正月，舜以夏历十一月为正月，尧舜称年曰载（《尔雅》），此时令之状况。上古衣服只知蔽前而已，或谓之市，谓之韨，谓之韠（《说文解字》）。自黄帝以来，有衣、有裳、有冕、有履（均见前），其材料有皮、有丝、有麻（《世本》）。尧舜时，有缟、纁、纩（《禹贡》），葛衣（《韩非子》），绣衣（《尧典》），袗衣（《孟子》），此衣服之状况。古人初无屋宇，穴居野处（《易·系辞》），黄帝伐木构材，筑作宫室，上栋下宇，以避风雨（《新语》）。尧舜时有仓廪（《孟子》），堂高三尺，土阶三等（《史记》），此居处之状况。古人未知火化（《礼运》），茹毛饮血（《白虎通义》），神农始教民耕稼，食五谷。古时加米于烧石之上食之（《古史考》），黄帝始用釜甑以煮饭（《古史考》言黄帝始有釜甑），杵臼以磨米（《世本》言黄帝始有杵臼）。自夙沙煮海为盐（《史记》），人民始不淡食。尧时有粝粱饭、藜藿羹（《淮南子》），橘柚、海物（《禹贡》），醴酪（《礼运》），此饮食之状况。古人不知器用之利（《周易乾凿度》），黄帝以来，瓦器、木器、铜器略备，有耒耜、刀剑、弓矢、刻漏、机梭、舟车、网罟、釜甑。尧舜以后，有玉器，有漆器（见前），此日用之状况。古人只知有母，不知有父（《白虎通义》），伏羲始制嫁娶，以俪皮为礼（《古史考》），于是始知夫妇父子之亲。帝喾四妃（《世本》），舜娶二女（《尧典》），盖时行一夫多妻之制，此婚嫁之状况。古之葬者，衣之以薪，不封不树（《周易》）。吊者即吊于葬处（《礼记·坊记》正义），故"吊"字从人持弓（《说文解字》），盖为死人驱除禽鸟，以尽友谊。黄帝时始作棺椁（《汉书》），舜时用瓦棺（《礼记·曲礼》）。舜葬苍梧，二妃不从（《礼记·檀弓》），郑注以为古不合葬。此丧葬之状况。贵族有车服之荣（《书经》），庶人不得乘车、衣绣（《尚书大传》）。颛顼时，妇女不避男子于路者，拂之于四达之衢（《淮南子》）。尧以后，相见必用物为贽，聘问用璧（均见前）。其娱乐有钟磬、琴瑟、蹴鞠（均见前），此风俗之状况。神农使日中为市，致天下之民，聚天下之货，交易而退，各得其所(《周易》)。每晨人出汲水，则陈百物于井旁卖之，故曰市井(《说文解字》段注)。古人以其所有，易其所无(《孟子》)。黄帝以后，或渐有法定之钱，以辅实物交易之不足。班固虽言三代以前靡得而详(《汉书·食货志》)，而近年出土之贝及铲币（俗称空首币）、镰币（俗称馨币）、刀币，其古朴无文字者，或即五帝时代之钱币。贝即蚌壳，铲、镰、刀等币，亦皆由农器变化而出，故古人谓钱为田器(《说文解字》)。此经济之状况。（旧《钱谱》所言三皇五帝之币，多不可信。）此时当有奴隶，然多以罪人为之。男曰奴，女曰婢(《说文解字》)。又考尧舜时有九族、百姓、黎民之分(《尧典》)，或谓九族为贵族，百姓为公民，黎民为奴隶。此阶级之状况。［德人夏德（Hirth）《中国上古史》疑上古姓氏未必足百数之多。德按：古人言百以概其多，并非确指百数。法人拉克伯里（Lacouperie）《中国太古文明西元论》谓百姓巴比伦之巴克族，黎民为迦勒底之黑头人，均无确证。］

第四章　夏殷周时代

　　五帝之后，有夏殷周三代，亦谓之三王，其祖均出于黄帝（《史记·三代世表》）。前章已言，三皇五帝之族来自西北，而夏禹起于西羌（《史记·六国年表》），殷之祖起于商（桂文灿《毛诗释地》曰，今陕西商州），周之祖窜于戎狄（《国语》），起于丰镐（《史记·六国年表》），是三代亦均西北之民族。法人奥非拉（Hovelaque）谓"中国民族由家长制之家族，初分为部落，再分为诸侯，均见于《书经》时代"〔见所著《中国》（La Chine）第八十九页〕。《书经》所述之史事，包括尧舜至三代，而此民族均出于一祖，均起于西北，南破苗民，北逐薰鬻（见前），遂定居黄河流域，分封列国，至周初，而成封建制度之天下。由家族而部落而封建，其迹显然易见。当时河南富饶，而山西、陕西苦寒，夏殷周均居山陕而兴，其后均迁河南而衰，其迹亦显然易见。三皇称皇，五帝称帝，三王称王（蔡邕《独断》），此或因习惯不同所致。然五帝官天下，三王家天下。官天下为让贤，家天下为传子（《说苑》），此或因境地不同所致。尧舜之后，不传贤而传子者，即始于三王。禹之传子，虽有不得已之情形（见《孟子》），而古书所记。如禹为天子，伯成子高辞诸侯而耕（《庄子》），及禹之子启即位，又有益干启位（《竹书纪年》）、有扈不服之事（《史记》），禹当时或未及荐贤而死，死后天下念禹之功，不归其臣益，而归其子启（《孟子》《史记》均主此说），亦理有可能。然自是遂立"三王家天下"之模范。董仲舒曰："夏上忠，殷上敬，周上文。"（《汉书·董仲舒传》）盖初则尚质，继则尚文，亦社会进化必然之势。孔子称："周监于二代，郁郁乎文哉。"（《论语》）三代皆为文化发展之时代，而周代为尤盛。至于三代年数，久成问题。原本《竹书纪年》虽以夏代为始（杜预《春秋左传注疏》序），而自周厉王以前之年数，司马迁已不能详（《史记·十二诸侯年表》始于共和）。而据晋人发现之《竹书纪年》，则谓夏代共四七一年，商代共四九六年，由周武王至周幽王为二五七年（裴骃《史记集解》所引《竹书纪年》）。然又于杜预所见之本不同（杜预谓《竹书纪年》言夏长于商），总计夏商及西周共历一二二四年（西历纪元前一九九四年至纪元前七七〇年），此即本章所括之时代。在西方则为埃及、巴比伦、亚述文化极盛之时代，阿利安人徙居波斯、印度之时代，腓尼基殖民、犹太希腊建国之时代。兹录出三代都城地点，以见当时文化中心之所在。（夏禹钟，宋时尚存，见薛尚功《历代钟鼎彝器款识法贴》。今非无夏器，然不能确定，而殷周铜器存者尚多。刘向曰：禹葬会稽，文、武、周公葬于毕。《括地志》曰：三原县有汤陵。按：毕在今陕西长安西南，三原今属陕西。）

夏：大禹王都安邑，在今山西安邑县。后相都商丘，在今河南商丘县。太康徙都阳夏，在今河南太康县。

商：成汤都亳（《史记·六国年表》注，亳在杜县，即今陕西南郑县。《史记·殷本纪》注，亳在河南偃师县。二说不同）。仲丁徙都嚣，在今河南荥泽县。河亶甲徙都相，在今河南安阳县。祖乙徙都耿，在今山西河津县。祖乙又徙都邢，在今直隶邢台县。盘庚徙都亳，在今河南偃师县西（按：《史记·殷本纪》曰"南治亳"，可见此为南亳。而成汤之亳，则为西亳。旧说多误）。武乙徙都朝歌，在今河南淇县。

周：周文王都丰，武王都镐，均在今陕西长安县。懿王徙都槐里，在今陕西兴平县东南。平王徙都洛邑，在今河南洛阳县。

工　程

夏禹王之功在治水，故《左传》称"微禹吾其鱼矣"。禹治水凡十三年，西人多疑时间太短，不能成此大功［德人夏德（F. Hirth）《中国上古史》］，不知禹乃继其父未竟之功，且禹不过总其大成，而用人亦必甚多。史称其"三过家门不入"，"左准绳，右规矩"（《史记》），以开九州，陂九泽，疏九川。所谓开九州者，其一自冀州始（今直隶山西境），先治壶口（山名，在今山西吉县）、梁山（在今陕西韩城县）、岐山之水（在今陕西扶风县）。次至太原（今山西太原县），次至岳南（岳即太岳山，在今山西霍县），此即尧都所在，故以为始。山西地势最高，而洪水及此，则水势之大可知。次治覃怀之水（覃怀为一地名，即今河南武陟县），以至于衡漳（衡水今不可考。或曰漳水横流，"衡""横"古通用。漳水二，清漳出山西乐平县，浊漳出山西长子县）。次治恒水、卫水（恒水出直隶曲阳县，卫水出直隶灵寿县）及大陆之水（大陆薮名，在今直隶巨鹿县）。其二为兖州（山东直隶境），先疏通九河，即徒骇（在直隶献县）、太史（在直隶南皮县）、马颊（在山东德县）、覆釜（在直隶东光县）、胡苏（在直隶沧县）、简（在山东恩县）、洁（在直隶南皮县）、钩盘（在山东乐陵县）、鬲津（在山东德县），九河既导之后，雷夏渚而为泽（雷夏在今山东菏泽县），灉、沮合而为一（二水故道在山东濮县，今为陆地）。其三为青州（今山东境）。于此则惟疏通潍、淄二水（潍水出山东莒县，至昌邑县入海；淄水出山东莱芜县，至博兴县入海）。盖九河既通，则直隶、山东之水均退，故此州不甚费力。其四为徐州（今江苏、安徽境）。先治淮（出河南，入安徽，江苏入海）、沂（出山东沂水县）二水，及蒙（在山东蒙阴县）、羽（在江苏东海县）二山，而大野（泽名，在山东巨野县）、东原（今山东东平县）一带皆平。其五为扬州（今江苏、江西境）。先治彭蠡之水（在今江西都昌县），又使三江之水入海（北江在今浙江会稽，南江在江苏吴县，中江在今安徽芜湖县），而震泽大定（震泽即太湖，在吴县）。其六为荆州（今江西两湖境），江汉（即扬子江及汉水）均由此州入海。又此州有名江者九，是谓九江（在今江西浔阳道），即乌江、蚌江、乌白江、嘉靡江、畎江、源江、廪江、提江、箘江（《尚书释文》引《浔阳记》），皆由此州东合入大江。又导沱、潜二水（沱自江出，潜自汉出），顺流入大江，而云梦泽亦治（在今湖北安陆县南，古名云土梦）。其七为豫州（今河南县）。此州有伊（出河南卢氏县）、洛（出陕西商县）、瀍（出河南洛阳县）、涧（出河南新安县）四水，均导入黄河。又定荥波（在今河南荥泽县）之水，平菏泽（在今山东菏泽县）、孟猪（在今河南商丘县）之水。其八为梁州（今四川境）。此州又有沱、潜之源（沱出四川郫县，潜出四川渠县），先导之。有岷、嶓二山（岷在四川茂县，嶓在陕西宁羌县），先治之，而蔡蒙一带亦定（蔡、蒙二山名，在今四川雅安县）。其九为雍州（今陕西境）。导弱水使西流（弱水出甘肃山丹县），并导泾水（出甘肃化平县，入陕西境）入渭水（出甘肃渭源县，入陕西境），以合于河。漆沮（二水名，同出陕西铜川县）澧（出陕西鄠县）三水合于渭。而荆（山名，在今陕西富平县），岐（山名，在陕西扶风县）终南、惇物（二山皆在陕西眉县），鸟鼠（山名，在甘肃渭源县西），以至猪野（泽名，在甘肃镇番县）皆平。已上为开九州。所谓陂九泽者，即雷夏、大野、彭蠡、震泽、云梦、荥波、菏泽、孟诸、猪野（皆见上文）。所谓疏九川者，即导弱水（见上文）至于合黎（今甘肃高台县），入于流沙（在甘肃张掖县）。导黑水（出甘肃张掖县），至于三危（今甘肃敦煌县），入于西海（《禹贡》原作南海，江永《群经补义》改为西海，其说甚是）。导河至于积石（山名，在甘肃导河县）、龙门（山名，在陕西韩城县）、底柱（在河南陕县河中，俗名三门山），北入于海。导漾（出嶓冢山，见下文）自嶓冢（在陕西宁羌县北），东流为汉（漾水至甘肃成县为汉水）。至于大别（山名，在湖北汉阳县），南入于江。导江自岷山（见上文），东别为沱水（在四川郫县）。又东至澧水（在湖南长沙县），又东行入海。导沇水（出河南济源县），东流为济（沇水至山东为济），入于河。导淮（出河南桐柏县）自桐柏（河南桐柏县），东合泗、沂（泗水出山东泗水县，沂水出山东沂水县），入于海。导渭（见上文）自鸟鼠、同穴（二山名，在甘肃渭源县西南），东合澧、泾二水（见上文），入于河。导洛（见上文）自熊耳（山名，在今河南卢氏县），东北合涧瀍二水（见上文），入于河。以上为疏九川。（清故宫存玉刻禹王治水图。高六尺，刻划极精，盖清初作品。）试思四千年前，工程机械，全未发达，不知当时用多少人工，费多少金钱，此可谓古今之最大工程。（章炳麟言禹时已有测量法，见《菿汉微言》。）

疆　域

夏初仍用九州之制。《禹贡》称"东渐于海，西被于流沙，朔南暨声教，讫于四海"，此其疆域之所及，与五帝末年正同。殷因于夏亡无所变（《汉书·地理志》语），周初是否仍用九州，今已无考（《周礼·职方》《礼记·王制》均言九州，然未可信）。三代皆用封建，然夏商之诸侯，多半为独立自治之部落。虽有时朝贡天子，而未必为天子所封（《孟子》言古公亶父自由迁徙，可以为证）。旧称"夏初禹会诸侯于涂山（今安徽怀远县），执玉帛者万国"，此形容其多，并非实数。夏之诸侯可考者，有扈（今陕西鄠县北）、观（今山东观城县），有仍、有缗（二国今不可考）、有穷（《史记正义》曰"河南有穷谷"）、寒（今山东潍县东北三十里）、鬲（今山东德平县东十里）、斟灌（今山东寿光县东北四十里）、斟鄩（今山东潍县西南五十里）、过（今山东掖县北）、戈（杜预曰，在"宋郑之间"）、韦（亦曰"豕韦"，今河南滑县东）、顾（今山东范县东南）、昆吾（今河南许昌县，亦居今直隶濮阳县东）、有娀（《淮南子》高注读"娀"为"嵩"，在今河南登封县）、有虞（今河南虞城县）、三鬷（今山东定陶县东）、有莘（今河南陈留县东，即伊尹所耕之国）、商（今河南商丘县）、葛（今河南宁陵县）等国。商之诸侯可考者，有蒲姑（今山东博兴县东北）、封父（今河南封邱县）、孤竹（今直隶卢龙县地）、骀（亦作邰，今陕西武功县南）、豳（亦作邠，今陕西彬县）、歧（今陕西岐山县）、密（亦作密须，今甘肃灵台县西）、奄（今山东曲阜县东二里）、九（亦作鬼，今河南洛阳县西南）、鄂（亦作邘，今河南沁阳县境内）、阮（桂文灿《毛诗释地》曰"即邢国"。见上）、共（今河南辉县）、崇（今陕西鄠县）、黎（亦作耆，今山西长治县西南）、虞（今山西解县东北）、芮（今陕西朝邑县）等国，均见于《书经》《诗经》《左传》《史记》。故著其地名，以见上古地方文化所在。商末有八百诸侯会武王于盟津（《史记·周本纪》，按：盟津在河南孟县西南），今皆无考。周初大封前代帝王后人及同姓亲族、异姓功臣，相传有千八百国之多（贾山《至言》），而见于《左传》《国语》者，亦仅百五十余国，其他皆不可考。周时诸侯国，皆与春秋时事有关，故详于下章，此不多述。此外对于外族，夏时如大禹之分背三苗（《禹贡》。按：衡山岣嵝碑，相传为大禹刻石，然不可信，见顾炎武《金石文字记》），后相之征伐淮夷（《太平御览》卷八十二引《竹书纪年》）。殷时如高宗之伐鬼方（《易经》。按：贵州有红崖石刻，相传为殷高宗伐鬼方之纪功碑，然无实据，见孙诒让《名原》），仲丁之征蓝夷（《太平御览》七十八引《竹书纪年》）。周时如文王之御混夷（《诗经》），周公之伐东夷（《尚书序》），成王之伐鬼方（《小盂鼎铭》），穆王之征犬戎（《国语》），宣王之平淮夷、伐猃狁、威荆蛮（《诗经》），其事皆不可详。然高宗伐鬼方，三年乃克（《易经》），可见攻伐之久。成王伐鬼方，俘万三千余人（《小盂鼎铭》），可见战争之烈。宣王平淮夷，曰："整我六师。"（《诗经》）平荆蛮，曰："其车三千。"（《诗经》）可见用兵之众、用车之多。大抵三代之时，北有鬼方（即五帝时之荤粥，在殷曰鬼方，在周曰混夷，曰猃狁，后曰犬戎，见王国维《鬼方昆夷猃狁考》），南有荆蛮（殷王武丁次于荆，见《竹书纪年》。周殷伐荆蛮，见《诗经》），东有夷，西有戎，并为边患，其后屡经挞伐，拓地甚多，惜不可考。（唐宋人多以石鼓为周宣王大蒐岐阳之纪念物。德按：清代出土之虢季子白盘，其铭文述薄伐猃狁之事，盖亦周人战胜外族之纪念物，此为周宣王十二年之造器，见孙诒让《籀庼述林》。）

交　通

夏禹治水，周行天下。"路行乘车，水行乘船，泥行乘橇，山行乘樏。以开九州，通九道，陂九泽，度九山。"（《史记·夏本纪》）而后天下之交通乃便。后相征于（"征于"犹言"往至"也）淮夷、风夷、黄夷（《太平御览》八十二引《竹书纪年》）。少康时，方夷来宾（《路史·后纪》十三引《竹书纪年》）。后芬时，九夷来御（《太平御览》七十八引《竹书纪年》）。后发时，诸夷宾于王门（《北堂书钞》八十二引《竹书纪年》）。此见夏时四夷交通之盛。殷时自契至汤凡八迁（今不可考），自汤至盘庚凡五迁（《史记正义》曰：汤自南亳迁西亳，仲丁迁嚣，河亶甲居相，祖乙居耿，盘庚迁西亳，均见前），此见殷时都邑迁徙之勤。又按：夏初九夷来御（《太平御览》七十八引《竹书纪年》），商初氐羌来王（《商颂》）。九夷在东海之滨，氐羌在甘肃之境，此见当时东西交通之远。周自"武王克商，通道于九夷八蛮，使各以方物来贡"（《国语·鲁语》），虽定都镐京，而仍营洛邑。曰："此天下之中，四方入贡道里均。"（《史记·周本纪》）当时四远夷狄多来朝聘，如成王会诸侯于岐阳，鲜卑守燎（《国语·晋语》）。肃慎贡楛矢（《国语·鲁语》），越裳献白雉，倭人贡鬯草（《绎史》卷二十五引《论衡》）。东夷送六角牛（《述异记》），氐羌献鸾（《说文解字》），西戎贡獒（《尚书序》）。按：鲜卑即今西伯利亚（古昔读鲜如斯，故西语称西伯利亚，利亚乃地名之尾声），肃慎即今吉林，越裳即今越南，倭人及今日本，东夷即今高丽（东夷凡九种，孔子欲居九夷，《汉书》以为即朝鲜），氐羌在今甘肃，西戎在今西藏（《后汉书》以西戎在三危，近人多以三危为西藏），此可见当时文化所及之广。（《逸周书》《拾遗记》所记之外国尚多，然不可信。）旧说称越裳氏重九译而至，译曰："天不迅风疾雨，海不扬波，中国殆有圣人，于是来也。"（《韩诗外传》《说苑》。）"越裳氏贡白雉一，黑雉二，象牙一，使者迷其归路。周公锡以文锦二匹，軿车五乘，皆为司南之制（即指南车）。越裳氏载之以南，缘扶南（即今暹罗国）海际，期年而至其国。"（《古今注》）此于越裳入贡，记载甚详，惜他国入贡情形今不可考。[《拾遗记》称成王三年泥离国来朝。法人包体耶 Jean Pierre Guillaume Pauthier（1801—1873）谓，泥离国来自尼罗河畔，即埃及，见所著《古代中国考》（La Chine）。又谓，越裳至中国行一年，又经过暹罗，因断定越裳为迦勒底，非越南，见所著《中国政治之关系》。] 其后穆王远游，为古代极有趣味之故事。然所至之地何在，至今不能解决。专记此事者为《穆天子传》。又考《左传》称"穆王欲肆其心，周行天下。将皆必有车辙马迹焉，祭公谋父作《祈招》之诗（杜注曰：祈父周司马，招其名），以止王心，王是以获没于祗宫"（《左传·昭公·昭公十二年》）。《列子》称"穆王驾八骏之乘，造父为御，驱驰千里。至于巨蒐氏之国，遂宿于赤水之阳。别日升于昆仑之丘，以观黄帝之宫。遂宾于西王母，觞于瑶池之上。乃观日之所入，一日行万里。"（《列子·周穆王》篇）此二书皆在《穆天子传》发现之前，然已言此事，则穆王出游，当非虚造。德人佛尔克（A. Forke）谓西王母为亚拉伯之示巴（Sheba）女王。[德人夏德（Hirth）《中国上古史》一五〇页所引。] 丁谦谓西王母为美索不达米亚之亚西里亚（《穆天子传地理考证》）。余考中国古代有四荒之名，北为孤竹，南为北户，东为日下，西为西王母（见《尔雅》）。然则西王母本为地名。又按：此四荒内，孤竹即今辽西，北户即今交趾（郝懿行《尔雅义疏》），日下即今日本（邵晋涵《尔雅正义》引郑樵说）。西王母为今何地，虽其说不同，然必在中国之西，与东方日本相对，未必至亚拉伯亚西里亚之远。据《列子》及《穆天子传》二书，西王母当在昆仑山近处。而据古代旧说，则昆仑山即在甘肃、新疆一带。故知西王母当在中国西北部，即甘肃、新疆界内。晋末，酒泉太守马岌上言："酒泉南山，即昆仑之体。穆王见西王母，乐而忘返，即谓此地。山上有石室玉堂，珠玑镂饰，焕若神宫。"（《晋书·张骏传》。又按：桂馥《札朴》卷四亦采此说。）据此则西王母当在今甘肃酒泉县。英人巴克（Edward Harper Parker）谓"穆王所行，即由现时大路，约自兰州西宁之间，经新疆之罗布泊，至乌鲁木齐。此或即所谓西王母之地。"[见所著《诸夏原来》（Ancient China Simplified，1908）三十五章。] 据此，则西王母当在新疆乌鲁木齐城，此皆足证明西王母在甘肃、新疆界内之说。《竹书纪年》曰："穆王东征二亿二千里，西征亿有九万里，南征亿有七百里，北征二亿七里。"（《穆天子传》注引《竹书纪年。》）今皆不可考。而据英人巴克所考，穆王赴西王母之行程"为去时用三百日，回时用三百日，共行一万三千三百华里，约日行二十英里"。穆王所行虽未至亚拉伯亚西里亚之远，然西北情形必由是传入内地，于人民思想上当发生变化不少。（穆王如果至埃及、叙利亚，则于沟通中西文化之结果必甚大。）今直隶赞皇县坛山石刻"吉日癸巳"四字，相传为穆王所书。（顾炎武《金石文字记》）

宗　教

原始人类是否皆有宗教思想，至今未能解决。西人研究野蛮社会生活者，有谓野蛮民族皆有宗教思想，然亦常发现野蛮民族毫无宗教思想［详见英人劳卜克（Sir John Labbock）《文明原始》（Origin of Civilization）第四、第五章］。吾国上古人民究竟有无宗教思想，现已无考。然其敬天祭祖之思想，则发达甚早。在五帝之末，天子所祭者为上帝，而同时亦祭山川群神，受终于文祖（《尧典》）。故《礼记》称"万物本乎天，人本乎祖。"（《礼记·郊特牲》）祭天祭祖盖为追宗报本之义，然西人之研究社会文化者，多谓崇拜一神由于崇拜多神演进而出［英人斯宾塞（H. Spenccr）《社会学要义》（Principles of Sociology）第三册七七页］崇拜祖先又由崇拜酋长变迁而成（英人劳卜克《文明原始》第二三二页）。吾国上古虽无宗教之名称，而祭天祭祖实即宗教之原始。且祭天祭祖之宗教，其发生必在图腾社会（totemism）以后，而其阶级必远在崇拜动物及崇拜自然物体以上（同上）。五帝之时，已有祭天祭祖之宗教，斯亦文化进步之表征。夏殷周三代相承，守而勿失。禹得《尚书·洪范》，托之于天（《尚书·洪范》）。启讨有扈，称祖以赏（《尚书·甘誓》）。汤伐葛，因其不祀（《孟子》）。周伐纣，数其弃祀（《尚书·牧誓》）。武王有疾，周公祷于太王、王季（《尚书·金滕》）。三代敬天敬祖之精神，于此可见。当时国家大事，必先祭告，必用卜筮，必用册祝，此皆宗教之仪式。而所谓大史者，实即国家之祭司（priest）。故古文史字从手执册形（吴大澂《说文古籀补》），因其助君主祭告也。（埃及第一古史家本为祭司，见美人Breasted《埃及史》一四页。）周人于祭天祭祖尤为注重，武王灭殷，首先柴祀上帝、追王太王。自此以后，凡祭上帝，即以始祖配享，谓之曰禘。此为合上帝与始祖之大祭。诸侯祭其太祖以下，大夫、士祭其高祖以下（详见《礼记·大传》），自士以上，皆有家庙（《礼记·曲礼》）。庶人无庙，则祭于寝。当时虽天祖同祭，而惟天子能祭天，是多数人之宗教，仍为祭祖。故祭祖之义,在周人社会中势力极大。当时人民多同祖,故有尊尊主义。同祖者皆亲,故有亲亲主义。(伯禽治鲁,亲亲而尊尊,见《史记》。按:此即周道。)《礼记》称"亲亲故尊祖,尊祖故敬宗,敬宗故收族,收族故宗庙严,宗庙严故重社稷"(《礼记·大传》),又称"上治祖祢,尊尊也。下治子孙,亲亲也。旁治昆弟,合族以食,序以昭穆,别之以礼义,人道竭矣"(同上)。此则合一国为一家族,更合天下诸侯为一大家族。是知周代社会之组织,及国家天下之组织,均由此祭祖之宗教势力所养成,故西人称吾国上古之宗教为崇拜祖先(ancestral worship)。其初虽未必不出于崇拜酋长,而其后则包含追宗报本之义。

法 制

前章言五帝之末,中国法制已有可观。相传封建之制,始于黄帝(《汉书·地理志》),今已无考。夏商周三代皆用封建,而至周始大备。盖上古地多人少,所谓诸侯者,未必皆受封于天子。马端临所谓"亦由其行义德化孚信一方,人心归之,子孙因之,遂君其地。或有灾否,则转徙他之"(《文献通考·封建考》),古公亶父之自由迁徙(《孟子》),可以为证。周初以后,制度完备,于是始有五等之制,大多数必受封于天子。所谓五等者,即公、侯、伯、子、男。除天子地方千里外,公侯皆方百里,伯七十里,子、男五十里,不能五十里者,曰附庸(《孟子》)。其官制,夏时天子有三公、九卿、二十七大夫、八十一元士(《礼记·王制》郑注)。商时大宰、大宗、大史、大祝、大士、大卜,典司六典;司徒、司马、司空、司士、司寇,典司五众;司土、司木、司水、司草、司器、司货,典司六职;土工、金工、石工、水工、献工、草工,典司六材(《礼记·曲礼》郑注)。周代则改为六官,曰天官(即冢宰)、地官(即司徒)、春官(即宗伯)、夏官(即司马)、秋官(即司寇)、冬官(即司空),各有徒属。(详见《周礼》。德按:周礼虽未可尽信,然其中必多存周初遗制。)官人于朝,与众共之。刑人于市,与众弃之(《礼记·王制》)。其刑法,则夏有禹刑,商有汤刑,周有九刑(《左传》),皆极古之法典。周有刑书九篇(《逸周书·尝麦解》),惜皆不传。周文王之法曰:"有亡荒阅。"(《左传》)周公作《誓命》曰:"毁则为贼(德按:则即法则),掩贼为藏，窃贿为盗，盗器为奸。"(《左传》)《先王之令》曰："天道赏善而罚淫……无从非彝，无即慆淫。"(《国语·周语》)周初法典可考者，只此数语。其后周穆王作《吕刑》，内有五刑五罚之说，多因唐虞之制（五刑见前章，五罚即赎刑）。当时墨罚之属千，劓罚之属千，剕罚之属五百，宫罚之属三百，大辟之属二百（详见《周书》），其详密如此。孟子履称文王治岐，今其政治已不可考，仅知其"耕者九一，仕者世禄，关市讥而不征，泽梁无禁，罪人不孥"，"制其田里，教之树畜，导其妻子，使养其老"（均见《孟子》）。又考是时有习民数之官，曰司民（《国语·周语》）。《夏令》曰："九月除道。十月成梁。"周制曰："列树以表道，立鄙食（鄙，四鄙也。十里有庐，庐有饮食）以守路，国有郊牧，疆有寓望，薮有圃草，园有林池。""雨毕而除道，水涸而成梁，草木解节而备藏，陨霜而冬裘具，清风至而修城郭宫室。"（均见《国语·周语》）此其地方行政之可考见者。（《周礼》所言之制度不尽可信，故不多引。）

田　赋

自禹平洪水以后，乃任土作贡，别壤成赋。贡为方物，赋分九等，今见《禹贡》篇。此为最古之贡赋制度。观其分别土田等第，可见化分土壤之术甚精。观其规定土产种类，可见搜集物品之法甚密。观其等第高下，可比较四千年前之地力。观其土产物品，可比较四千年前之食用。又据郑玄注，赋制为按井出税，每井上上出九夫税，上中出八夫税，上下出七夫税；中上出六夫税，中中出五夫税，中下出四夫税；下上出三夫税，下中出二夫税，下下出一夫税。兹列表如下：

州　名	土　性	田　等	赋　等	贡
冀	白壤	中中	上上	无
兖	黑坟	中下	下下	漆、丝，筐织文
青	白坟	上下	中上	盐、绨、丝、枲、臬丝、海物、铅、松、怪石、筐

州　名	土　性	田　等	赋　等	贡
徐	赤埴坟	上中	中中	五色土、夏翟、孤桐、浮磬、玭珠、玄纤、缟、篚鱼
扬	涂泥	下下	下上	金三品、瑶、琨、筱、簜、齿、革、羽、毛，木篚，织贝，包橘柚
荆	涂泥	下中	上下	羽、毛、齿、革、金三品、杶、干、栝、柏、砺、砥、砮、丹、箘簬、菁茅，篚玄纁，玑组，大龟
豫	土壤下土坟垆	中上	上中	漆、枲、絺、纻，篚纤、纩，磬错
梁	青黎	下上	下中	絺、璆、铁、银、镂、砮、磬、熊、罴、狐、狸、织皮
雍	黄壤	上上	中下	璆、琳、琅玕

　　班固曰："（古税）以足食，赋以足兵。"（《汉书·刑法志》）商周以来，皆用此制。孟子曰："夏后氏五十而贡，殷人七十而助，周人百亩而彻。其实皆什一也。"赵岐注曰："（贡者）民耕五十亩，贡上五亩。（助者）耕七十亩者，以七亩助公家。（彻者）耕百亩者彻取十亩以为赋。"（言三代田赋之制，其说不一。万斯大《学春秋随笔》谓赵岐之说得之。）商周皆行井田之制，而其制已不可详。孟子言："方里而井，井九百亩，其中为公田。八家皆私百亩，同养公田。"（《孟子·滕文公》）此盖言其遗制约略如是，或以此为殷制（万斯大《学春秋随笔》），或以此为周制（《汉书·食货志》），皆失其实。钱塘谓："三代田制，名异而实不异。其亩数之不同者，因尺寸之各异也。"（《三代田制考》）盖三代尺寸不同（蔡邕《独断》曰：夏以十寸为尺，殷以九寸为尺，周以八寸为尺），亩数有大小，故名异实同，与孟子"其实皆什一"之说暗合。盖古时地多人少，故可行井田之制。而其分配之法。则随地而异，不能一律。至其授田之法，则上田一夫百亩，中田一夫二百亩，下田一夫三百亩。民年二十受田，六十归田；七十以上，上所养也；十岁以下，上所长也（《汉书·食货志》）。其惩惰之法，则凡宅不毛者有里布，田不耕者出屋粟，民无职事者出夫家之征；不畜者祭无牲，不树者葬无椁，不蚕者衣无帛（《周礼》）。以兵制言之，夏殷之制，

皆不可详。《司马法》称：地方一里为井，四井为邑，四邑为丘。丘有戎马一匹，牛三头。四丘为甸，甸有戎马四匹，车一乘，牛十二头，甲士三人，卒七十二人。干戈备具。所言或为周初遗制。(《文献通考》卷一谓：此为商法，文王修而明之。)每兵车载甲士三人，左执弓主射，右执矛主刺，中主御(《左传》孔疏)。三代之制，民年二十从役，三十受兵，六十还兵(《诗经·邶风》疏引韩诗说)，皆寓兵于农。故每年三时务农，一时讲武(《国语·周语》)，或春蒐夏苗，秋狝冬狩，用农隙以习武备(《左传》)。

学　制

　　孟子称："夏曰校，殷曰序，周曰庠。学则三代共之，皆所以明人伦也。"(赵岐注曰：人伦，人事也。)夏殷之制，已不可详。周制则二十五家为闾，同在一巷，巷首有门，门边有塾(《礼记·学记》孔疏)。五百家为党，党有庠。二千五百家为遂，遂有序(《礼记·学记》郑注)。诸侯有国学，曰泮宫。天子有大学，曰辟雍(《毛诗》)。辟雍者，其形如璧，有水壅之，象教化流行之意。泮宫者，其形如半璧，象半天子之宫(《白虎通义》)。按：塾盖如今之初等小学，庠盖如今之高等小学，序盖如今之中学，泮宫、辟雍盖如今之大学。朱熹称："人生八岁，自王公至庶人之子弟，皆入小学，而教以洒扫、应对、进退之节，礼、乐、射、御、书、数之文。及十有五年，则自天子之元子众子，公卿大夫元士之嫡子，与凡民之俊秀，皆入大学，而教之以穷理、正心、修己、治人之道。"(《大学章句》序)除读书学文之外，春夏学干戈，秋冬学籥羽(《礼记·文王世子》)。由此可见吾国实行普及教育之早(希腊、罗马并未行普及教育)。其师资大抵取材于闾里之仕而退职者(《礼记·学记》郑注)。女子之学，今已无考。或幼时男女同学，教于塾。长则女子出塾，教于家。凡妇人年五十无子者，出不复嫁，则以妇道教人(《礼记·内则》郑注)。此即女学之教师。每岁十月，在学校行饮酒之礼(《诗经·豳风》传笺)。

礼　乐

　　王者功成作乐，治定制礼（《礼记·乐记》）。夏殷之礼，已不可考。然孔子称："殷因于夏礼……周因于殷礼，所损益可知也。"（《论语》）则由《周礼》亦可以推知夏礼、殷礼之大概。周公佐周，实行亲亲尊尊主义（详见《汉书·地理志》）。而欲维持其主义，必借重于各种仪式，于是有"经礼三百，曲礼三千"（《礼记》）。其施行虽觉繁琐，而其结果则足以范围人之言行举动。今《礼记》《仪礼》二书，所记大半为周之旧制。"礼始于冠，本于昏。重于丧祭，尊于朝聘，和于乡射。"（《礼记·昏义》）今胪列于下：①冠礼。二十曰弱冠（《礼记·曲礼》），已冠而字。见母，母拜之。见兄弟，兄弟拜之（《礼记·冠义》）。其礼则冠于阼阶，行之于宗庙（同上）。嫡子则以醴礼之，庶子则以酒醮之（孔疏）。其冠有三加之说，初加缁布冠，次加皮弁，次加爵弁（郑注）。②昏礼。先使媒氏通言，继以纳采问名、纳吉、纳征、请期。娶妇之家，三日不举乐。嫁女之家，三日不熄烛。男家则父醮子而命之亲迎，女家则主人设筵几于庙，而拜迎于门，外婿执雁入，御妇车轮三周。先行，俟妇至。揖妇以入，共牢而食。明日妇见舅姑，舅姑共飨妇以一献之礼（据《礼记·曾子问》及《礼记·昏义》）。其聘物，则庶人用缁帛，卿大夫加元纁俪皮，诸侯加大璋，天子加谷圭。其时以昏为期，故曰昏（孔疏）。③丧礼。天子死曰崩，诸侯曰薨，大夫曰卒，士曰不禄，庶人曰死（《礼记·曲礼》）。死三日而敛（《礼记·问丧》）。小敛于户外，大敛于阼。小敛，君锦衾，大夫缟衾，士缁衾（《礼记·丧大记》）。大敛，外加布衾二，一覆之，一荐之。君、大夫、士皆同（郑注）。既敛则殡于西阶之上，犹宾之也（《礼记·檀弓》）。天子七日而殡，诸侯五日，大夫、士、庶人皆三日（《礼记·王制》）。葬则用棺椁，天子七月而葬，诸侯五月，大夫三月，士逾月（《左传》）。始用合葬之制（《礼记·檀弓》郑注）。父母丧三年，父母以下分为七等。④祭礼。除天地山川，由天子诸侯分祭外，宗庙之祭，其礼最重。天子七庙，诸侯五庙，大夫三庙，士一庙，庶人祭于寝。天子、诸侯四时祭名不同，春礿、夏禘、秋尝、冬烝。天子用太牢，诸侯用少牢，大夫同羔，士用豚（《礼记·王制》）。此外，天子有七祀，曰司命（《楚辞·大司命》五臣注曰：主知生死，诛恶护善之神），曰中霤（《汉书·郊祀志》注曰：古人穴居，故名室中为中霤），曰国门，曰国行（即路道），曰厉，曰户，曰灶。诸侯五祀，曰司命，曰中霤，曰国门，曰国行，曰厉。大夫三祀，曰门，曰行，曰厉。士二祀，曰门，曰行。庶人一祀，或立户，或立灶（《礼记·祭法》）。⑤朝礼。诸侯五年一朝（《礼记·王制》），朝天子于明堂（《礼记·明堂位》）。其礼节，则天子负斧扆，南向而立；三公在中阶之前，北面东上；诸侯在阼阶之东，西面北上；诸伯在西阶之西，东面北上；诸子在门东；诸男在门西；九夷在东门外；八蛮在南门外；六戎在西门外；五狄在北门外；九采（郑注曰"九州之牧，典职贡者"）在应门外（《礼记·明堂位》）。观见之时，则诸侯北面而见天子（《礼记·曲礼》）。⑥聘礼。诸侯一年一小聘，三年一大聘（《礼记·王制》）。聘以圭璋。凡来聘，君使士迎于境。大夫郊劳，君拜迎于大门之内，在庙受礼，北面拜贶。卿为上摈，大夫为承摈，士为绍摈（《礼记·聘义》）。行聘讫，宰夫彻几改筵。君出迎宾以入，君拜送醴。使卿韦弁归饔饩；使卿皮弁还圭璋；使大夫贿，用束纺。君子宾一食再飨，燕与羞无常数（《仪礼·聘礼》）。⑦乡饮酒礼。乡有乡学，以致仕之大夫为师，曰乡先生。乡学三年业成，必升于君。凡升学士于君，必用正月，先为饮酒之礼。以学士为宾，以乡先生为主（孔疏）。少长以齿，年六十者坐，五十者立。六十者三豆，七十者四豆，八十者五豆。宾至宾出，皆由主人迎送（《礼记·乡饮酒义》）。⑧射礼。凡天子、诸侯、卿大夫燕飨之后，及乡饮酒之后，必继之以射。此盖因燕饮而习武备，其礼甚繁，今不详述（详见《仪礼·大射礼》及《仪礼·乡射礼》）。又天子选诸侯，诸侯选卿大夫、士，皆用射以观其德（《礼记·射义》）。凡射必揖让而升，下而饮（《论语》）。其行有左右，其升降有先后，进退周旋必中礼（孔疏）。又按：祭礼，主妇献尸，尸酢主妇（《仪礼·特牲馈食礼》）。飨礼，同姓则夫人亲献，异姓则使人摄献（《礼记·坊记》孔疏）。此见妇人参与大礼，古有其制。（《礼记·坊记》曰：自阳侯杀缪侯而窃其夫人，故大飨废夫人之礼。）凡见人用挚。天子用鬯，诸侯圭或璧，卿羔，大夫雁，士雉，庶人鹜，妇人脯脩枣栗（《礼记·曲礼》注）。当时无画像之法，祭则幼者为尸以依神，大抵以孙为之，无孙则取于同姓（同上）。祭用木主，三代皆同（《白虎通义》）。嫁女则以妹或侄女为媵（《毛诗》《左传》）。葬礼夏用垩周（郑注曰"烧土冶以周于棺"），殷周用棺椁（《礼记·檀弓》）。

古之巫以舞降神，在男曰觋，女曰巫（《说文解字》），此即歌舞之始。禹平水土后，使皋陶作《夏籥》九成，以昭其功（《吕氏春秋》）。汤灭夏，使伊尹作《大护》。武王克商，使周公作《大武》（同上）。夏者大也，护者救也，武者武也，皆纪功颂德之意。是为三代之乐。其乐器则为钟、鼓、管、磬、琴、瑟、笙、簧、埙、篪、箫、竽等类，其舞器则文舞用羽籥，武舞用干戚（详见《尔雅》《毛诗》《乐记》）。平日之娱乐，则以琴瑟为主。故曰："君子无故不彻琴瑟。"（《礼记》）又有投壶之法，射箭之习（同上），亦娱乐之一。（投壶古法用棘，其壶则以豆实之，见《西京杂记》。）

学　术

禹作《洪范》，为帝王经世大法。①五行，为水、火、木、金、土。②五事，为貌、言、视、听、思。③八政，为食、货、祀、司空、司徒、司寇、宾、师。④五纪，为岁、月、日、星辰、历数。⑤皇极，为无偏、无党、无反、无侧。⑥三德，为正直、刚克、柔克。⑦稽疑，为谋及、卿士、庶人、卜筮。⑧庶征，为雨、旸、燠、寒、风、时。⑨五福六极，为寿、富、康宁、好德、终命，为短折、疾、忧、贫、恶、弱。其后，启作《甘誓》，太康兄弟作《五子之歌》（《尚书序》），汤作《汤誓》（见前）。文王演《周易》（《史记》），武王作器物之铭（《大戴礼记》），周公作《鸱鸮》《清庙》之诗（《诗经》），《多士》《多方》之诰（《尚书序》）。伊尹有书五十一篇，辛甲有书二十九篇，尹佚有书二篇，鬻熊有书二十二篇，太公有书二百三十七篇（《汉书·艺文志》），今其书皆亡。而伊尹言九主之制，曰：法君、专君、授君、劳君、等君、寄君、破君、固君、三岁社君（刘向《别录》）。又言素王之事（《史记·殷本纪》）。素王者太素上皇，其道质素（《史记索隐》），此盖最古之政治哲学。《诗经》之《商颂》，虽未必为商人作品，而《周颂》大小雅，则以周初人著作为多，此可见当时哲学文学之进步。周时所谓六艺，即礼、乐、射、御、书、数（《周礼》）。所谓七教，即父子、兄弟、夫妇、君臣、长幼、朋友、宾客（《礼记·王制》）。又考仲山甫古训是式（《周颂》），周公朝读百篇（《墨子》），此见当时已重读书之知识。又周时称士有九能："建邦能命龟，田能施命，作器能铭，使能造命，升高能赋，师旅能誓，山川能说，丧纪能诔，祭祀能语。"（《毛诗传》）此见当时极重文艺之技能。周初至春秋列国，文字大抵统一。（《诗经·国风》所用之韵，各国皆同，此可为证。）战国以后，文字异形异声（《说文解字》序），日渐别异。

制　造

三代时，日用什物，及战争兵器，当已足用。而所谓簠簋、笾豆、洗勺、筐筥、筐篚等名（《诗经》《尔雅》《三礼图》），鼎、鬲、盘、敦、甗、彝、尊、壶、罍、斝、觯、爵、角、卣、瓿、盉、匜等名（《宣和博古图》《西清古鉴》），均谓此期通用之器。凡鼎、鬲等器，上古多用瓦，三代则用铜，而花纹形式已极精美，今夏器已不可见。（夏禹铜鼎，宋时尚存，见薛尚功《历代钟鼎彝器款识法帖》卷一。）而商周铜器出土者尚多，大抵贵重铜器，皆为贵族所自造。而造器之人，又皆为国家专官。故制作甚精，且多著人名及铭文，盖所以纪功德，奉祭祀。又当时分封诸侯，必颁以重器，谓之宗彝（《尚书序》）。故其铭文，或曰"子子孙孙永保用"，或曰"子子孙孙永用享"，或曰"其万年永保用"。《左传》称夏禹用九州贡金铸九鼎（《左传》）。《墨子》亦称："夏后采金于山川，铸鼎于昆吾（今直隶濮阳县），鼎成三足而方。"（《墨子·耕柱》篇。德按："方"或为"圆"之误，古"圆"字作"员"，或省作"云"，与"方"字易混。又按：后世出土之三足鼎皆圆形，而方鼎皆四足。）夏代所发明之三足鼎，实可代表当时之文化。而近时河南出土之瓦鼎，多属石器时代，又当在夏禹以前。然则夏代之三足鼎，盖即出于上古之瓦鼎。〔西人谓中国之三足鼎，其原出于西方古代之特洛伊（Troy）城及埃及。见瑞典人安德生（J. G. Andersson）《甘肃考古记》三九页。德按：此说现时尚难论定。〕九鼎为三代传国宝器，相传武王迁九鼎于洛邑，每鼎用九万人挽之（《战国策》卷一）。此言虽夸，其大可知，惜皆亡于周末（相传沉于泗水，见《史记·秦本纪》、虞荔《鼎录》、江淹《铜剑赞》序）。其他宝器，有赤刀、大训、天球、河图（《周书》），后亦不存。旧称酒器，夏曰盏，殷曰斝，周曰爵(《礼记·明堂位》)。而周人所用兵器,又有戚扬(《诗经》)、刘、瞿、癸、戉、惠、锐等名(《周书》)。指南车相传始于黄帝(《古今注》),未必可信,而周公作司南车(《古今注》),历代传为国宝,并见《宋书》(《礼志》《乐志》)、《南齐书·祖冲之传》,此事当非假托。而其所以指南之理,必用磁石。余考磁石已见《山海经·北山经》及《管子·地数》篇,而磁石引针已见《鬼谷子》。盖磁石之用,发明甚早。(日人山下氏谓:指南为机械的,并非用磁石,见《科学杂志》卷九第四期。德按:机械能自动而不能必指南,故知其必用磁石。)车制自黄帝以来用一辕,夏加一马谓之骊,殷益以一马谓之骖,周又益一马谓之驷(《广博物志》)。夏用钩车,殷用木路,周用玉路(《礼记·明堂位》)。周人虽席地而坐,而寝则用床(《诗经》已言"载寝之床")。乌曹作砖,昆吾作瓦(《古史考》),盖在夏代(黄帝时昆吾作陶,见《吕氏春秋》,此为昆吾之祖先。盖夏时昆吾之后人,始由陶器发明造屋之瓦),此为建筑上之最大发明。

艺 术

夏尚匠、殷尚梓、周尚舆(《考工记》),此见三代颇重艺术。夏代遗物足以代表艺术者,今已难见(夏禹钟宋时尚存,见薛尚功《历代钟鼎彝器款识法帖》。现时山西出土铜器,或有夏物,然无文字,故不能确定)。而河南殷墟出土之器物,为雕犀残器、雕象残器(详见罗振玉《殷墟古器物图录》),皆刻有极精细之云雷纹(罗氏虽多购诸土人,并非亲自掘得,然大半可信)。现存铜器,如鼎鬲之属,确定为殷代遗物。而形式花纹、精美细致者,亦不为少。周代铜器铸造之工,尤过前代,其花纹大抵以云、雷、虺、螭、夔、凤、龙、虎、饕餮为多,此可见三代艺术之进步。(《西清古鉴》所列之殷代铜器图,不尽可信,然有少数确为殷器。)玉器则以谷文、蒲文、螭文、龙文、云文、水文为多(详见吴大澂《古玉图考》)。铸铜器则用蜡作模(《稗史汇编》),然作模必用雕刻。又如玉质坚劲,琢磨甚难,相传用昆吾刀切治[见《博物志》。又按:美人劳夫尔(Berthold Laufer),《古玉考》(*Jade : A Study in Chinese Archaeology and Religion*,1911)谓昆吾刀即金刚钻],故雕刻随意。三代铜器玉器花纹多精巧自然,浑朴古雅,非后世所能仿效，可见当时雕刻之精。凡雕刻必用图谱，是雕刻又与图画有关。周明堂之四门，画尧舜之容，纣桀之象及周公负斧扆之图（《孔子家语》），可见图画在周初已极进步。周人所作《穆王八骏马图》，其质为黄素，晋时尚存，历代传为国宝（《图画见闻志》），此可为世界最古之画，此又见当时画法之精。夏时文字今不可见，相传岣嵝碑（原在湖南衡山，今已不存）为大禹时作（杨慎有释文），然不可信。近时发现殷墟甲骨文不少，此真殷代遗文（发现时在前清光绪末年，多数流入外国。华人刘铁云、罗振玉得亦不少，余亦得大片数百）。其字画行列疏密工整可观。而商周铜器中，铭文精美者亦多，世多有影印之本（《陶斋吉金录》《愙斋集古录》《梦郼草堂吉金图》，影印最佳），此可见当时书法之精。刻石之存者，则有周穆王之遗字（在直隶赞皇县，共四字，相传为穆王所书，见叶昌炽《语石》）、周宣王之石鼓（韩愈、苏轼均谓为宣王时物）。

居　处

前言尧舜堂高三尺，土阶三等，茅次不剪，采椽不刮（《史记》）。自夏代始有砖瓦（见前），于是桀作瓦室（《史记·龟策列传》）。自此建筑始有大进步，桀筑倾宫，饰瑶台。纣作琼室，立玉门（《文选·吴都赋》注引《汲郡地中古文册书》）。文王有灵台、灵囿、灵沼（《诗经》）。“夏用世室（五室九阶，每室四户八窗），殷用重屋（四柱复笮），周用明堂。”（《考工记》）明堂者，上圆法天，下方象地（《白虎通义》）。凡有九室，每室各有四户八牖，共三十六户、七十二牖（《大戴礼记》），此见当时建筑之精。（今山东泰山之麓，有周明堂故址。）王城方九里，共十二门，每旁三门。门有三途，男由右，女由左，车从中央。故城内途凡九经九纬，左祖右社，面朝后市（《三礼图》）。太学曰辟雍，其形象璧，其圆法天，雍之以水，象教化流行。国学曰泮宫，半于太子之学宫，半者象璜（《白虎通义》）。《诗经》称周宣王作宫室，“如跂斯翼，如矢斯棘。如鸟斯翰，如翚斯飞”（《诗经·小雅》）。此制至今沿用，即所谓飞檐式，与欧洲式之建筑，迥乎不同。周人将营宫室，先宗庙，次库厩，居室为后（《礼记·曲礼》）。天子宫有六寝，路寝在前，是谓正寝，余为燕寝，又有六宫（《三礼图》）。诸侯有三寝，一为路寝，余为燕寝。卿士大夫各有二寝，前有正寝，后有燕寝，其旁曰侧室（《礼记·内则》注）。其普通住室，大抵前为堂，后为室。左右有房（诗疏）。堂前无阶，惟左右设两阶，右为宾阶，左为阼阶（礼疏）。每家四周有墙，凡寝庙皆居其中，墙南面有门，以通出入。此制上下皆同（刘宝楠《论语正义》）。凡卿大夫皆有家庙，士庶人无家庙，则祭于寝。

衣　服

禹尚俭，孔子称其恶衣服而致美乎黻冕（《论语》），盖除朝服、祭服而外，不尚华美。至桀始用文衣绣裳（《太平御览》八十二引《管子》）。商代略同，至周则有麻衣、缟衣、褐衣、素衣、锦衣、绣裳、羔裘、羊裘、狐裘（《诗经》），盖平日夏用麻布、冬用丝皮，朝服则仍用十二章之制（见前）。其冠则夏曰"毋追"，以漆布为壳，以缁缝其上，前广四寸，高三寸。商曰"章甫"，周曰"委貌"，亦名"玄冠"，俱用缁布为之（《三礼图》），周人多用皮弁（《群书考索》）。周制冕广八寸，长尺六（《三礼图》）。大抵有位者用冕，次于冕者为弁，次于弁者为冠（《文献通考·王礼考》）。平时士以上用冠，庶人用巾（《南村辍耕录》）。大抵冕服为大礼服，元端为常礼服，深衣为便服（本马端临说）。衣则男子上衣下裳，女子衣裳相连，庶人亦服深衣，或衣短褐（《古今注》）。男女皆束带，男子革带，妇人丝带（《礼记·曲礼》），然男子亦有时用丝带（《礼记·玉藻》）。古有蔽前之服，其原甚早，三代承之，曰"韨"、曰"韠"、曰"韎"、曰"芾"（《群书考索》），实是一物，即今之护膝。旧称禹始作裤（罗颀《物原》），则禹以前无裤可知，或谓裤即裳之变相（《古今注》）。或谓西戎始以皮作裤，夏代始用绢作裤，长至膝（《七修类稿》）。三代皆用角袜，以带系于足踝（《中华古今注》）。其履皆用皮（《事物纪原》）。伊尹用草，文王用麻（《中华古今注》）。单下曰履，复下曰舄（《三礼图》）。履亦谓之屦，周时夏用葛、冬用皮（《仪礼·士冠礼》）。为子者，左佩纷帨（拭物之巾）、刀砺、小觿（解结之物）、金燧（取火之具），右配玦拾（射箭之用）、管（笔弢）、遰（刀鞞）、大觿、木燧。为子妇者所佩略同，惟去决拾遰，而加箴线小囊（《礼记·内则》）。周时男子皆带剑

（《左传》《礼记》），士君子无故玉不去身，惟丧否（《礼记·玉藻》）。或谓比德于玉（《礼记·玉藻》），或谓表见所能，如修道无穷者佩环，能本道德者佩璜，能决嫌疑者佩玦，妇女亦佩玉（《白虎通义》）。童子不裘不帛不屦（《礼记·玉藻》）。当时尚无木棉，老者冬衣用丝绵，再冷则用裘。上古已有布有丝（见前），于是布类有毛布、葛布，丝类有缯、缟、帛、锦。尧时已有绣衣（见前），周时并有锦衣（《诗经》）。凡刺成文曰绣，织成文曰锦（《留青日札》）。锦，金也，其价如金（《说文解字》），此为极贵重之品，相传周成王时得其法于外国（《拾遗记》），此见衣料进步之迹。

饮　食

夏时饮食尚俭。然仪狄造酒，禹饮而甘之曰：“后世必有以酒亡其国者。”遂疏仪狄，绝旨酒（《战国策》），即在此时。既有酒，则可助祭祀燕享，在社会上发生变化不少。其后则羲和湎淫于酒（《史记》），桀为酒池，一鼓而牛饮者三千人（《帝王世纪》）。纣亦好酒，在宫中大会，车行酒，马行炙（《帝王世纪》）。人民化之，有群饮之风（《尚书·周书·酒诰》），卒以此亡国。酒初发明之后，大为社会欢迎，不知节制，遂成恶习。此事自在意中。其他饮料，则夏日饮水，冬日饮汤（《孟子》）。食物自《禹贡》所载者，已有橘柚、海物，此见夏初之食料，范围所包不少。至周初已大备，其肉食则加姜桂煨治者曰“脩”，不加姜桂而以盐干之曰“脯”（《周礼正义》）。并有炙肉（《礼记·曲礼》）、腊肉（《周礼》）、鸡羹、犬羹、兔羹、鸡醢、鱼脍等名（《礼记·内则》）。其调和于脍则春用葱，秋用芥。于豚则春用韭，秋用蓼，加以梅盐。其饭则有黍、稷、稻、粱（《礼记·内则》），其肉则用牛、羊、豕、鸡、兔（《礼记·曲礼》），鱼、鳖、鲤、鲂（《毛诗》）。饭亦用麦（《毛诗》），果品则用枣、栗、榛、柿、瓜、桃、李、梅、杏、梨（《礼记·内则》）。饮有五，曰：水、浆、酒、醴、酏（《礼记·玉藻》）。周人每食必祭（《礼记·玉藻》），新物未祭寝庙，则不敢食（《礼记·少仪》注）。凡饮，夏尚水，殷尚醴，周尚酒（《礼记·明堂位》）。凡食，左殽右胾，食居人左，羹居人右，脍炙处外，醯酱处内，葱渫处末，酒浆处右

（《礼记·曲礼》）。大夫燕食有脍无脯，有脯无脍，士不贰羹胾（《礼记·内则》）。君无故不杀牛，大夫无故不杀羊，士无故不杀犬豕（《礼记·玉藻》）。季秋伐薪取炭，季冬藏冰（《礼记·月令》）。

经　济

三代皆用井田之制，其取于民不过什一。民年二十受田，六十还田（见前），六十以后，国家有养老之制。二十以前无父者，国家有恤孤之制（《王制》）。市廛而不税（古市屋皆为国有，只收房租，不征物税），关讥而不征，林麓川泽以时入而不禁。卿大夫之圭田无征，其用人民作工，虽系出于强迫，而每岁用民之力，不过三日。其使民则任老者之事，食壮者之食。矜寡孤独，皆有常饩（《礼记·王制》）。当时人少地多，其生活盖甚富裕。商之时其民好田猎（殷墟甲骨文卜辞多言田猎之事）。周之时，其民好稼穑（《汉书·地理志》），东迁后，其民好治产业、力工商（《史记·苏秦列传》）。除农业而外，又多以蚕桑牧畜为主（详见《毛诗》）。当时虽不能废去实物交易，而亦盛行金类货币。后世出土之"安邑货"，虽未必为夏代遗物（戴熙《古泉丛话》谓：有地名之古币为战国时物。德按：此说极为审慎），而其他花文古朴之铲形币、刀形币、圆形币，或即为三代所用。旧称夏商之币，金为三品，或黄或白或赤，或钱或布或刀或龟贝（《史记》）。太公立九府圜法，黄金方寸重一斤，钱圜函方，轻重以铢。布帛广二尺二寸为幅，长四丈为疋。故货宝于金，利于刀，流于泉，布于布，束于帛（《文献通考·钱币考》）。其市制，则戎器不鬻于市。用器不中度，布帛精粗不中数，广狭不中量。五谷不时，果实未熟，木不中伐，禽兽龟鳖不中杀，皆不得鬻于市（《礼记·王制》）。其山林川泽之制，则草木不折，斧斤不入山林。豺祭兽，然后杀。獭祭鱼，然后渔。鹰隼击，然后罻罗设。故山不童，泽不竭（《毛诗·小雅》）。三代盛时之制度，或竟如此。

社 会

　　孔子称虞夏之文不胜其质，殷周之质不胜其文。夏道尊命，事鬼敬神而远之，先赏而后罚，其敝朴而不文。殷人尊神，先鬼而后礼，先罚而后赏，其敝胜而无耻。周人尊礼，事鬼敬神而远之，赏罚用爵列，其敝文而不惭（《礼记·表记》）。夏正建寅，殷建丑，周建子。夏正以正月，殷正以十二月，周正以十一月（《史记·历书》）。夏曰岁，殷曰祀，周曰年（《尔雅》）。每年十二月内。举行大祭。夏曰清祀，殷曰嘉平，周曰蜡（《礼运》郑注）。每次举行，则举国之人若狂（《礼记·杂记》），盖此为年终劳农休息之大会。三代盖行一夫多妻之制，如夏少康娶二姚（《楚辞》），周代士大夫以上皆有妻有妾，庶人则一夫一妇（《礼记》孔疏）。刑不上大夫，礼不下庶人（《礼记·曲礼》），此见贵贱之分甚严。男子二十而冠，女子十五而笄（《礼记·内则》）。男三十而娶，女二十而嫁。父子不同席，叔嫂不通问。男女不相知名，不杂坐（《礼记·曲礼》）。男女非祭非丧，不相授器（《礼记·内则》）。道路男子由右，女子由左，车由中央（《礼记·王制》），此见男女之别甚严。生男子设弧于门左，生女子设帨于门右（《礼记·内则》）。生男则寝之床，弄之璋。生女子则寝之地，弄之瓦（《毛诗》）。此见重男轻女之风。为子者专命则不孝（《左传》）。为子为妇者，无私货，无私蓄，无私器（《礼记·内则》），此见家长专制之风。凡死丧，殷人吊于圹，周人吊于家（《礼记·坊记》）。送丧用涂车刍灵，亦用俑（《礼记·檀弓》）。凡嫁娶皆在秋冬，婚礼皆昏暮（《毛诗》孔疏）。商人兄终弟及，周始定立嫡之制（《礼记·檀弓》郑注）。商人同姓结婚，周始定不娶同姓之制（《礼记·大传》）。凡色，夏尚白，殷尚黑，周尚赤（《礼记·明堂位》）。上古有名无姓，其后男子称氏，女子称姓。（贵者有氏，贱者有名无氏。）氏以别贵贱，姓以别婚姻（《通志·氏族略》）。夏殷人有名无字，周以来，年二十则有字，死则讳名而称谥。其后姓氏多不能分，而同姓氏人数又日多，于是以国邑官职等名为氏。殷人男女皆用甲乙等字为名，如男曰"父乙"，女曰"母癸"（罗振玉《殷商贞卜文字考》）。周时妇人不用名而称姓，曰某姬、某姜（《礼记》《左传》）。人民迷信甚深，祭祀甚重。凡大事皆用卜筮，而卜筮则灼龟视兆（《殷商贞卜文字考》）。当时人民盖分三等：①贵族，有诸侯、大夫、士之分；②平民，有农、工、商之别；③奴隶，则为罪人。（《周礼》郑注。）其平民则通称曰庶人，而庶人亦可任公职，受廪禄，谓之庶人在官者（《孟子》）。其奴隶，则皂臣舆，舆臣隶，隶臣僚，僚臣仆，仆臣台，而奴隶亦可升为平民及士大夫（《左传》）。考其户口，夏禹王时，有人一千三百五十余万（《后汉书·郡国志》注引《帝王世纪》）。周成王时，有人一千三百七十万四千九百二十二（《通志·食货略》）。平民春令民毕出在野，冬则毕入于邑（《汉书·食货志》引古制）。此见古人终年不尽居乡，可于冬季享受城市生活。周人有宗法之制，嫡子为大宗，百世不迁；庶子为小宗，五世则迁（《礼记·丧服小记》及《礼记·大传》）。由小宗以属于大宗，由大宗以属于嫡系，而同宗团结之力甚固（详见程瑶田《宗法小记》）。

（载《学衡》1926年第55期）

二

古史钩沉

甲骨文之历史及其价值

在西国研究古代字迹之学，亦为考古学之一部，其名曰 palaeography。此字出于希腊文，其意即为古代字迹之研究，然此并非谓研究古代之书法，亦非谓研究古代之字学，不过谓研究古人所遗留之字迹，即谓取古人亲笔文字之存于今者而研究之，以考见古代文化之进步。故其性质为考古的，非为美术的。

现时世界最古字迹之尚存者仅有三种：①埃及树皮文；②巴比伦泥板文；③中国甲骨文。埃及上古有植物，名"怕比"，古人即用其皮作纸，以黑色染料写字于其上。今尚存最古者一篇，藏于法国巴黎博物院，考古学家定为四千年前之物。巴比伦上古用泥块作纸，以刀刻字于其上，再于日中晒干。余在美国华盛顿博物院曾见一方，考古学家定为三千年前之物，此皆世界著名最古之字迹。

吾国发现之甲骨文，虽不及埃及树皮文之古，然不在巴比伦泥板文之下，已经多数考古学家定为商代之物，距今至少为三千年以上。其发现虽迟，然其年代当居世界古字迹之第二位，即在埃及树皮文之后，巴比伦泥板文之前。所谓甲者，即谓龟甲。所谓骨者，即谓兽骨。盖当时无笔无纸，如有记载，即用刀作字于龟甲兽骨之上，此为吾国最古之字迹。

甲骨文之发现，约在前清光绪时代，其地点即在河南省汤阴、安阳等县。初发现时，人民不知其贵重，福山王文敏、丹徒刘铁云，所得甚多。其后上虞罗叔蕴所得亦不少。瑞安孙仲容见之，以为奇宝。当时孙氏方著《名原》一书，析解字义，多出新理。其书一出，时人叹为得未曾有，而其实则多半取材于甲骨。然则甲骨文之价值，亦可由此推见。

然何以定为商代文字，余常考之而得其证明如下：

（1）凡文字含象形体愈多，其时代愈古。甲骨文中象形体甚多，其时代必甚古。

（2）《说文解字》中所引古文，多为周代以前之文字。甲骨文多与古文相合，其时代必在周代以前。

（3）《尔雅》称商人谓年曰"祀"，今甲骨文中凡有"纪年"字样，皆作"惟王几祀"等字，此为商人纪年可知。

（4）《尚书》及钟鼎文载商代人名，皆用甲乙丙丁等字，今甲骨文中人名皆然，此为商代人名可知。

据以上四种理由，又加之汤阴即古之羑里，为商王受拘囚西伯之处，安阳即古之相，为商王河亶甲建都之处，而甲骨文即发现于此，然则谓之为商代文字，谁曰不宜？且其中未必不有商代以前之文字，惜今不可考明。

甲骨文关于学术上之价值极大，兹略述如下：

（1）甲骨文可以订正文字，如"羞"字之本义，为"进物"之"进"，《说文解字》作从羊从丑声，其义殊不明了。甲骨文则作从羊从又，又即"手"字，以手持羊，而"进"字之义乃见。又如"得"字，《说文解字》作从见从寸，其义亦不甚明了。甲骨文则作从贝从又，又即"手"字，以手执贝，而"得"字之义乃显。此其在字学上之价值。

（2）甲骨文可以考证史事，如《史记》称商代有一帝名曰"天乙"，实则商代人名多用太字，不用天字。今甲骨文果有"太乙"之名，足证《史记》"天乙"之误。甲骨文所记，多为出猎获禽之事，是知商人好猎。又多记占卜祭祀之事，且大祭祀竟用百牛，是又为商人重祭祀、信鬼神之证。此其在史学上之价值。

由此推之，则其在学术上之价值，何可限量？昔晋朝发现竹简书时，由政府之收集，学者之研究，其结果得《竹书纪年》《穆天子传》二书。今甲骨文之发现，适在前清末年，遂致多数散失，不可复聚。闻某君所藏，已流入外人之手。余尚存大片甲骨多件，在今日已为难得。甚望诸君有同志者广为搜集，以供多数人之研究。

（《晨报副刊》1923 年 12 月 25 日）

评顾颉刚《古史辨》

北京大学顾君颉刚著有《古史辨》，其第一册现已在北京朴社出版。此书实为近年吾国史学界极有关系之著作；因其影响于青年心理者甚大，且足以使吾国史学发生革命之举动也。其书首为自序，述其自己为学之经历，及其自己著书之志愿；盖其人自幼即有志于史学，且愿作"科学的史学家"者也。原书第一册分为上、中、下三编，皆辑录其师友与自己往来之论辩。其书富于怀疑的精神，大抵谓古史多不可信，并言尧舜禹并无其人。夫所谓尧舜禹者，实皆西人所谓"历史前的"（Pre-historic）人物。此当属考古学（anchaeology）之范围，并须发掘地下之证据以定真伪，非仅凭书本文字所能解决者也。及余披阅顾君之书一过，甚服其读书之细心及其疑古之勇气，然亦惜其惟知作故纸堆中之推求，而未能举出考古学上之证据，故辩论数十万言而未得结果也。余虽求其最终之结果而不可得，然即此一编，已足以引起研究古史之兴味，而推翻迷信旧说之习惯。顾君愿为"科学的史学者"，余惜其书中亦有未能尽合科学之理而易滋青年后学之惑者，故余略为评语数则于后，以比于商榷之义焉。

大凡人类思想演进之迹，往往有途径可寻；在某时代之中，必须经过某种阶级而后发生某种思想，此亦科学的定理使然也。由是言之，后人之思想未有不受前人之影响而成者也。余观顾君治古史方法，实为"剥皮"的方法；此即前人司马迁作《史记·五帝本纪》[①]之方法，亦即前人崔述作上古《考信录》[②]之方法。不过司马氏之"剥皮"，仅剥去诸子百家而止于六经、《国语》《家语》[③]；崔氏之"剥皮"，又剥去《国语》《家语》，而止于六经。顾君之"剥皮"是于剥至经书之后又剥进一层，以求见经书上记载之故事如何演进而出，此为就前人之方法而加进层次者也。由是观之，崔氏之思想实受司马氏之影响

---

① 《史记》卷一，第三〇页上至三一页下，同文局本。

② 崔述《考信录提要》（上）及《自序》，上海古书流通处翻印，东壁遗书本。

③ 《史记·五帝本纪》全采古本《孔子家语·五帝德》及《帝系姓》二篇，此二篇今存《大戴礼记》内。

而成，而顾君之思想又实受崔氏之影响而成，显然可见也。然顾君自言本人初未见崔氏之书，及向胡适之君借观崔氏《考信录》而胡君答以"我没有"（原书一五面），此又似顾君自己之治古史方法早已决定于未读《考信录》之前者。然无论顾君最初已读《考信录》与否，至少必已早闻《考信录》之内容，而最少亦必间接受其影响以完成自己之思想，可断言也。夫顾君既知向人借观《考信录》，吾故知其必已早闻此书之内容矣。崔氏书出版百余年，在社会上无甚势力，顾君书出版未数月，而学界即感其影响，此则时代之关系使然也。

原书六〇面言："周代人心目中最古的是禹，到孔子时有尧舜，到战国时有黄帝神农。"此与崔氏《考信录提要》[1]之言如同出诸一口，故余谓顾君之思想受崔氏之影响而成也。原书六五面又疑："后人何以文籍越无征，知道的古史越多？"此语亦与崔氏之说[2]极为相似。然此说实未可尽从，盖如从此说，将谓后人之所知者决不能多于前人之所知，此则不合于科学真理，而且有悖于治古史之科学方法矣。盖上古史事因文字不详之关系，往往不见于记载而可征于器物，此不可不知者也。故既言"古史"，则不当但凭"文籍"。譬如埃及昔时，因古籍沦亡，古事全不可考，自西历一八八三年英人设立埃及考古会（Egypt Exploration Fund）以发掘地下之古物，而后五千年前之状况至今灿然可见。又如埃及古王特谭亚门（Tut-Ankh-Amen）在文字上之记载几等于无，及英人发其陵墓，见有镂金之椅，饰牙之柜，雕檀璎珞之床，金漆彩画之棺，而其铭刻足以补古史之遗者颇多[3]。如迁都、建庙、改革宗教、征服叙利亚部民，乃其最著者也。然后知在此时内，其文化之高又非后人意料所及。故语及埃及古史，现时英人之所知，其数远过于埃及前人自己所知；现时英人所作之埃及史，其详远过于埃及前人自己所作之埃及史。英人齐恩（A.H.Keane）曰："自考古学进步以来，埃及之文化愈推愈远，现已推至八千年前。"[4]故用西人考古学之方法，则顾君所疑"后人的文籍越无征，知道的古史越多"，未足为异。且考古学而仅凭"文籍"，则又未尽合于科学的史学方法矣。

---

① 崔述曰："孔子断自唐虞，司马迁乃始于黄帝，近世以来乃始于庖牺氏。"《考信录提要》（上）第二一页下。

② 崔述曰："古人不料后人学之博，至于如是。"《考信录提要》（上）第二二页上。

③ H. Cater: *The Tomb of Tut-ankh-Amen*, pp. 75-83, 261-280, George H. DoranCo, New York, 1923.

④ A. H. Keane: *Ethnology*, p. 56, Cambridge University London, 1901.

原书二二面引胡适之君曰："现在先把古史缩短二三千年，从《诗》三百篇做起。"此语亦非余所能赞成。吾人须知上古人民进化之路程甚为迟缓。西人定欧洲旧石器时代不能少于六万年之久[①]，而新石器时代至少又历数万年之久[②]。故近世西洋史学家之趋势，往往用考古学之成绩将前代文化愈推愈远。前节余已言埃及文化已推至八千年前[③]，而谓吾国文化仅有二三千年之历史，其谁信之？盖上古事迹本无史册记载，全凭器物证明。考古学之研究愈深，地下之发掘愈多，则文化之上溯亦愈远，故治古史只有延长之势，并无缩短之理也。又按：《诗经》之时代实不甚古。余考西汉人旧说[④]，《诗经》内《商颂》，原为东周时代宋人所作，《关雎》《鹿鸣》[⑤]亦均作于周衰之世。其《大雅》诸篇，词句平易，至早亦不过为西周衰时作品。仅有数篇《周颂》时代较早，然《商颂》既为后人追美前王之诗，又安知《周颂》不为后人追美前王之作？且所谓颂者，原含有后人颂扬前人之意也。然则三百篇内能确定为周初作品者，盖已仅矣。假如从《诗经》做起，则周衰以前将皆无代表的文字矣。余谓《书经》内保存之真殷盘周诰十余篇，及地下发现之殷墟甲骨文字数万片，及现存之西周鼎盘铭文十数篇[⑥]，实皆代表殷季及周初之文字，其年代皆较《诗经》为古，又岂可存而不论乎？夫鼎盘及甲骨文字均为上古实物，其价值在科学上固当高出于书本万万也。

原书九九面又引胡适之君曰："发现渑池石器时代文化的安特生（J. G. Andersson）近疑商代犹是石器时代的晚期，我想他的假定颇近是。"此说予亦未敢赞同。安特生者本为瑞典地质学者，虽在中国多年而不谙华语，不识华文。民国十年，彼在河南渑池县发现石器，因河南于古为商代建都之地，遂疑商代犹是石器时代的晚期。此不过外人一时假定之语，实则安氏于其所作《远古中国之文化》（*Early Chinese Culture*）[⑦]书中，并未证明此项石器的确属于商代。盖河南为商代都城所在，此是一事；河南发现石器，此又是一事；而此石

---

① A. H. Keane: *Ethnology*, p. 55, Cambridge University London, 1901.

② A. H. Keane: *Man Past and Present*, p. 15, Cambridge University London, 1920.

③ A. H. Keane: *Ethnology*, p. 56, Cambridge University London, 1901.

④《史记》卷二八，第一六页下。

⑤《史记》卷一四，第一页下。

⑥ 上虞罗振玉存殷代甲骨文二万余片，英人 Menzies 存五万余片，日本所存者亦不少。西周铜器如毛公鼎、散氏盘、克鼎、盂鼎、小盂鼎、颂鼎、鄦惠鼎、智鼎、虢季子白盘等皆可信。

⑦ 此书在北京农商部地质调查所出版，民国一〇年。

器是否为商人遗物，此又是一事；不可混而为一也。顾君既信《书经·盘庚》篇为真矣（原书二〇一面），余考《盘庚》篇凡数千言，其居有城邑，其事有法度，其物有货宝贝玉，其官有邦伯师长，而谓石器时代晚期之人民能如是乎？西国考古学家定欧洲石器时代晚期之末至少为距今六千年以前。[①]余考吾国自商初至今，最多不过三千余年。如谓吾国三千年前尚在石器时代晚期之内，则是吾国上古文化之幼稚，且不能望欧洲上古文化之肩背矣。试观殷墟发现之甲骨文字，刻划工整，极为可观，又岂石刀石斧之民所能为哉？且商周之相去，仅数百年之时间耳。夫以石刀石斧之人物，仅越数百年之时间，即能有文武精密的制度，诗书优美的文学，孔老高尚的哲理，此短期内之进步，又何其独为迅速如此乎？此则非科学常理所能解释者矣。

原书九九面又谓须"打破民族一元的观念"，此语亦有讨论之余地。余考世界民族究竟出于何处，究竟出于何种，在昔时本有一元与多元之说。此在西国为人类学家之专门研究，余非人类学家，固不能解决此种问题。然考最近西方治人类学者，久已有由多元论归于一元论之趋势。近年英国出版之《科学大纲》（*Outline of Science*）实为荟萃世界科学最近之结论者也。此书关于世界人种问题亦主张世界人类原由一种而变为各类（varieties of one specials）[②]，而其各类之别异，则又各本其所受天气地势及各种环境之影响。英人皮瑞（W. H. Perry）据生物学最近之发现，凡生物之任何机体，均各自相关，因此不但主张世界民族出于一元，并且主张世界文化出于一元。[③]最近英国剑桥大学（Cambridge University）出版之《人原论》（*Origin of Man*）亦主张世界人类出于一家（a family of primates）。[④]近世美国多数人类学家均主张世界人类同出于中亚细亚。[⑤]近年美国人所组织之亚洲考古队（Asiatic Expedition）又主张世界人类出于蒙古高原。[⑥]此见民族出于一元之说，实为最近科学上之趋势也。顾君谓中国上古民族"原是各有各的始祖"（原书九九面），实则吾国上

[①] H. H. Wilder: *Man's Pre-historic Past*, pp. 138-139, Macmillan, New York, 1924.

[②] J. A. Thomson: *Outline of Science*, Vol. 4, pp. 1093-1104, Putnam, London, 1922.

[③] W. H. Perry: *Growth of Civilization*, pp. 1-10, Methen, london, 1924.

[④] C. Read: *The Origin of Man*, p. 1, Cambridge University Press, London, 1925.

[⑤] J. McCabe: *Evolution of Civilization*, p. 7, Putnam's Son, New York, 1922.

[⑥] H. F. Osborn: *Mongolia might be the Home of Primitive Man*, Peking Leader, Peking, Oct, 10, 1923. 又 R. C. Andrews: *On the Trail of Ancient Man*, Foreword, pp. 7-10, Putnam's Son, New York, 1926.

古民族，亦是由一种而变为各类（varieties of one species），而顾君所谓"各有各的始祖"者，此乃真出于各族之伪造典故，此皆后世子孙傅会之谈，未足深信者也。

原书二六面谓"禹见于载籍，以《商颂》为最古"，六三面又谓"东周初年只有禹，是从《诗经》上可以推知的"，余考此二语，似有自相矛盾之点，不可不辨也。余查"禹"字并见于《书经·尧典》《禹贡》《吕刑》等篇。顾君虽不信《尧典》《禹贡》，而未尝不信《吕刑》为真西周作品（原书二〇一面）。《吕刑》篇中固已明言"禹平水土，主名山川。"《商颂》为东周宋大夫追美前王，序殷所以兴而作，已见《太史公书》[①]。西汉[②]人传授《诗经》之齐、鲁、韩三家及扬雄[③]并同此说。顾君盖从王静安君之说[④]，谓《商颂》为"西周中叶作品"（原书六二面）。实则《商颂》之词句多与《鲁颂》相似，决不能指为西周作品，虽王君有此说，而亦未及举出证据，亦不必从也。即姑信《商颂》为"西周中叶作品"，而其成书之时代亦尚比《吕刑》迟一二百年矣。且余又考"禹"字已先见《书经·立政》篇，而《立政》篇之时代又较《吕刑》篇为早，似亦无他问题矣。今顾君不称"禹"字始见于《立政》《吕刑》，而言"禹"以始见于"《商颂》为最古"，何也？俗儒多以《商颂》为商代作品，此说未免太为滑稽。若从前所引西汉人传授《诗经》者之说，则《商颂》为东周作品；若从前所引王静安君之说，则《商颂》为西周中叶作品。顾君似尚徘徊于二者之间，而未肯决定。然顾君如信《诗经》内《商颂》为东周作品，则当言"禹"已见于《立政》《吕刑》，未可言"禹"以见于"《商颂》为最古"；如信《诗经》内《商颂》为西周作品，则当言西周只有禹，未可言"东周初年只有禹"，此在论理学上，似未免有自相矛盾之点。顾君读书心细，其或又有他说欤？

原书中最有趣味之事，即为禹之有无的问题。顾君就此点与其友人刘掞藜、胡堇人二君往返辩论，凡数万言，可谓极诙诡之能事矣。余独惜其至终未有结论，此皆因两方面所根据之材料均不出故纸堆中之旧文字故也。夫禹为历史前的（pre-historic）人物，自不待言；而诸君所据以为辩论之材料，如《商

---

① 《史记》卷二八，第一六页下。

② 皮锡瑞《诗经通论》，第四五页至四七页，思贤书局本。

③ 《扬子法言·学行》篇，第二页下，湖北局本。

④ 王国维《观堂集林》卷二，第二一页下，蒋氏印本。

颂》《论语》《说文解字》，又皆东周以后之记载，岂能得其结果乎？盖此问题终当付诸考古学家，用地下之发掘以作最后之结论也。原书一一九面因《说文解字》训"禹"字为虫，遂疑禹为蜥蜴。原书一〇六面因《商颂》"禹敷下土方"，遂疑禹为天神。原书一〇七面因《论语》"禹稷躬稼而有天下"，遂疑禹为耕稼的国王。禹究竟是"蜥蜴"？是"天神"？抑是"国王"？余皆求其结论而不得。如是蜥蜴，则为怪物；如是天神，则神而非人；如是国王，则又人而非神矣。顾君于此，亦未坚执一说，此盖假定之词，非决定之论也。然禹之为禹，究竟有无其人，此诚为上古史上之重大问题，故余甚喜顾君能引起此类之讨论也。禹葬会稽已见《墨子》《吕氏春秋》[①]等书，而至今浙江会稽县有大禹陵，若有人起而掘之，有所发现，则是大有功于古史矣。原书二〇二面又引丁在君之言曰："禹是石器时代的人物。"夫禹之有无既尚待地下发掘之证明，则其是否"石器时代的人物"，更不成问题矣。

　　顾君疑禹而不疑汤及文王、武王，何也？原书一〇九面谓："汤武文王的来踪去迹甚为明白；他们有祖先，有子孙，所以虽有神话而没有神的嫌疑。"夫所谓来踪去迹甚是明白者，不过仅据十数篇可信之《书经》与《诗经》而已。《诗经》《书经》上所记之人物，凡年代愈久远，其事迹愈简单，故于武王甚详，于文王则略，于汤则又略，而于禹则尤略。此乃时间与材料之关系使然，此不足为其人有无之确证也。又如所谓"有祖先，有子孙"者，实则在可靠之数篇《书经》内均不可考，余又未知顾君果据何书以得其"明白"？据顾君之意，《书经》内可信之《商书》，仅有《盘庚》一篇；然余于此篇内未能考得汤之祖先、子孙为何人也。余前已言明《诗经》内之《商颂》为东周时代宋人所作，距汤时约有千余年，其所言汤之祖先、子孙果可信乎？若东周时代之《商颂》能为汤有祖先有子孙之佐证，则东周时代之《洪范》《左传》及古本汲冢《竹书纪年》又何不可为禹有祖先有子孙之佐证乎？然则顾君果据何种古书以见汤之祖先、子孙之来历甚是明白乎？余昔年颇疑《史记·殷本纪》所记殷代帝王多不见于《书经》。然据现时地下发现之殷墟甲骨文字[②]，余又颇能证明汤之祖先、子孙，与《史记·殷本纪》所载大半相合。此见太史公作《殷

---

① 《史记集解》卷二，第二六页上。
② 罗振玉《殷商贞卜文字考》，第三页，玉简斋本。又见王国维《观堂集林》卷九，第二三页至二四页。

本纪》并非伪造也。盖《史记》于三代世系必根据王家所藏之历代《谍记》[①]，故为可信。然非发现地下之甲骨文字，余亦不能证明《殷本纪》之为可信也。推之《夏本纪》或亦如是，但惜至今尚无所发现以证明之耳。余甚愿顾君注意于地面下之发掘，勿徒用心于书本上之推求也。

西人研究上古帝王之有无，或以尸骨为证，如棺外记其姓名，棺内存其遗骸，则知上古果有其人矣。埃及发掘上古帝王之木乃伊（mummy）现均陈列于开罗博物院（Cairo Museum，Egypt），可考而见也。若其无坟墓可考，则可以古碑古器为凭。如埃及古后亥特色素之尖碑（Obelisks of Hatshepsut）[②]，巴比伦古王沙耳贡之圆石（Stone Object of Sargen I）[③]，亦可证明上古有其人矣。吾国人素不敢发掘古人坟墓，而上古石碑之存者亦不可见，何也？《吕氏春秋·求人》篇曰："得五人佐禹，故功绩铭于金石。"[④] 此见上古久已有铭功于金石之事；假如禹真有其人，则禹碑、禹鼎或当有之矣。后人既未见禹碑、禹鼎，而宋人所见之夏禹纪功铜钟[⑤]今亦不存，无以定其真伪。王静安君常举秦公敦，齐侯镈钟铭文中之禹字以证禹有其人[⑥]，然秦敦、齐钟皆东周作品，非能代表夏禹时代之器物也。余考《孟子》载"禹之声尚文王之声……以追蠡"，据汉人赵岐注，追为钟钮，蠡为齧绝[⑦]，此言夏禹之钟钮欲绝，故时人因谓禹之用乐过于文王也。因此可见禹实有铜钟，在《孟子》时尚存，且必为当时人所共知之器，故举以为言。禹之铜钟自可为禹有其人之一证。今世所存千余年前之铜器甚多，禹距孟子时代约亦不过千有余年，故知孟子时代所见之禹钟或非伪造之品也。然宋人所见之禹纪功钟，是否即是此钟，则不可考矣。此为他人所未注意，余故表而出之，以资参证焉。夏禹造鼎，又见《左传》及《墨子·耕柱》篇，其可信与否今亦无可为证矣。

《书经·禹贡》篇内有铜铁等字。顾君引胡适之君曰："铁固非夏朝所有，铜恐亦非那时代所有。"（原书一〇二面。）原书未能举出证据，无从辩论。然就

---

① 《史记》卷一三，第一页下。

② J. H. Breasted: *History of Egypt*, p. 280, S. ribner, New York, 1912.

③ H. G. Wells: *Outline of History*, Vol, p. 107, London, George Newnes, 1921.

④ 《吕氏春秋》卷二二，第五页下，湖北局本，又按：世传岣嵝碑为禹碑不可信，顾炎武《金石文字记》已辨之矣。

⑤ 薛尚功《历代钟鼎彝器款识法帖》卷一，第二页上，上海影印阮刻本。

⑥ 王国维清华学校讲义《古史新证》，第二章，第三页上，民国一四年。

⑦ 《孟子》赵岐注，卷一四，第八页上，《四部丛刊》影宋本。

此语细考之，亦有讨论之余地。夫西人所谓石器时代、铜器时代、铁器时代三大期者，不过举其人民所用之多数物料言之，并非言石器时代之内无铜，或铜器时代之内无铁也。铜铁均为天然的矿产，或见于石面，或藏于地中，无时而不有也。据美人奥士卜恩（H. F. Osborn）之书[①]，则知石器时代之内并非绝无铜器；不过因石易拾取而铜须采制，故用石多而用铜少也。又据英人怕耳勤（E. A. Parkyn）之说，则知铜器时代之内，且常兼用铁器；不过因铜柔易于采冶，而铁劲难于采冶，故用铜多而用铁少也。[②]又按西国考古学家所定，埃及于六千年前已用铜，三千二百年前已用铁[③]，此均于古墓中发现而知者也。德人姆来（F. Muller-Lyer）谓"铁在东方发现颇早，亚洲、非洲民族在半开化的阶级已有铁器"，又谓"三千五百年前，铁由西亚已传到埃及"。[④]由以上诸说观之，石器时代之内亦可有铜，铜器时代之内亦可有铁，且铁在亚洲固发现甚早矣。《禹贡》之真伪自是别一问题，然在夏朝，即在中国三千年前，其民族已知铜铁，并用为贡器，似非绝对的不可能之事。且铁既用为贡品，则知当时所用者固不多也。

原书一二〇面又引胡适之君曰："夏代彝器从没有见过；即学者考订的商代彝器亦并无确实出于商代的证据。"余谓此实为吾国考古学上一大问题也。《孟子》所记有禹钟[⑤]，宋人所见古器，有夏带钩及夏禹纪功铜钟[⑥]，今皆不存，其为真伪自不可考。后世地下亦有时发现极古之铜器，然多因其无文字，无铭识，未有敢定为夏代之器者也。实则西国考古学家发掘古器，必以土地层累之状况与埋藏他物之关系，而决定其年代，并不仅以文字为凭；因年代愈古，必不著文字故也。此系专门之学，吾国人多未知此，姑不具论。《礼记·大学》篇载汤之盘铭，今已不存。然商代铜器，至今尚确有可信之器物为证，未可一笔抹杀。譬如清末清苑发现之三句兵[⑦]，均为铜制，上有大祖、祖、大父、大

---

① H. F. Osborn: *Men of Old Stone Age*, p. 461, Scribner, New York, 1915. 又见 E. A. Parkyn, *Introduction to the Pre-historic Art*, p. 163, Longmans, London, 1915.

② E. A. Parkyn: *Introduction to the Pre-historic Art*, p. 254, Longmans, London, 1915.

③ E. A. Parkyn, 同上，p. 163, 252.

④ F. Muller-Lyer: *Social Development*, 汉译本《社会进化史》, p. 90, 114, 上海商务印书馆本。

⑤《孟子》赵歧注，卷一四，第八页上，《四部丛刊》影宋本。

⑥ 薛尚功《历代钟鼎彝器款识法帖》卷一，第二页上，上海影印阮刻本。

⑦ 罗振玉《梦郼草堂吉金图》第三册，第一页至第三页，己未年自印本；又王国维《观堂集林》卷一五，第一页至第二页。懋德按：此三器实为短刀，非句兵也。

兄等日干纪名。夫周初人固有仍用日干纪名者，然此三句兵著三代之名皆如是，且著其兄名，有以弟承兄之义，其为商代遗物尚有何疑？其他如殷墟发现之甲骨文字，其字迹之工整，亦非铜刀不能刻也。[①]如阮文达公作《积古斋钟鼎彝器款识》，凡见铜器中铭文有父丁父乙者即指为商器，固不可尽信，然至迟恐亦为周初之物也。又如罗叔言君作《殷文存》，凡见铜器中铭文有作象形字者，即指为商器，亦未可尽信，然最晚恐亦为周初之器也。今人于周代铜器已不怀疑矣。然周代初年既有铭识甚详，制造甚精之可信的师望鼎、盂鼎、克鼎、毛公鼎、散氏盘、虢季子白盘等之大件铜器，则商代已有铜器更有何疑！此西国科学家所谓间接的证据（indirect evidence）是也。夫民族由石器时代进而为铜器时代，其行甚缓，其程甚久。如谓商代尚无铜器，至周代即能铸造钟鼎，是文化可以一跳而进步，则又似反乎科学之常理矣。

原书二〇一面谓："周代始进入铜器时代的假设颇可成立，因为发现的鼎彝多半是封国后或嗣位后铸的宗器。"此又太小看周初的文化矣。余定商代已为铜器时代，已详于前节，余于此再说明铜器时代之初期为时甚远，以释顾君之疑。吾国铜器时代究竟始于何时，至近尚无人为之断定。[②]据西国考古学家所定，欧洲铜器时代之初期（Early Bronze Age）[③]至少为 2200 B.C. 即距今至少为 4200 年以前也。如谓周初"始进入铜器时代"，则吾国上古文化比之欧洲上古文化尚迟千余年矣。顾君既谓周初始进入铜器时代，而同时又谓发现的鼎彝是封国后铸的。夫以将脱石器时代之人物，即能"封国"，即能"铸鼎彝"，斯又奇矣。且现存有铭文百余言之师望鼎出于陕甘界内，则又知周初太公造鼎当在封国之前矣。今所存周初鼎彝甚多，如内含铭文三十二行四百九十七字之毛公鼎，孙仲容先生定为周昭王时物[④]，虽无确据，然考其词意，必为周初之器无疑。其他如清故宫所藏之散氏盘，焦山所藏之鄦惠鼎，亦均西周作品，无可否认。其他著有年岁之器，如盂鼎著惟王二十又三祀，小盂鼎著惟王二十又五祀。考其铭文之词意，当为成王二三年及二五年所造。虢季子白盘著惟王十有二年，考其铭文之词意，当为宣王十二年所造。此外周器中

① 罗振玉《殷商贞卜文字考》，第三一页上，玉简斋本。

② 罗振玉《殷商贞卜文字考》，第三一页上，罗氏谓夏殷周三代均为铜器时代。

③ H. H. Wilder: *Man's Pre-historic Past*, pp. 138-139, Macmillan, New York, 1925. 又见 C. Bloetz: *Manual of Universal History*, p. 1, Houghtor Mifflin, 1925.

④ 孙诒让《籀庼述林》，卷七，第一二页上，丙辰年刻本。

制作精巧、花纹工细者，世多有之，而谓"始进入铜器时代"之人工技术能为之乎？顾君原书二〇一面又信《左传》晋国以铁铸刑鼎之说。夫铁质之难于冶制，远过于铜，凡有科学知识者无不知之。夫春秋时人既能以铁铸鼎，则其人当已习于铁之为用久矣。顾君既言周初时"始进入铜器时代"，而同时又信春秋时即能"以铁铸鼎"，则当时之"铜器时代"又何短促至于如是乎？此又似非科学之常理所能解释者矣。

《书经·尧典》篇文字平易，顾君疑其为伪作。原书六四面举出可疑之点为"蛮夷猾夏，金作赎刑"二语。此说本之梁任公，盖谓尧时不能用夏朝国号，及尧时不能有金属货币也。[①] 顾君原书六四面又谓："舜对稷说'汝后稷'，实为不辞。"余按：尧时是否称中国为夏，古书已无可考。然汉人有用"猾夏"如"猾扰"之意者[②]，是"夏"字或是"擾"字，即是"扰"字，不必定指诸夏。尧时是否有金属货币，古书亦无可考。然汉人解"金"字曰斤曰两[③]，是金字或指铜块，不必指货币。尧时后稷是否为官名，古书亦无可考。然汉人书中有引作"居稷"[④]者，是"后"字未必非"居"字之误。然则以上三点，尚未为《尧典》伪作之确证也。《尧典》之真伪，自是别一问题。魏默深《书古微》谓此篇为周史官所修。[⑤] 如果为周史官所修，即如前朝史多为后朝人所修，尚不能谓之为伪作也。后人所修之史，亦有大不通之点：如其根据前朝史料，则当与信史同等；如其不根据前朝史料，则当与伪作同科矣。此又极难为四千年以后之人所能辨明者也。尧舜之有无，依然为考古学上之问题，当与禹之有无同一解决，是当有待于地下之发掘而后能断定者也。顾君原书二〇三面又列所拟做之辨《尧典》《禹贡》《皋陶谟》等纲目，颇有研究之趣味，惜其文章尚未作成，故读者不胜引领之望也。

原书中似有好奇立异之病。如原书五六面谓"战国时结群成派的只有儒墨二家"。然余考《孟子》已言"杨朱之言盈天下"，是杨家至少亦结群成派

---

① 梁启超《中国历史研究法》，第一五五页，天津初印本。

② 汉孔宙碑曰："东狱黔首，猾夏不宁。"此语内之猾夏即是猾扰。又按：汉李翊碑，樊敏碑中"扰""擾"二字通用，见洪适《隶释》，卷九至卷十一，江宁刻本。

③ 陈寿祺《尚书大传》定本，卷四，第二二页下，广州本。

④ 刘向《列女传》卷一，第三页下，《四部丛刊》影明抄本。又《毛诗正义》卷二六，第三页下，引郑康成注广州彷殿本。

⑤ 魏源《书古微》卷一，第一页上，淮南局本。

也。原书二〇五面谓"巡狩始于秦"。然余考《晏子》已言"天子适诸侯曰巡狩"[①]，是巡狩至少已始于周代也。原书五七面谓"老子决不在庄子之前"。然余考《庄子》[②]内篇明言"老聃死"，是老子至少已先庄子而死也。此皆出于同时代之记载，极有讨论之价值。余甚望顾君先立一说，以破孟子、晏子、庄子之误，而后下此决论可也。原书一一七面又谓"禹与夏没有关系"，此问题尤难解决，此因现今不但无夏禹同时代之记载，即西周以前之记载，据顾君之意，其真可靠者亦只有《尚书·盘庚》一篇。在《盘庚》篇中，原无述及夏禹关系之必要，而夏禹之关系在古书中自然全不可考矣。周末之书，惟《论语》言"禹"，《墨子》言"夏禹"。然据《论语》言"禹"，即谓夏与禹没有关系，似亦未免有证据未足之病。原书八八面谓"《论语》较为可靠"，余试以《论语》言之。余考《论语》中历叙上古帝王，言"舜亦以命禹"，"汤执中，立贤无方"[③]，是禹为舜以后、汤以前之人物。论语又言"禹稷躬稼而有天下"[④]，是禹固为舜以后、汤以前之天子。《论语》又言"行夏之时，乘殷之辂，服周之冕"[⑤]，又言"殷因于夏礼，周因于殷礼"，是夏固为殷周以前之朝代。夫禹既为舜以后、汤以前之天子，而夏又为舜以后、殷以前之朝代，除非舜汤之间又加入一新朝代，则夏与禹之关系可知矣。然在舜与汤之中间，除夏朝而外，尚有他朝乎？

顾君书中亦有似有望文生义之病。原书二二六面谓："《吕氏春秋》所谓周鼎，就是《左传》所谓夏鼎，即九鼎。"此据《吕氏春秋·先识览》[⑥]"周鼎著饕餮"之语而为此言也。然因此一语，即谓周鼎即夏鼎，即九鼎，余实未见其有何理由。《吕氏春秋》所谓周鼎，何尝言周王所作之鼎，更何尝言九鼎，不过泛言周人所铸之鼎，上铸饕餮之形而已。余昔年经理古玩之业，常见陕西、河南出土之周鼎著饕餮者甚多，古玩商人皆呼为饕餮鼎，如铭文不多，每具仅售千元上下，至今余尚存数器。若以之为夏鼎，为九鼎，又何足劳楚庄王问

---

① 孟子引晏子语，《孟子》卷二，第六页下，《四部丛刊》影宋本。

② 王先谦《庄子集解》卷一，第二〇页下，王氏自刻本。

③《论语》卷一，第九页上，《四部丛刊》影宋本。又崔述《洙泗考信录》卷一疑《论语》后五篇为后人所乱，然亦未能举出证据。

④《论语》卷七，第一二页下。

⑤《论语》卷八，第四页上。

⑥《吕氏春秋》卷一六，第三页下，湖北局本。

其轻重如《左传》所云乎？前言原书因《说文解字》训"禹"为虫，遂谓禹为蜥蜴；因《商颂》"禹敷下土方"，遂谓禹为天神；因《论语》"禹稷躬稼而有天下"，遂谓禹为耕稼的国王（原书一〇六面至一一九面），似均未免有望文生义之病，与顾君所标之治史方法未合。又如原书自序七一面谓"阎罗王，即是尼罗河（Nile）之神，声音相合，甚为可信"，然余考阎罗实为梵语阎摩罗（Yamaraj）之缩音，犹观音为梵语观世音之缩音，故知阎罗与尼罗其声音实无甚关系也。

原书辩论古史，往返凡数万言，平心静气，不躁不矜，极合学者之态度，甚为可敬。惟自二一七面至二六〇面之间，有一二篇文字，颇杂以闹意气之词句，似稍失学者之态度，深为可惜也。盖因柳翼谋君作《以〈说文〉证史必先知〈说文〉之谊例》一篇，谓"欲从文字研究古史，盖先读熟许书"（原书二二二面），此盖讥顾君徒知以《说文解字》证史而未知其谊例也。由是又引出顾君及其友人数万言之讨论。然其言说多就文字立论，似与古史无甚关系。此因《说文解字》本为东汉人杂抄而成之字书，原无证上古史之价值，双方不必因此多费笔墨也。原书二六四面载容庚君答柳君曰："如欲辨顾先生古无夏禹之说，当取秦公敦'鼏宅禹迹'、齐侯镈钟'处禹之堵'证之。"此盖讥柳氏徒知以《说文解字》证史，而未知以古器证史也。余谓柳君所举之《说文解字》，固未能使容君心折；而容君所举之古器，亦未必能使柳君心服。盖以秦公敦、齐侯镈钟铭文中"禹"字证明"禹"有其人，王静安君已先言之矣。[①]然此二器均为东周作品，毫无疑义。如使东周作品能证明禹有其人，则《论语》中之"禹有天下"早足为禹有其人之明证矣，又何待于秦敦齐钟之力乎？夫以西周作品如《吕刑》中之禹尚不能满顾君之意，而谓东周作品如秦敦齐钟之禹能服顾君之心乎？是犹见饼不能充饥，而欲代之以荼矣。顾君独于此点不加辩证，抑又何也？

在西国，凡研究上古史事，纯为考古学家之责任。历史学家不必皆是考古学家，故作上古史者须借用考古学家所得之证据。今顾君仅作文字上之推求，故难得圆满之结果；然此因吾国考古学之成绩不良，不足以为顾君之资助故也。昔英人阿兰（H. J. Allen）曰："中国古史极难研究，既无外人记载以作参

① 王国维清华学校讲义，《古史新证》第二章，第三页，民国一四年。

考，又无古碑古墓以作见证。"[1] 此即言治吾国古史而仅凭本国数篇旧书，不足用也。昔年埃及人、印度人作之古史全不可信，英人用五十年之发掘成绩，而仅能改造埃及、印度古史，使之可读。此吾国人士所当奋勉，然此岂一人一时之力所能成功哉？余读顾君之书既竟，甚服其用心之专，立志之勇，而预料其所用之治史方法足以在吾国史学界内发生极大变化，故余承认其书为近年吾国史学界最有关系之著作。兹仅就个人意见所及，并就个人觉得在科学上理论上未能满意之处，试述数点如上，以副顾君自序上所求"忠实"之告。顾君所标之治史方法虽极精确，然如尧舜禹等均为历史前（pre-historic）的人物，终当待地下之发掘以定真伪，实不能仅凭书本字面之推求而定其有无者也。余甚愿顾君能用其方法以治周以后之史事，则其廓清之功有益于学界者，必大于此矣。顾君之书虽未求得结论，而三千年以前之尧舜禹者，其存在已受其影响，而其地位已感其动摇，则此书势力之大亦可惊矣。

（《清华学报》1926 年第 3 卷第 2 期）

中国上古石器图说

一、石器在文化上之价值

中国考古学之发达，较西国为早。然石器之研究，则较西国为迟。中国之考古学，由来久矣，其科目本分金石二类。然所谓金者，乃指钟鼎之属而言；所谓石者，乃指碑碣之属而言。若以石类言，自北宋时代出书之欧阳修《集古录》，至前清末年出版之端方《匋斋藏石记》，于石碑石像之类，著录无遗，而于石刀石斧之流，皆无一物。[2] 盖此类之物无美术上之价值，无文字上之考证，收藏家未之留意也。前数年，余在北京友人座中，曾谈及所见之古物。或言家有商彝，价值万元；或言家有周鼎，价踰千金。余言商周鼎彝，不过

---

[1] H. J. Allen: *Early Chinese History*, p.1, Shanghai, Kelly and Walsh, 1906.

[2] 惟明人李时珍曾言"藤州以青石为刀剑"，然亦未知其在文化上之关系。见李时珍《本草纲目》第一〇卷。

二三千年之物，未足为古。余有一物，至少在一万年以上。众皆不知所谓，余因袖出石斧一具，形式古朴，土绣斑斓，一座为之屈服。盖上古之人，智识未启，不知制造器具。然手无器具，则无以扶助生活，故捡石片以为刀，拾石块以为斧。[1]自有此具，即可以伤害禽兽；自有此具，即可以抵御异族；自有此具，即可以伐林木，辟田土。此即人类生存竞争之起点，亦即人类种族残杀之起点，亦即人类文化演进之起点。世界最古之人类遗物，无过于此者矣。

二、西人研究石器之始

西人对于石器之研究，其历史亦甚幼稚。在西历一六〇〇年间，欧洲曾有石器之发现，而时人皆不知为何物。或以为仙器，或以为鬼物，或以为雷石，详见英人哈顿（Haddon）《人类学史》。[2]至一八四一年，欧洲又有石器之发现，当时渐引起好奇者之研究。此后屡经各国学者之讨论，及政府之调查，至一八六〇年，始公认石器为上古人民之工具，详见法人塞恩脑卜（Seignobos）《古代文化史》。[3]由此可知西人对于石器之研究，其历史亦不甚远也。当时研究石器问题者，以丹麦学者为先进。一八六〇年以后，丹麦皇室博物院遂取所存古物，按照人类进化之时期，为之分类陈列。是时博物院院长桃木生（C. J. Thomson）[4]主张定为石器时代、铜器时代、铁器时代，是为人类进化之三大期。至今考古家、历史家之著作，皆奉之为科学公例，而自此考古家、历史家之面目，亦为之完全改观矣。此见西人石器之发现，在西历一六〇〇年以后，而其公认石器、铜器、铁器，三大时代之名词，又在西历一八六〇年以后也。

三、华人研究石器之始

前言西人石器、铜器、铁器之分类，实为近世科学上一大发明。而在中国，古人则似知之甚早。春秋末年，风胡子对楚王论剑[5]，有"神农之时，以石为兵；禹穴之时，以铜为兵；当此之时（此指周末），以铁为兵"等说。此

---

[1] H. F. Osbarn: *Man of old stone age: their environment life and art*, pp. 13-17.

[2] A. C. Haddon: *History of anthropology*, pp. 137-138, New york Putnam, 1910.

[3] C. Seignobos: *History of ancient civilization*, p. 15-30, New York , Scribner, 1906.

[4] A. C. Haddon: *History of anthropology*, p. 110.

[5]《越绝书》第一一卷。

与西人所谓石器、铜器、铁器三大时期，完全相合，并非附会。此事见《越绝书》，此书为周末人所作，或为东汉人所著，至今尚无定论。然其出书至晚，亦当在晋代以前，即至晚当在西历二六〇年以前，此实为人类进化分期方法之最早的发明矣。然石器之作用，及石器之时代，虽经古人早已言及，惜乎后人又不知留意！在唐宋时内，有数次发现石斧。唐人李石《续博物志》谓之为"霹雳楔"①，宋人周密《齐东野语》谓之为"雷公斧"②，此与欧洲中世纪雷石之说同一谬误。二人皆精于考古，而竟不能辨，殊为可惜！夫以彼二人之渊博，岂有未读《越绝书》之理？盖虽见其书，而未知深思故也。此见中国先哲早已知石器时代之存在，而后人不知注意，反失此非常可贵之发明矣。

四、中国石器之发现

中国各种学术，多上溯孔子，即考古学亦何独不然？《国语》称："陈国有隼，集于陈侯之庭而死，石砮贯之。"陈侯以问孔子，孔子曰："隼之来远矣，此肃慎氏之矢也。"③肃慎即今之吉林，"石砮"即考古家所谓石镞，俗称石箭头。此为发现北方石器之证。唐人刘恂《岭表录异》称："雷州雨后于野中得石，谓之雷墨。"④雷州在今广东，"雷墨"即考古家所谓石凿，其形似墨锭。此谓发现南方石器之证。近十余年内，日本人鸟居龙藏在朝阳铁岭得石器颇多，见所著《南满洲古人种考》⑤。瑞典人安特生（Andersson）在云南、直隶得石器颇多，现存北京地质调查所。近数年内，余又在山东、河南、山西等处，各得石器数十种，虽为数不多，实足为各种石刀、石斧形式之代表。凡此皆就土人购得，皆在黄河流域发现，比之边省发现者尤为可贵。兹择其形式不同者，每类各取其一，以作各类之代表，列举如下：

"甲"为扁圆青石块，无孔，下端之刃，或系使用日久所致，抑或由人力磨成。

"乙"为长方青石条，无孔，下端之刃，或系使用日久所致，抑或由人力磨成。

① 《续博物志》第一卷。

② 《齐东野语》第一二卷。

③ 《鲁语》下，《国语》第五卷。

④ 《唐代丛书》第三六卷。

⑤ 章鸿钊《石雅》卷中引。

二器皆无孔，年代甚古。"甲"在河南彰德府出土，"乙"在山东邹县出土。

"丙"为薄青石片，上端或系折断，下端有刃，似由人力磨成。

"丁"为薄青石片，上端两侧有磨成凹痕，盖用以缚于木上，以作长兵之用，下端有刃。

二器皆无孔，年代极古。"丙""丁"二石皆在山东泰安县出土。

"戊"为长圆黑石块，上端有孔，所以便系带，下端有刃。

"己"为长方黑石块，上端有孔，以便系带，下端有刃。

圆孔外宽内狭，似用石器磨通。"戊"在山西太原出土，"己"在河南彰德府出土。

"庚"为薄青石片，有孔有刃，状如农人刈禾之镰刀。

"辛"为薄青石片，一端微短，似非折断。

圆孔外宽内狭，似用石器磨通。"庚""辛"二石，均在山东历城县出土。

五、石器与中国人种之关系

中国后世学者，既不注意石器，故历代虽有石器发现，亦不能辨其为何物。不幸数年前，日人、西人在中国所得之石器，又皆在边境荒远之土地，而不在古代汉族之旧居。于是外人之批评家，遂谓中国内地不出石器，即谓中国内地之华人，未经过石器时代，即谓中国之原始汉族，在石器时代以后，始入居中国内地。美人劳夫耳（Laufer）大倡此说，见所著《中国古玉考》[①]。近时华人如章鸿钊作《石雅》[②]，李泰棻作《中国史纲》[③]，并附和其说，不知其误。诚如其说，则汉族在中国内地之地位，几如英人之在澳洲，美人之在北美，而已失其最初主人翁之资格矣。此等问题之关系，亦不可谓不大。然中国内地，并非不出石器，近数年，余既在山东、山西、河南得石器，如上列各例所代表。而去年安特生（Andersson）亦在河南得石器，见所著《中国远古之

---

① B. Laufer: *Jade: A study of chinese archaeology ang religion*; p. 29, Chicago, Field museum of nanural history; 1912.

② 章鸿钊《石雅》卷中。

③ 李太棻《中国史纲》七三页。

文化》[1]。山东、山西、河南者，即所谓黄河流域，固为上古汉族文化之出产地也。夫黄河流域，虽非汉族之发源地，而其为上古汉族入主中原之旧居地，则无可疑。其土地既为上古汉族之旧居，其石器自为上古汉族之遗物。然则吾人汉族之远祖，在石器时代之内，固已定居中国内地矣。

六、石器与亚洲地势之关系

上古时代，亚洲东北境与美洲西北境相通，地学家久有此说。近年美国亚洲探险队，在蒙古竭力查考，又倡世界最古人类发源于亚洲中部之说。探险队长安得思（Andrews）始为此说。[2] 去年美国纽约博物院院长奥士卜恩（Osborn）到中国，亦有最初人类发源于蒙古之说。[3] 盖亚洲与美洲在上古时代地土相接，故其人种同源，且此事又可用石器证明。美人劳夫耳（Laufer）虽不信上古汉族在内地经过石器时代，而又惊叹中国所发现之石器，与北美石器形状相似。[4] 日人鸟居龙藏亦谓："中国北部所发现之石刀，与美洲爱士其模（爱斯基摩）人所用者正同。"[5] 再证之余在美国所见土人之石器，皆可信二人之说为不谬。考古家所注意者为器物之形式（type），如其形式相同，则必求其相同之理由。假如亚美二洲自古中隔大洋，其人民不能交通，其器物之形式必不能不约而同也。盖在石器时代之内，亚洲东北部与美洲西北部，尚未经大洋冲断，其连接之处，当即在今之比令海峡（白令海峡）。当时必有土腰为之衔接，如怕那吗运河（巴拿马运河）未凿通以前之状况。二洲既自古相通，故有一部分人民由亚洲流徙北美，而此已经绝迹之土腰，即为二洲人民往来之大道，故其所用石器之形式同出一源也。

七、中国石器年代之推测

石器例分前后二期，即所谓前期石器、后期石器是也。在中国所发现者，

---

①J. G. Andersson: *Early Chinese Culture*, p. 26, Peking, Ministry of Agriculture and commerce（in Chinese and English）. 1923.

②R. C. Andrews: *Digging for the Roots of one Family Tree*, Asia, pp. 439-444, May1921.

③H. F. Oaborn: *Mongolla might be the home of Premitive man*, Peking Leader, Oct. 10. 1923.

④B. Laufer: *Jade*, p. 50.

⑤Quoted by J. G. Andersson: *Early Chinese Culture*, p. 8.

皆属后期石器。去年始有法人在陕西发现前期石器之说，余尚未见。据英人齐恩（Keane）所考，即欧洲后期石器之年代，亦不能少于六万年以前[①]，而后期石器年代之经过，又必历数万年之久[②]，然则石器时代之久远，由此可见矣。夫石器之年代，本难确定，然考其环境之关系，亦可推其时期之大略。若依据中国黄河流域之文化，而断定后期石器在黄河流域之年代，余以为数万年以上，乃至少之数。至风胡子所谓"神农之时，以石为兵者"，[③]盖指神农之时，尚有石器之存在，非谓用石器始于神农之时也。

昔韩文公《咏石鼓》之诗曰：

嗟余好古生苦晚，对此涕泪双滂沱。

夫石鼓之为物，不过数千年前之遗迹耳。若使韩公得见数万年前汉族先民所遗之石刀、石斧，吾不知其感叹又当何如也。

（《清华学报》1924年第一卷第一期）

由甲骨文考见商代之文化

引言

吾国人语及上古文化，必称二帝三王之盛。然此皆包括历史前（pre-historic age）之时代。若以近时西人治古史之方法衡之，凡研究历史前的史迹，必以地下发掘之古器、古物为凭[④]，而不能仅以后世相传之书本记载为断。吾国现时所存周以前之古物为数甚少，而其可以考见尧、舜、夏、商及周初之文化者，只有西汉人传授之《尚书》廿八篇，及晋初汲郡古冢中发现之《竹书纪年》数篇而已。[⑤]《尚书》虽讬始于尧舜，大抵为周代史官所述。[⑥]《竹书纪

---

①A. M. Keane: *Ethno'ogoy*, p. 55, Londen, Cambridge University Press. 1901.

②A. M. Keane: *Manpase and Presant*, p. 15, Cambridge University Press. 1901.

③《越绝书》第一一卷。

④Wilder, H. H. : *Man's Pre-historic Past*, pp. 3-5, New York, Macmillan. 1924.

⑤《晋书》卷五一，第二五页，二六页，同文局本，光绪癸卯年。

⑥魏源：《书古微》卷一，第一页下，淮南书局本，光绪四年。

年》虽讬始于夏禹，实为魏国史官所纂。^①至其书中是否含有上古信史，至今无人能为证明也。然则吾人如欲根据地下古物以证明上古文化，非徒尧舜时代之状况不可考见，即夏商时代之状况亦不可考见。盖如前人所述之舜七首^②，夏九鼎^③，禹纪功钟^④，汤盘铭^⑤，后世均已无存，吾人亦不能定其真伪也。由是言之，非仅司马迁之《五帝本纪》不可信，即崔述之《上古考信录》亦不可信，盖崔氏之取材于《诗经》《书经》，犹司马氏之折中于六艺，其为抄袭后人传说，而非根据当时实物，则一也。近人谓尧、舜、禹均无其人，此虽似过于疑古，然吾人如未发现地下实物为证，亦不能解其惑也。尧、舜、夏三朝至今尚无实物可考，已如前节所述。至于商代则大异，此因现存可信之铜器，及地下发现之龟甲兽骨文字，足以证明当时之文化故也。然近人尚有信商代为石器时代晚期者^⑥，其说颇误。盖近时西人已在甘肃发现远在商代以前之铜具^⑦，而商代之文化确已深入铜器时代，并有后世发现之商代铜器及甲骨文字为之证也。前所引之汤盘铭当为铜制，惜今不存。后世河南出土之鼎彝，其上著有甲、乙、丙等人名铭识者甚多，此商人以日干字为人名之习惯也。^⑧如谓周初人民未必不沿此习惯，然上虞罗氏振玉所存之铜句兵三具，上著作器者四世之名皆如是^⑨，其为商人遗物殆无疑意。龟甲兽骨文字者，其笔画极为工整，亦必为铜刀所刻^⑩，而其文字所记，尤足为商代文化之佐证矣。甲骨文之出土，在前清光绪中年，初为福山王氏所得，后归丹徒刘氏，而上虞罗氏及英人 J. M. Menzies 所得尤多。其发现之地在今河南安阳县城西五里之小屯，是为商代盘庚以后之都^⑪，而其文中所记之王名，则至帝乙以前为止，此其时代

---

① 杜预：《春秋左传集解》后序，《左传正义》卷首，武英殿本，乾隆四九年。

②《汉书》卷九九下，第三一页下，同文局本，光绪癸卯年。

③ 杜预：《春秋左传集解》卷一〇，第九页上，学部图书局本，宣统二年。

④ 薛尚功：《历代钟鼎彝器款识法帖》卷一，第二页上，上海影印阮刻本。

⑤《礼记》卷一九，第九页上，《四部丛刊》影宋本，民国九年。

⑥ 顾颉刚：《古史辨》第一册，第九九页，北京朴社本，民国十五年。

⑦ J. G. Andersson: *Arehnelogical Research in Kansu*, p. 30, 北京地质调查所本, 1925.

⑧ 班固：《白虎通义》卷三下，第一七页下，抱经堂本，乾隆甲辰年。

⑨ 罗振玉：《梦郼草堂吉金图》第三册，第一页至第三页，罗氏自印本，己未年。

⑩ 罗振玉：《殷商贞卜文字考》，第三一页上，玉简斋本，宣统二年。

⑪ 王国维：《观堂集林》卷一二，第六页上，卷九，第二四页上，蒋氏印本，癸亥年。又见 J. M. Menzies: *Oracle Record of the Waste of Yin*, Preface, pp. 1-3, Kelly and Walsh, Shanghai, 1914.

之可确定者也。甲骨文所记皆为当时卜筮之事，其字句至为简略，近人校其字之不同者有千余，考其字之可识者不过数百。然其在商史上之价值实远过于汉人所传之数篇《商书》也。兹就甲骨文之确实可识，而足以考见当时文化之状况者，略举数类于下：

一、礼仪及习惯

考《尔雅·释天》曰："商曰祀，周曰年，唐虞曰载。"[①] 此商人称年为祀之说，然在他处亦无确证。今甲骨文中凡纪年多称祀[②]，亦称巳[③]，即祀之省文；又称司[④]，即祠之省文。盖祀与祠音义俱近，故可通用。孙星衍曰："祀取四时祭祀一讫也。"[⑤] 郝懿行曰："商人尚鬼，以祀为重。"[⑥] 商人以祭祀为重，故以祀名其年。甲骨文称正月为一月，亦称正月。[⑦] 遇闰年则于岁终加一月，故称十三月。[⑧] 其称日则用干支字配合，如甲戌、乙酉是也。《尚书·洪范》篇之惟十有三祀，及周初《盂鼎铭》之惟王廿又三祀，皆沿商俗而然也。甲骨文凡人名皆用天干字，此班固所谓"殷家质，故直以生日名子"也。[⑨] 盖当时凡人生于甲日，则名甲；生于乙，则名乙。然甲骨文中亦有以地支为名者；如"父卯""祖卯"[⑩]，是班固所谓"殷人不以子丑为名"[⑪]，非实事也。商人既以甲乙丙丁等字为名，而于其兄弟年岁不同者，则冠以大仲小少等字，如大甲、仲丁、小乙、少康是也。至其亲族尊卑不同者，则冠以祖父母等字，如祖丁、父甲、母乙是也。考奠字享字均见甲骨文中。[⑫]《说文解字》曰："奠从酒从丌；享，献也。"盖奠为祭祀进酒之礼，享为祭祀献牲之礼。葬字在甲骨文中从死从丬

---

① 郝懿行：《尔雅义疏》卷中之三，第八页下，湖北局本，光绪一三年。

② 罗振玉：《殷墟书契》卷三，第二七页至二八页，罗氏自印本，壬子年。

③ 罗振玉：《殷墟书契》卷三，第二七页至二八页。

④ 罗振玉：《殷墟书契》卷二，第一四页。

⑤ 孙星衍：《尚书今古文注疏》卷一二上，第二页上，平津馆本，嘉庆乙亥年。

⑥ 郝懿行：《尔雅义疏》卷中之三，第八页下，湖北局本，光绪一三年。

⑦ 罗振玉：《殷墟书契》卷一，第一九页、第三九页。

⑧ 罗振玉：《殷墟书契考释》，第一○三页，永慕园本，甲寅年。

⑨ 班固：《白虎通义》卷三下，第一七页下，抱经堂本，乾隆甲辰年。

⑩ 罗振玉：《殷墟书契》卷一，第二八页、二三页。

⑪ 班固：《白虎通义》卷三下，第一八页上，抱经堂本，乾隆甲辰年。

⑫ 罗振玉：《殷墟书契》卷二，第一五页；后编卷上，第二一页。

声^①，是当时已通用埋葬之制。其死字在甲骨文中象生人拜于朽骨之形，此可正《说文解字》之误。^②商代称君主曰王亦曰帝，俞樾谓商时"生称王，死称帝"，见所作《群经平议》，此即《尚书·君奭》篇所谓"殷礼陟配天"也。

二、家族及社会

家族亲属之名称其见于甲骨文者，与今世无异。如夫妻、儿女、兄妹等字用意当与今同^③，此见当时已有极完备之家族制度。父之父曰且，即祖字；子之子曰𢿑^④，即孙字。此外又有侄字叔字^⑤，其叔字象人执弓形，与钟鼎文同；盖叔字古亦为男子之美称也。甲骨文内家字从宀从豕^⑥，与《说文解字》同。吴大澂谓"古者士庶人无庙，祭于寝，陈豕于屋下而祭。"^⑦故家字从宀从豕，《说文解字》谓从豭省声者误也。妻之外有姜字，又有妃字^⑧，是当时亦为一夫多妻之制。周时妇女称姓不用名，其见于《左传》《国语》者，如某姬某姜是也。甲骨文中之妇女，其用名与男子无异，例如母甲、妣乙。^⑨是知周人始有重男轻女，及妇女不以名自通于外之俗，商人尚不然也。《尔雅》称父曰"考"，母曰"妣"^⑩，而《曲礼》则称生曰"父母"，死曰"考妣"^⑪。是考妣之称本有生死二说之不同也。今甲骨文中称妣某者颇多，而称考某者尚未发现。《尔雅》称曾祖之考为高祖，甲骨文中高妣高祖二名词均已发现。^⑫家族之外，

---

① 商承祚：《殷墟文字类编》卷一，第九页下，决定不疑轩本，癸亥年。

② 罗振玉：《殷墟书契后编》卷下，第四页。

③ 罗振玉：《殷墟书契前编》卷二第二〇页，卷四第二五页，卷一第二四页，卷七第四〇页、二五页，卷一第三九页，卷二第三九页。

④ 罗振玉：《殷墟书契前编》卷一，第一页；后编卷下，第一四页。

⑤ 罗振玉：《殷墟书契前编》卷四，第二六页，卷五，第一七页。

⑥ 罗振玉：《殷墟书契前编》卷四，第一五页。

⑦ 吴大澂：《说文古籀补》卷七，第五页下，湖南重刻本，光绪戊戌年。

⑧ 罗振玉：《殷墟书契》卷四，第二四页、二五页。

⑨ 罗振玉：《殷墟书契》卷一，第二八页、三二页。

⑩ 郝懿行：《尔雅义疏》卷上之四，第一页上，湖北局本，光绪一三年。

⑪ 《礼记》卷一，第二四页下，《四部丛刊》影宋本，民国九年。

⑫ 罗振玉：《殷墟书契》卷一，第三二页，又戩寿堂《殷墟文字考释》第二页，上海仓圣明治大学本，丁巳年。

有宾字客字①，又有嫔字嫁字，是当时之宾客有男女两性之异矣。②此外又有奴字、奚字、媒字、嬖字、勹字、俘字。③《说文解字》谓奴为古之罪人，郑玄《周礼天官注》谓奚犹今官婢，赵岐《孟子注》谓媒为侍，嬖为爱幸小人。《说文解字》又谓亡人为勹，军所获为俘。此又见当时社会级阶之状况。

三、宫室及居住

《尔雅》曰："宫谓之室，室为之宫。"④今甲骨文中并有宫室二字，⑤盖古时二字固无甚区别也。甲骨文中又有宅字、家字⑥，盖二字在古时亦通用也。太室、南室二名词亦见甲骨文中⑦，太世二字古通用，太室盖即世室，古时明堂在南，南室盖即明堂，由是又知《考工记》所谓"夏用世室，周用明堂"者，亦不尽然矣。门字閾字亦见甲骨文⑧，家室必有门，而閾字盖有防闲妇女之义也。又有向字囧字⑨，按向为北出牖，囧象窗牖囧明之形，均见《说文解字》。《尔雅》曰："无东西廂有室曰寝。"⑩又曰："门屏之间谓之宁。"今甲骨文中亦有寝宁二字，又有东寝之名。⑪甲骨文亦有幕字席字⑫，均为象形字，与《说文解字》不同；盖幕为室内帷掩之用，席为室内坐卧之用也。爿字为《说文解字》所无，而甲骨文有之⑬，此字象木板之形，盖即古之墙字或床字也。床字已见《诗经·大雅》，或商时已有之矣。《说文解字》虽无爿字，而有从爿得声之字颇多，盖原书本有爿字而遗漏之者也。甲骨文有牢字圈字⑭，按《说

---

① 罗振玉：《殷墟书契》卷二，第四五页，卷四，第三〇页。

② 刘鹗：《铁云藏龟》，第二七页，抱残守缺斋本，光绪二九年；《殷墟书契后编》卷下，第三七页。

③ 罗振玉：《殷墟书契》卷一，第二四页，卷二，第四二页；后编卷上，第六页，第二三页。

④ 郝懿行：《尔雅义疏》卷中之一，第一页上，湖北局本，光绪一三年。

⑤ 罗振玉：《殷墟书契》卷二，第二页，卷三，第三三页。

⑥ 罗振玉：《殷墟书契》卷四，第一五页。

⑦ 罗振玉：《殷墟书契》卷一，第三六页；《殷墟文字考释》第一〇二页。

⑧ 罗振玉：《殷墟书契》卷四，第一五页；后编卷下，第二一页。

⑨ 罗振玉：《殷墟书契》卷二，第二〇页；后编上，第一一页。

⑩ 郝懿行：《尔雅义疏》卷中之一，第一八页下、九页下。

⑪ 罗振玉：《殷墟书契》卷一，第三〇页，卷四，第三页、第一五页。

⑫ 罗振玉：《殷墟书契后编》卷下，第一九、三六页。

⑬ 罗振玉：《殷墟书契前编》卷四，第四五页。

⑭ 罗振玉：《殷墟书契前编》卷一，第一〇页，卷四，第一六页。

文解字》"牢，闲养牛马圈也；图，豕厕也"，此为当时人家养牛养豕之所也。此外又有象形字如■字、■字、■字①，盖皆象当时之宫室制度也。此外又有■字②，盖即如今之亭字。

四、国邑及城市

甲骨文国字作或，从戈从口。③与毛公鼎铭文中之国字略同。盖戈以御敌，口以出令，有此二者，即足以守土地而成国矣。此外又有州字、邑字、邦字。④其邦字从田不从邑；与《说文解字》微异；此见当时地方之区划亦甚分明也。班固曰："殷曰商邑，周曰京师。"⑤又曰："京，大也；师，众也；天子所居，故以有大众言之。"今甲骨文中已有京师之名词⑥，是商人已称京师，非始于周人也。此外又有大邑商之名词⑦，亦谓当时之京师也。此与《孟子》引《书经》所谓大邑周者，其义正同，而由此可知《尚书·多士》篇所谓天邑商者又即大邑商之误矣。⑧甲骨文有郭字⑨正象两亭相对之形，与《说文解字》正同，此即外城是也。此外又有陴字⑩，从郭从卑，与《说文解字》所引之籀文正同，所谓城上之女墙是也。此外又有陕字、埜字⑪，陕即郊，埜即野，此即《尔雅》所谓邑外曰郊，郊外曰牧，牧外曰野是也。又有东啚西啚之名词⑫，啚即鄙字，即《左传注》所谓边邑是也。又有行字象四达之衢。⑬田、畴、疆三字均见甲骨文⑭，《说文解字》曰："树谷曰田。"又曰："畴象耕屈之形。"又曰："畺，比田也"。甲骨文之畺字作疆，其所以从弓者，盖古人以弓计田，故后

① 罗振玉：《殷墟书契前编》卷八，第一页，卷六，第一页。又《铁云藏龟》第二〇页。

② 罗振玉：《殷墟书契前编》卷七，第三八页。

③ 罗振玉：《殷墟书契后编》卷下，第三八页。

④ 罗振玉：《殷墟书契前编》卷四，第一三页、一五页、一七页。

⑤ 班固：《白虎通义》卷一下，第一七页上下，抱经堂本，乾隆甲辰年。

⑥ 罗振玉：《殷墟书契》卷四，第三一页。

⑦ 罗振玉：《殷墟书契》卷三，第二七页。

⑧ 孙星衍：《尚书今古文注疏》卷二〇，第六页上，平津馆本，嘉庆乙亥年。

⑨ 林泰辅：《龟甲兽骨文字》卷一，第九页，日本石印本。

⑩ 罗振玉：《殷墟书契考释》，第二三页。

⑪ 罗振玉：《殷墟书契》卷四，第四六页；后编卷下，第三页。

⑫ 罗振玉：《殷墟书契考释》，第九八页。

⑬ 罗振玉：《殷墟书契后编》卷下，第二页。

⑭ 罗振玉：《殷墟书契前编》卷四，第五页，第一二页；后编下，第二页。

人有"田几弓"之说。此外又有▓字、▓字、林字、麓字[1]，▓即古囿字，▓字即古圃字，均与钟鼎文同。[2]禽兽有囿，种菜曰圃，均见《说文解字》。郑玄《周礼注》曰："竹木生平地曰林，山足曰麓。"

五、饮食及衣服

甲骨文中凡卜年之丰歉，多言卜"受黍年"[3]，可见当时食料以黍为大宗也。此外所言之食料，尚有麦、米、禾、粟、康等字。[4]康即糠字，《说文解字》曰："谷皮也。"时人当丰年，未必食糠，盖用以饲家畜者也。商人好酒，有群饮之风，见《尚书·酒诰》篇。甲骨文中有酉字[5]，酉即古酒字。又有字象束茅之形[6]，罗振玉以为茜字，按：茜当读为缩，见《周礼·天官》郑注。茜者谓以茅沵之而去其糟，见《诗经·小雅》郑笺；此见商人之有酒久矣。后世河南出土商代爵盉甚多，亦商人好酒之证。果类有果、栗，肉类有牛、羊、犬、豕、羔、鸡、鱼等名。[7]此外尚有鬵字、昔字[8]，粥即香羹，昔即干肉，均见《说文解字》。又有羞字。羞字[9]，作手持羊以献之形，卿即古乡字，亦即古飨字，象食时宾主相向之形。此皆可以正《说文解字》之误。甲骨文中又有桑字、▓字、糸字[10]，桑叶所以饲蚕，并所以取丝，此见当时已通行蚕丝之业。《说文解字》曰："▓织以丝贯杼也。"甲骨文▓字正象以丝贯杼之形也。按：糸即古丝字。甲骨文又有帛字、衣字、裘字、韍字。[11]衣象衣形，裘象毛在外形，此即《说文解字》所谓"以毛为表"者也。《孟子》称"五十者可以衣帛"，是帛亦古之衣料。韍，如今之蔽膝，见《左传·桓公二年》杜注；其上有花

---

① 罗振玉：《殷墟书契前编》卷四第一二页，卷一第三二页，卷二第八页、第二八页。

② 吴大澂：《说文古籀补》卷六，第五页上，湖南重刻本，光绪戊戌年。

③ 罗振玉：《殷墟书契》卷三，第二九页。

④ 罗振玉：《殷墟书契》卷四第四〇页、第四一页，卷三第二五页；后编卷上，第一八页，第四页。

⑤ 罗振玉：《殷墟书契》卷一，第五页。

⑥ 罗振玉：《殷墟书契后编》卷下，第二二页。

⑦ 罗振玉：《殷墟书契前编》卷七，第二六页，卷二，第一九页，卷一，第一〇页、一二页、四五页、三四页，卷四，第三三页、四三页、五五页。

⑧ 罗振玉：《殷墟文字类编》卷三，第八页；《书契精华》，第六页。

⑨ 罗振玉：《殷墟书契》卷二，第十一页，卷四，第二一页。

⑩ 罗振玉：《殷墟书契》卷一，第一六页，卷五，第十一页；《铁云藏龟》，第一九〇页。

⑪ 罗振玉：《殷墟书契》卷二，第一二页、第十页，卷七第六页，卷四第三八页。

纹，王国维以为象两己相背，盖本《尔雅·释言》郭注；甲骨文戠字正象上下两己相背之形。余谓两己相背无甚意义，不如从阮元之说[①]，以为象两弓相背，其义较确。

六、器皿及工具

器皿之多少最足以证明民族文化之高下。后世所宝贵之彝器，如匜、卣、敦、甗、鼎、尊、壶、斝、簠、盉、爵等字均已见甲骨文中[②]，此见后世出土之商代彝器为不伪矣。甲骨文中匜、卣、尊、壶、斝、爵等皆为酒器，而敦、甗、鼎、簠、盉等皆为食器。甗字在甲骨文上从鼎，下从鬲，与《说文解字》异。盉字作盉，与晋公盉铭文中之盉正同。鬲，空足鼎也，见《汉书·郊祀志》。甲骨文中尚未发现鬲字，而前述甗字之下半固显然从鬲。后世在河南地下发现瓦鬲、铜鬲颇多[③]，大抵皆商器也。此外有皿字、盂字、盎字[④]，《说文解字》曰："皿，饭食之用器也。盂，饭器也。"但未知盎为何物耳。甲骨文中又有般字、登字、俎字，豊字，般即槃字[⑤]，《说文解字》曰"槃，承槃也；登，礼器也；丰，豆之豊满者也"。《方言》曰："俎，几也。"[⑥]此外又有镬字[⑦]，《汉书·刑法志》注曰："鼎大而无足曰镬。"又有象形字作▓，盖亦釜、甑之类也。家具如帚、彗、巾[⑧]，均见甲骨文中，皆扫除揩拭之器也，又有掃字[⑨]，《诗经·郑风》正义以为以象骨搔首因以为饰之器。又有网、率、毕等字[⑩]；网即古纲字，而毕为田纲，率为捕鸟毕，并见《说文解字》。甲骨文中又有堇字、锡字。[⑪]《说文解字》曰："堇，黏土也。"盖当时作陶器用之。锡字从水不从

---

① 阮元：《研经室集》第一集，卷一，第一四页下，原刻本。

② 罗振玉：《殷墟书契前编》卷一，第三五页，一八页、三五页，卷五，第三页、四页、五页，卷六，第三五页、四一页；《铁云藏龟》，第二四一页。

③ J. G. Andersson: *Early Chinese Culture*, pp. 26-36, 北京地质调查所出版，1923.

④ 罗振玉：《殷墟书契》卷四，第一五页，卷二，第二〇页、二七页。

⑤ 罗振玉：《殷墟书契前编》卷四，第一六页，卷五，第三页、三七页；《铁云藏龟》第二三八页。

⑥ 罗振玉：《殷墟书契前编》卷六，第四五页。

⑦ 罗振玉：《殷墟书契前编》卷五，第六六页。

⑧ 罗振玉：《殷墟书契前编》卷一第三〇页，卷五第三一页，卷七第五页。

⑨ 罗振玉：《殷墟书契后编》卷下，第三九页。

⑩ 罗振玉：《殷墟书契前编》卷六，第三八页、三三页，卷一，第二九页。

⑪ 罗振玉：《殷墟书契后编》卷下，第一八页，卷上，第二四页。

金①，与钟鼎文正同。甲骨文中尚未发现金、银、铜、铁等字，然后世地下出土之爵、斝、鼎、鬲、刀、兵等可定为商器者，均铜所造也。商代已深入铜器时代，余前已言之矣。斧为不可少之工具，其用甚广。甲骨文中屡见之，但多作手执斧形，且其上作丰刃，形如半月②，与后世之月斧无异。盖商时斧字为象形字，周以后始变为形声字矣。

七、货币及交通

商时用贝用玉，而宝字则作賨，从贝从玉，均见甲骨文中。③盖贝玉即当时之货币，《尚书·盘庚》篇所谓"具乃贝玉"是也。此外又有朋字、珏字④，郑玄谓"二玉为珏，五贝为朋"。王国维谓："古时用贝玉必有物以系之，所系之贝玉，于玉则谓之珏，于贝则谓之朋。"⑤余谓珏朋皆象所系玉贝之多数，亦不必实为二为五也。商时用贝甚多，今河南出土之贝尚多有之。甲骨文中有旬字、■字、暖字⑥，按：旬盖即今之珍字，■即今之贮字，暖即今之鍰字，而当时皆从贝也。《说文解字》有贩字，即玩字之古文，此亦古字之尚存者也。金银铜铁等字在甲骨文中尚未发现，实则商时早有铜器，前已言之，而《尚书·盘庚》篇所谓货者，其或为铜造之货币欤？此外又有册字⑦，即今之贯字，《说文解字》曰："册，穿物持之也。"甲骨文有舟字、车字、舆字，⑧此当时水陆交通之具也。其舟字即象船形，其车字作两轮一辕一厢形，其舆字作四手抬车形。此外又有杂字，王国维以为象人乘木形，即今之乘字。⑨又有御字⑩，盖即指御车及御马也。甲骨文中言"王步"于某处者颇多⑪，此见当时君主有时

---

① 吴大澂：《说文古籀补》卷一四，第一页下。

② 林泰辅：《龟甲兽骨文字》卷一，第一八页，日本石印本。

③ 罗振玉：《殷墟书契》卷五，第一〇页；后编卷上第二六页，卷下第一八页。

④ 罗振玉：《殷墟书契前编》卷一，第三〇页；后编卷下，第三四页。

⑤ 王国维：《观堂集林》卷三，第二三页下，蒋氏印本。

⑥ 罗振玉：《殷墟书契前编》卷六第三三页，卷四第一一页，卷八第三页。

⑦ 刘鹗：《铁云藏龟》第二六页，抱残守缺本，光绪二九年。

⑧ 罗振玉：《殷墟书契前编》卷二第二六页，卷五第六页。

⑨ 王国维：戬寿堂《殷墟文字考释》第二六页，仓圣明智大学本，丁巳年。

⑩ 罗振玉：《殷墟书契前编》卷二，第一八页。

⑪ 王国维：戬寿堂《殷墟文字考释》第八九页，仓圣明智大学本，丁巳年。

步行，故《尚书·召诰》篇[①]亦有"王朝步自周"之文也。

八、职业及生活

渔、牧、农、圃、埶等字均见甲骨文中。[②]除渔牧农等职业之外，埶与圃皆指种菜蔬者而言也。此外又有捕鸟兽之业，如罝、罗、第、阱等字可见。[③]盖罗以捕鸟，罝以捕兽，第用诸弋射，阱用以倾陷也。商人沐浴甚勤，故甲骨文中屡见浴、沬、澡、洗、盥等字。[④]其浴字象注水于盘而人在其中浴之形。又按，《说文解字》曰："沬，洗面也；澡，洗手也；洗，洒足也；盥，澡手也。"商人性好清洁，于此可见。商时人民信鬼，祭祀卜筮之事甚繁，故巫祝皆为专业。甲骨文中巫字象巫氏在神幄执事之形，祝字象祝氏在神前灌酒之形[⑤]，甲骨文有主字[⑥]，象烧木为火之形。《说文解字》曰："主，灯中火主也。"此当时已用灯火之证。又有字象鸟在鬲中之形[⑦]，此当时已用烹煮之证。当时用天干地支等字纪数外，亦用由一至十之数，及廿卅卌等字，又有百千万等字，均见甲骨文中。[⑧]商人谓次日或再次日为昱，谓数日以后为来，谓数日以前为昔[⑨]，亦见甲骨文中。甲骨文中又有字作 ，[⑩]象矢著人肮下之形，毛公鼎铭文之疾字作 ，与此正同，即今之疾字也。王国维谓 为疾之本字，[⑪]盖古多战争，人著矢则疾也。按：此解实本之吴大澂[⑫]，其说甚是，并可正《说文解字》之误。

---

① 《尚书》卷八，第一六页下，江南局彷相台岳氏本，光绪二年。

② 罗振玉：《殷墟书契前篇》卷七第九页卷四第四五页，卷五第四八页，卷二第八页；后编卷下，第二五页。

③ 罗振玉：《殷墟书契前编》卷一第一一页，卷四第五〇页，卷六第一一页；后编卷下第四一页。

④ 均见罗振玉：《殷墟书契考释》，第六〇页。

⑤ 罗振玉：《殷墟书契考释》，第二五页。

⑥ 罗振玉：《殷墟书契前编》卷二，第二一页。

⑦ 罗振玉：《殷墟书契考释》，第七一页。

⑧ 罗振玉：《殷墟书契考释》，第一五页至一九页。

⑨ 罗振玉：《殷墟书契考释》，第六六页。

⑩ 罗振玉：《殷墟书契后编》卷下，第三五页。

⑪ 王国维：《毛公鼎铭考释》，第七页上，广仓学窘丛书本。

⑫ 吴大澂：《愙斋集古录释文胜稿》卷上，第二〇页下，商务书馆本，民国七年。

九、职官及政治

甲骨文中有王、公、尹、官、寮等字。[①] 商时君主称王，见《尚书·盘庚》篇。其大臣称公，见《战国策》。[②]《说文解字》曰："尹，握事者也；官，吏事君也。"《尔雅·释诂》曰："寮，官也。"周初有百僚庶尹，见《尚书·酒诰》篇，盖亦沿商制也。又有御史，即御事，见《尚书·牧誓》篇。王国维以此为天子诸侯之执政之称。[③] 此外尚有臣、小臣、史、太史、卿、卿事等名词。[④] 按，《说文解字》曰："臣，事君也；史，记事者也。"卿事即卿士，《毛公鼎铭》作卿事，《诗经·商颂》作卿士，其实一也。周时卿士为王朝最尊之官，见《左传》，盖亦沿商制也。当时既有史，又有太史，而其史字象手执简策之形，与吴大澂之说正同。[⑤] 是其职事为奉册祝告及保存简册二种，此即后世史官之始也。

此外又有曹字[⑥]，《说文解字》曰："治事者也。"《吕氏春秋》谓："商有太史。"[⑦] 关于甲骨文而得其证矣。又有畯字[⑧]，《说文解字》曰："典田官也。"此即《诗经·豳风》诗所谓田畯。此外又有瞽即扫臣[⑨]，盖皆前文所称小臣之类也。考甲骨文中又有辟字、命字、令字[⑩]，古命、令为一字，《玉篇》曰："命，教令也。"《说文解字》曰："辟，法也。"此当时具有法令条教之证。又有字作盟[⑪]，即今之盟字，是当时已有会盟之事。其刑罚之见与甲骨文者，曰劓、曰杀、曰囚。[⑫] 其杀字与《说文解字》所引杀字之古文略同。《说文解字》曰："自劓，刑鼻也；杀，戮也；囚，系也。"盖罚之轻者为囚，重则劓，再重则杀

---

① 罗振玉：《殷墟书契前编》卷一第七页，卷二第三页，卷七第四三页，卷四第二七页、三一页。

② 《战国策》卷二〇，第一〇页下，湖北局彷姚本，同治己巳年。

③ 王国维：《观堂集林》卷六，第五页上，蒋氏印本，癸亥年。

④ 罗振玉：《殷墟书契》卷四第二七页，卷五第三九页；考释第二九页、一〇七页。

⑤ 吴大澂：《说文古籀补》卷三，第八页下，湖南重刻本，光绪戊戌年。

⑥ 罗振玉：《殷墟书契》卷二，第五页。

⑦ 《吕氏春秋》卷一六，第一页，浙江局本，光绪元年。

⑧ 罗振玉：《殷墟书契》卷四，第二八页。

⑨ 罗振玉：《殷墟书契》卷四，第二八页。

⑩ 罗振玉：《殷墟书契》卷二，第二三页，考释第五一页。

⑪ 罗振玉：《殷墟书契后编》卷下，第三〇页。

⑫ 罗振玉：《殷墟书契前编》卷四，第三二页；后编卷下第六页，卷上第一六页。

戮也。甲骨文中，屡有字象手执斧形，盖亦杀戮之意[1]，此因古者斩人多用斧斤也。

十、军事及武备

师旅二字均见于甲骨文中。[2]《诗经·小雅》亦言"我师我旅。"郑康成谓五百人为旅，五旅为师，但未知在商制作何解也。征伐二字亦见甲骨文中。[3]《孟子》曰："征者，上伐下也。"《左传》曰："凡师有钟鼓曰伐。"亦未知在商制作何解也。甲骨文有曰："俘人十之六十之五。"[4]古时人少，战胜则俘敌为奴隶，故重之也。甲骨文亦有戎字、武字[5]，《说文解字》曰："戎，兵也。"其武字从止戈，亦与《说文解字》同。兵器之见于甲骨文者，有戊、戈、笫、斧等字。[6]《说文解字》曰："戊，大斧也；戈，平头戟也；笫，两刃雷也；斧，斫也。"其斧字象手执斧形，此或别有意义，然固可知当时之有斧也。此外又有敤字[7]，盖即《尚书·顾命》篇之戣字，亦兵器也。弓、族、臬、厌、矢、服等字均见于甲骨文中。[8]《说文解字》曰："族，矢锋也，臬，射准的也。"厌即侯字，即习射之布，见《仪礼》郑注，服即箙字，乃盛矢之器，见《周礼》郑注。今河南地下发现古族有铜制、骨制二种，即《尔雅》所谓金族、骨族也。谯周《古史考》称黄帝造弩，此不可信，盖弩必用机，恐非太古时代所能造，然甲骨文已有弹字、弩字。[9]《吴越春秋》称："弩生于弓，弓生于弹，弹生于古之孝子。"[10]盖上古必先发明弹，然后由弹而发明弓，更由弓而发明弩，其由来甚久，当亦不始于商人矣。近时河南出土铜制弩机，其古朴无字者或即商人遗物。《吕氏春秋·古乐》篇称："昔者商人服象，为虐于东夷。"甲骨文中屡

---

① 《龟甲兽骨文字》卷一，第一八页，日本石印本。

② 罗振玉：《殷墟书契考释》，第二九页。

③ 罗振玉：《殷墟书契前编》卷二，第三页。

④ 罗振玉：《殷墟书契前编》卷二，第九七页。

⑤ 罗振玉：《殷墟书契》卷八第一一页，卷一第一七页。

⑥ 罗振玉：《殷墟书契》卷二第一六页，卷六第三一页，卷五第一三页。

⑦ 罗振玉：《书契精华》第九页，贻安堂本。

⑧ 罗振玉：《殷墟书契》卷五，第八页、七页、一三页，卷二，第二页；《铁云藏龟》三一页；罗振玉《殷墟书契考释》第四六页。

⑨ 刘鹗：《铁云藏龟》第一六二页；罗振玉《殷墟书契考释》第六八页。

⑩ 《吴越春秋》卷九，第一五页上，四部丛刊本，民国六年。

见象字，且有出猎卜获象之事[1]，是知商时中原尚有象，故用以战阵，如《吕氏春秋》所云也。今河南地下发现古象骸骨，现存北京地质陈列所。

十一、文事及娱乐

甲骨文中有文字、学字、教字[2]，是当时颇有文事也。此外又有册字、聿字、专字。[3]册即简册，当时或用竹片，或用木板，所以记事记言者也。聿为古笔字，专为六寸簿，均见《说文解字》。由此可知所谓专者亦简册之类，聿者所以书之，或用漆，或用红黑染料，因当时尚无今之墨块也。聿在商时为何物所造，今不可考。吴大澂《古玉图考》内有古玉笔[4]，盖即古之聿，所以为漆书之用者也。今考甲骨文确为铜刀所刻[5]，是商时作书亦用铜刀也。此类之铜刀周人谓之削，见《周礼·考工记》。西人谓"甲骨文上之写字技术甚高，由此可决定其书写为文字之始，必远在此期之前"[6]，此言是也。乐字亦见甲骨文中，又有鼓字、殸字[7]，殸即古磬字，磬与鼓同为当时之乐器，然其器数必不止于此也。此外又有濩字、伐字。[8]罗振玉谓濩即大濩之乐，伐即舞剑。《吕览·古乐》篇称汤作大护，郑玄谓一击一刺曰伐。甲骨文中每言伐三十人，伐十人，盖即其舞人之数也。商人极好田猎，言狩言田者凡见二百二十余事。[9]甲骨文中又有焚字[10]，即古燓字。"燓"，烧田也，见《说文解字》，此亦田猎之一法。《左传》称"魏献子田于大野焚焉"，即谓燓也。

十二、家畜及鸟兽

家畜之见于甲骨文中者有牛、羊、犬、豕、马、羔、鸡等字[11]，是当时已

---

① 罗振玉：《殷墟书契》卷三，第三一页；《殷墟书契考释》第三六页。

② 罗振玉：《殷墟书契》卷一，第一八页、四四页，卷五，第二〇页。

③ 罗振玉：《殷墟书契》卷四第三七页，卷七第二三页，卷五第一二页。

④ 吴大澂：《古玉图考》第一一三页，上海同文局影印原刻本。

⑤ 罗振玉：《殷商贞卜文字考》第三一书上，玉闻斋本，宣统二年。

⑥ Karigren: *Philology and Aneient China*, p.25. Goteborg Sweden, 1926.

⑦ 罗振玉：《殷墟书契》卷五第一页，卷四第一〇页。

⑧ 罗振玉：《殷墟书契考释》，第七九页、八〇页。

⑨ 罗振玉：《殷墟书契考释》，第九三页。

⑩ 罗振玉：《殷墟书契后编》卷下，第九页。

⑪ 罗振玉：《殷墟书契前编》卷一，第一〇页、一二页、四五页、三四页、一九页，卷四，第三三页、四三页。

习于驯养家畜久矣。豕之野者曰彘，鸡之野者曰雉，今甲骨文亦有此二字[①]，其从矢者罗振玉以为野豕野鸡不可生得，非射不可得，其说是也。豕字见于甲骨文者甚多，而西人近在河南地下发现上古家豕之骨亦众[②]，可证华人食豕之俗其来已久。其他动物有麋、麐、虎、兕、熊、兔、鹿等。[③]麐即麟字，麐身牛尾一角，见《尔雅》；兕如野牛而青，见《说文解字》；是当时真有此兽也。虎兕熊在商时当产于河南省内，今皆绝种矣。又考甲骨文中屡有象字，且田猎有卜获象之词。[④]此可见商时河南尚产象颇多，其地方气候当与今大不同也。鱼字、骉字、鸿字亦见于甲骨文中。[⑤]鱼为当时通用之食品，此因商人居在黄河流域故也。骉字即驳字，《说文解字》谓马色不纯者曰驳，鸿即鸿字，亦及雁字。此外又有龙圉，又有字象人手牵龙之形，又有字象人手牵蛇之形。[⑥]然则如《左传》所谓豢龙氏、御龙氏者，当时或真有之。龙盖上古爬虫之犹存者，商时尚常见之，今已绝种久矣。

十三、祭祀及宗教

甲骨文中所述祭祀之名甚多，且有数字今不能识。其重要者曰宗、曰禘、曰烝、曰品、曰酒、曰羹、曰衣、曰肜日、曰肜月，罗振玉以为皆祭名也。[⑦]禘为王者祭其始祖之祭，见《礼记·大传》；烝为冬祭，见《尔雅》；祭之明日又祭曰肜，亦见《尔雅》；其余今皆不可考矣。寮字在甲骨文中象木在火上及火焰上腾之形。[⑧]《说文解字》曰："寮，柴祭天也。"又有烄字[⑨]，《说文解字》作烄，《玉篇》曰："交木燃之以燎柴天也。"又当时凡祭祀之前，必王亲往相牲，祭时又有寮牲、埋牲、沈牲之礼，又用牲或曰大牢，或小牢，或牛，或羊，或犬，其数或二，或三，或五，或十，或二十，或三十，或四十，亦有

① 罗振玉：《殷墟书契考释》，第三五页。

② J. G. Andersson: *Early Chinaese Culture*, p. 32，北京地质调查所本，1923.

③ 罗振玉：《殷墟书契》卷七第二八页，卷四第四七、四四页，卷一第五〇页；后编卷上，第九页；《殷墟书契考释》第三七页；《铁云藏龟》第一九三页。

④ 罗振玉：《殷墟书契考释》，第三六页。

⑤ 罗振玉：《殷墟书契》卷四，第五五、四七页；后编卷上，第九页。

⑥ 罗振玉：《殷墟书契》卷四，第五三页；《殷墟书契考释》第六九页。

⑦ 罗振玉：《殷墟书契考释》第一〇三页。

⑧ 罗振玉：《殷墟书契考释》，第二六页。

⑨ 罗振玉：《殷墟书契》卷五，第三三页。

用百牛百豕者①，此盖非常之大礼也。商人信鬼神，每事必卜，故卜字、贞字、占字、叙字均见于甲骨文中。②按《周礼·春官》郑注，问龟曰卜，《说文解字》曰："贞，卜问也；占，祝兆问也。"叙即《说文解字》之叙字；《说文解字》曰："叙，卜问吉凶也。"甲骨文中又有元示、二示、九示、上示、西示③，盖皆神祇之名也。又有巫祝等字，《说文解字》以为能以舞降神者曰巫，而祭祀主赞词者曰祝。甲骨文中又有象形字如两手持鸟于神前者，两手持禾于神前者，两手持贝于神前者，两手持牲首于神前者④，其字虽不可识，然必为助祭之执事者也。商人凡祭先公先王，必以其人名之日祭。⑤例如祭祖甲，则用甲日；祭祖乙，则用乙日；其问卜亦然；斯亦其俗之可异者矣。甲骨文中有厈字，⑥王国维以为祐字。祐者，藏木主之石室也，见庄公十四年《左传正义》；而《说文解字》所谓"大夫以石为主"者，盖不可信也。

（《清华学报》1927年12月第4卷第2期）

《尚书·尧典篇》时代之研究

东方最古之民族，当属中国，此为世界所公认者也。然历史家所谓历史时代者（historic age），究竟在吾国上溯至若干年为止，惜至今尚无人能为确实之考证。世界最近之出版史学名著，当推英人韦尔斯（Wells）《世界史纲》。此书于中国上古文化之开始，虽未能详定其时代，然已言明当阿利安人（Aryan）语言生活传布东西之时，其他文化甚高之民族，已存在于埃及、米索不达米亚或中国及印度（H. G. Wells, *outline of History* 卷一，第一八三页）。此于中国虽用疑词之"或"字，然固已不能不承认中国之文化与埃及、迦勒底、巴比伦同一古远也。英人阿兰（Allen）曰："中国古史极难研究，因无他国记

---

① 罗振玉：《殷墟书契考释》，第八一至八四页。
② 罗振玉：《殷墟书契》卷一第一页，卷四第二五页；《殷墟书契考释》第二八页。
③ 罗振玉：《殷墟书契》卷七，第三二页。
④ 罗振玉：《殷墟书契考释》，第六八页。
⑤ 戬寿堂《殷墟文字考释》第七页，仓圣明智大学本，丁巳年。
⑥ 戬寿堂《殷墟文字考释》第一八页，仓圣明智大学本，丁巳年。

载可作参考，又无古碑古墓可作见证。"（H. J. Allen, *Early Chinese History*，第一页。）吾又以此言为诚然。盖吾人虽常以开化最早之民族自夸于世，而上古器物之现存而可作考证者，实为数不多。此中国古史之所以难治也。试问中国第一篇古史究为何书？第一篇古史之时代究为何时？吾知虽绩学之士、考古专家，亦未必能随声答复。然此问题之关于史学甚为重要。盖如吾人不能解决此问题，即不能指定吾国何时为历史前之时代（Pre-Historic Age），何时为历史内之时代（Historic Age），此固为吾国史学界之重大问题。惜乎国人尚未知注意及此也。

吾国旧说，常称古时有三坟五典之书，又有三皇五帝之书。余考三坟五典之名，始见于《左传》。三皇五帝之书，始见于《周礼》。《尚书》"伪孔传"序即以三坟五典为三皇五帝之书（崔述《补上古考信录》卷上）。然此序既系伪作，其说自无研究之价值。且三坟五典未必为史，三皇五帝之书亦未必为当时纪事之文。又况其书久亡，现时亦无以定其真相。且《周礼》《左传》均为战国人所作，其言亦未可尽信。若据现时尚存之古史言之，第一当推《尚书》，始于唐尧。其次当推《竹书纪年》，始于夏代。（此指古本《竹书纪年》，详见杜预《春秋左传集解后序》。）再其次当推《国语》，始于周穆王。然则《尚书》为吾国最古之史，自不待言。东汉人又称《尚书》原有三千余篇，始于黄帝之玄孙帝槐（原出《尚书纬》，《尚书正义》引，见第一卷），后为孔子所删，故始于帝尧。然此乃汉人书纬之说，未必为实事也。夫孔子为最谨严之史学家，而纂书断自帝尧（《汉书·艺文志》），故吾人以《尚书》第一篇《尧典》为信史之始，当无可议。司马迁所谓"百家言黄帝，其文不雅驯，荐绅先生难言之"（《史记·五帝本纪》）者，盖即指《尧典》以前不可传信之遗事而言也。吾人又须知，古本《尚书》只有《尧典》一篇，并无《舜典》。今所存唐人孔疏本，及宋人蔡传本，皆分《尧典》为二篇，上为《尧典》，下为《舜典》。此实沿晋人伪孔传之误，陆德明《经典释文》言之详矣（《经典释文序录》）。顾炎武亦谓古本《尧典》《舜典》合为一篇（《日知录》卷二）。今《尚书序》虽有《尧典》《舜典》之名，而刘逢禄谓古本《尧典》《舜典》异序同篇（刘逢禄《书序述闻》），其言良是。孙星衍作《尚书今古文疏证》，遂遵汉人之说，改从古本，合而为一，名曰《尧典上》《尧典下》，至今汉学家宗之，然则吾国现存之第一篇古史，当无过于《尧典》者矣。

《尚书》为最古之史书，《尧典》为《尚书》之首篇，则《尧典》可称为吾国第一篇古史，原无问题。然此篇是否为尧时之记录，是否为尧时史官之手笔，则仍有疑问。盖此篇如果为尧时之著作，则可言尧时有史。如其非尧时之著作，则不可言尧时有史，此其要点之所在也。孔颖达曰：《尧典》虽曰唐事，本以虞史所录。"（《尚书正义》卷二）此以《尧典》为舜时史官所记。曾巩曰"唐虞有神明之性，有微妙之德"，"为二典者推而明之，所纪者岂独其迹耶？并与其深微之意而传之"，"盖执简操笔而随者，亦皆圣人之徒也"。（《南齐书序》）此皆以《尧典》为尧时史官所记，然《尧典》第一句明言曰"若稽古帝尧"，既称尧为古帝，则记录者当非同时之人。赵翼曰："此后代追叙之词，文义了然，如为当时史官所作，则不应有曰若稽古。"（赵翼《陔余丛考》卷一）据此所言，则《尧典》非尧时之著作明矣。且《尧典》言二十有八载，放勋乃殂落。又言舜五十载陟方乃死。是此篇不但记尧之死事，且记舜之死事，且舜去尧甚近，舜时亦不当称尧时为古，由此可知，此篇不但非尧时之著作，抑且非舜时之著作又明矣。许慎引《尧典》期三百有六旬有六日，称为《唐书》。（徐锴《说文解字系传》第一三卷）。又引《尧典》"辟四门""明四目"，称为《虞书》（段玉裁《说文解字注》第一二卷）。盖许氏于言尧事者，则谓之《唐书》；于言舜事者，则谓之《虞书》。并非指其成书之时代而言也。然则此篇究竟为何时代之著作，诚为吾人急宜研究之问题矣。

《尚书》之真伪问题，自宋至清，凡历数百年，始经论定（详见《四库全书总目提要》第一二卷）。《尧典》篇者，乃汉人原本二十八篇之一，经清代经师审查，定为真《尚书》者也。欧洲之著名东方学者如 Deguguess Caubil，Biot，Schlegel 亦因《尧典》篇所言天文时令之确实，而证其为信史（Hirch·F.，*Ancient History of china* 第三十页）。近时吾国人习于好奇，勇于疑古，又忽谓《尧典》为伪作。其所以疑此篇为伪作者，共有三点。然此三点，皆非有确实之证据，非有成立之价值。兹为分述而辨明之如下。

（1）《尧典》有蛮夷、猾夏、寇贼、奸宄之语，近人谓夏为大禹有天下之号，尧舜时安从有此语？（梁启超：《中国历史研究法》第一一五页。）余谓古代之夏字，是否为禹有天下之专用名词，此为一问题。而猾夏之夏字，是否为夏字之本字，此又为一问题。按：古夏字原作𡢌，《说文解字》曰："夏，中国之人也。"（《说文解字》卷五）盖古夏字从页象头，从臼象两手，从夊象两足，此所以表明中国人身首四肢端正完具之形，此实为上古民族好自尊大之称谓。今北极爱斯基摩人①（Eskimos）自称为印纽（Innuit），即自谓为人也，亦是此意。此夏字即见古人造字之本义，《说文解字》每解一字，必上溯造字之原。今不曰夏为禹有天下之号，而曰夏为中国之人，可知夏字原为代表上古中国民族之共用名词，并非禹有天下作为国号之专用名词矣。且汤有天下，国号曰商，而汤以前早有商字（《尚书正义》第七卷）。武王有天下，国号曰周，而武王以前早有周字（王襄《簠室殷契类纂》第一卷）。禹之初封，原为夏伯（《史记·夏本纪》），是知大禹有天下以前，亦必早有夏字，安得谓夏字为禹有天下之专用名词也。且禹之国号，本曰夏后氏（《史记·夏本纪》），并非曰夏。夏后者，盖因禹之治水功大，故称之为夏族之后也。又按：汉泰山都尉，孔宙碑有语曰"东岳黔首，猾夏不宁"（孔庙碑今存山东曲阜孔庙）。此文即引用《尧典》猾夏二字。然东岳亦在中国境内，黔首亦是中国人民，何得并云猾夏？是《尧典》之中夏字自必另有他解，毫无疑义矣。古人写字多省去偏旁，故知夏字即獶字之首文，而獶字又即扰字之省文，汉碑中多獶扰通用（汉李翌碑，汉樊敏碑，详见洪适《隶释》卷九），可以为证。然则汉碑中之"猾夏不宁"即"猾獶不宁"，而《尧典》中之"蛮夷猾夏"亦即"蛮夷猾獶"。且上句"蛮夷猾夏"与下句"寇贼奸宄"句法正相对应，是则，夏字本为獶字之省文，其事甚明，故不能

---

① 因纽特人——编者注

据此以疑《尧典》之伪也。

（2）《尧典》有"金作赎刑"之语，近人谓三代以前未有金属货币，此语恐出春秋以后人手笔（梁启超《中国历史研究法》第一一五页）。余谓三代以前是否有金属货币，此为一问题。而"金作赎刑"之金字，是否即指金属货币，此又为一问题。考宋时郑樵精于考古，其作《金石略》已言及尧时有金属货币（郑樵：《通志略》第七三卷）。后世出土铜币上有古文曰"平易全五大化"（倪模《古今泉略》第一卷），易即阳字，全即金字，化即货字。平阳为帝尧之都，因相传谓之尧币，清人戴熙则疑古币上之地名为周秦地名（戴熙《古泉丛话》卷首），其说极为审慎。然近时山西、河南出土之铜币甚多，并分有字、无字二种。凡有古文字者皆类三代之金文。盖即三代之货币，而其中有如铲形、镰形，上无文字者，形质朴拙，不类三代之物，考古学家皆定为三代以前之货币，良不为过。且《说文解字》谓钱之原意为田器（《说文解字》第一三卷）。盖上古以农器为交易之媒介，其后遂变为铲形币、镰形币，其起源必已甚古。若谓三代以前未有金属货币，试问有何根据？然此在古钱币学范围以内，此处不暇详叙。且吾又以为《尧典》中之金字，尚未必即指金属货币而言也。考马融《尧典》注曰："金，黄金也。"（《古文尚书》马融注第一卷）孔颖达曰："古之赎罪者皆用铜，至汉始改用黄金。"（《尚书正义》第三卷）孙星衍曰："金以赎罪，古用铜，马融谓为黄金者，本汉法说经也。"（《尚书今古文注疏》第一卷）《尚书大传》郑玄注称禹时死罪出金三百七十五斤，陈寿祺谓此数适合六千两之数（《尚书大传》定本第四卷）。周时墨刑之罚百锾，郑玄谓锾为六两（《古文尚书》马、郑注第九卷）。既曰斤曰两，则非货币明矣。盖古人以铜造刀兵，官府贵铜，故使罪人以铜块几两几斤入官赎罪（详见《淮南子》第一三卷）。然则三代以前，罪人赎罪之物品用铜，而铜块之计算，则用斤用两。故余断定尧时所用以赎罪之金，乃指铜块而言，绝非指货币而言也。故知《尧典》中金作赎刑之金字，原非谓货币，今人既误认为货币而反执此以疑《尧典》，不亦惑乎？

（3）《尧典》有帝谓："弃曰'弃汝后稷，播时百谷'之语。"近人又谓："后稷的后字，本是国王之义，在虞廷上他是天子之臣，那能复称为后。"（胡适《努力周报》第一五期增刊）余谓后字在上古是否即有国王之义，此为一问题。而汝后稷之后字，是否为即后字之本字，此又为一问题。夫古今字义，多有变迁，此为读古书者所当通之者也。譬如：后世帝王对臣民自称曰朕，而在周末，则朕字为私人自己之通称（朱熹《楚辞集注》第一卷）。后世官吏对君主自称曰臣，而在周末，则臣字又为私人自己之通称（《战国策·秦策》）。周末且然，何况上古。若谓后字在帝尧时代即为国王之义，不作别用，试问有何根据？余考后稷二字之解释，汉唐学者本与近人意见不同。应劭曰："后主也，言为此稷官之主也。"（《汉书·百官表》注）孔颖达曰："后君也，言君此稷官也。"（《尚书正义》第三卷）由是言之，则所谓汝后稷者，即言汝为稷官之主也。汉唐注解明白如此，岂可不取而读之。且"汝后稷"之后字，果为后字之本字乎？吾又博考汉人征引《尧典》之书，而知其不然也。考郑玄引弃事曰："汝居稷官，种时五谷。"（《毛诗正义》第二六卷）刘向引弃事曰："尧使弃居稷官。"（《列女传》第一卷）王充引弃事曰："弃事尧居稷官。"（《论衡》第三卷）此皆汉人所述弃事，其为征引《尧典》原文甚明。然皆曰居稷，不曰后稷。且"汝居稷之"与下文"皋陶汝作士"句法正同。盖传写讹误，为古籍常有之事。故知"汝后稷"之后字当为"汝居稷"之居字，误明矣。再试以前清经师之话证之，俞樾曰："后字与居字因形似而致误。"（俞樾《群经评议》第三卷）王先谦曰："汝后稷，伪古文也，今古文皆当作汝居稷。"（王先谦《尚书孔传参正》第二卷）前清经师考证极为详核，其所言亦皆如是。故后字之非本字，当无疑义。是则《尧典》中"汝后稷"之后字，本为居字之误，又何可不考其本，而执讹误之文以疑《尧典》也？

以上所举近人怀疑之三点，皆由于未暇详考故训，未暇多考经说，实难有成立之价值。凡好考古者，如能博观前人之著作，以求其异同，避去一时之偏见，以考其真相，庶免于武断之讥矣。然此三点虽不能充分证明《尧典》之伪作，亦足以引起研究《尧典》之兴味，而《尧典》亦决非尧舜时代之著作，余前已详言之矣。

欲解决《尧典》之时代问题，吾人须先证明上古史官究竟始于何时？尧舜时代究竟有无史官？《史通》称黄帝之史有仓颉（刘知几《史通》第一一卷）。然仓颉之时，初有文字（详载许慎《说文解字序》），即有史职，亦未必能有史记。且上古所谓史职者，亦非如后世所谓史官也。余考上古之史职，其最初之职务，在奉册祝诰。史字从中从又，中非今之中字，实象简册之形（吴大澂《说文古籀补》卷三），又像手。余在山东曾见潍县陈氏所藏商代父乙角，上有史字，从两手作■（其拓本见吴大澂《愙斋集古录》第二一册），两手捧简册，助帝王祝告天神，此史氏之职也。《周书·金縢》所谓史乃册祝，尚可为证，此与埃及古代之祭司（pries）极为相似。盖上古社会中，凡有大事，笔书之于简册，祭告天神。而当时之作册文，读册文者，乃史氏之专职。祭告已毕，则此类册文亦由史氏为之保存。保存既久，则汇而为史书，此即史记之始也。故英人斯宾塞（Spener）会证明史官之职，出于祭司（H. Spener, *inciples of sociology* 卷三，第二三五至二四二页）。而史记之书亦出于册文，不待言矣。埃及第一部古史出于曼尼收（Manetho），而曼尼收本为埃及之祭司（J. H. Breated, *History of Egypt*，十三至十五页），此其明证也。此奉册祭告之史，在上古社会之内甚为需要。其起源必已甚早，当可无疑。然其中由祭司变而为史官，由册注变而为记录，其演进之迹必相衔接，未有能为之划一界限者矣。尧舜时代究竟有无史官，现时已无从证明。然揆诸上古社会需要之理，彼时当已有之，但恐仍为奉册祝祭之史，而未必为执笔记事之史而已。《吕氏春秋·先识览》称夏有太史，此说虽亦无他确证，而商代甲骨文中实已屡见史字（王襄《簠室殷契类纂》第一卷）。夏代去商代不远，史字在商代即已常用，则谓夏有太史尚为可信。不过是否为记事之史，抑为册祝之史，仍不可知。然吾人固可谓夏代已有史官之可能，盖执笔纪事之史，即由奉册祝告之史演进而出者也。

今《夏书》有《禹贡》一篇，其所记山川脉络，了如指掌。决非后人所能追叙。近时欧洲之研究东方学术者，如 Edouard Biot, De Harlez, Von Richthofen 皆已承认《禹贡》为可信之记录。最近华人又因《禹贡》有铁字，反谓铁非夏朝所有（胡适《努力周报》第十二期增刊）。此等误会实因不谙考古学（Archaeology）之故。须知上古时代并非无铁，而铜器时代内亦常兼用铁器。不过因铜易采冶，而铁难采冶，故用铜多而用铁少。且铁字古文作銕，或铁质出于东夷，故铁字不能证明《禹贡》之为伪作也。《禹贡》既非伪作，自当为《夏书》之一。而汲郡魏襄王墓中出现之《竹书纪年》，其纪年亦始于夏代，此夏代已有可信记录之明证也。余又考《国语》引"关石和钧"称为《夏书》。《左传》引"皋陶迈种德"，称为《夏书》。《吕氏春秋》引"帝德广运"亦称为《夏书》。今此各句皆列在《虞书》，然则今人所谓《虞书》，其古人所谓《夏书》乎？汉人马融、郑玄亦不称《尧典》为《虞书》，而称为《虞夏书》（孙星衍《尚书今古注疏》第一卷），盖亦疑《尧典》非虞代史官所记，而或为夏代史官所记，故浑而言之，谓之《虞夏书》也。宋人蔡沈又谓《尧典》为虞史所书，《舜典》为夏史所书（《书集传》第一卷）。余前已言明《尧典》《舜典》古本原为一篇，既为一篇，安有上半篇为一人所书，下半篇又为一人所书者乎？清人刘逢禄曰："《尧典》以'曰若稽古先之者'，夏史所作，故曰稽古也。"（《尚书今古文集解》卷一）赵翼曰："《尧典》篇春秋时谓之《夏书》者，以其书本夏时所作也。"（赵翼《陔余丛考》第一卷）此皆谓《尧典》为夏史所作，斯为得之？余前以证明夏代已有史官，而先儒又多称《尧典》为夏书，则谓《尧典》为夏史所作，自属可能。此犹《宋史》为元人所修，《明史》为清人所修，《清史稿》为民国所修，虽时代差后，而不得谓之为伪作。然则吾人谓《尧典》为夏代史官所修，不亦可乎？

《尚书》既以《尧典》为始，而《尧典》又为夏史所修，则吾国之历史时代（historic age），即可谓始于夏代矣。然夏代究竟距今为若干年，又成问题。司马迁于《三代世表》，仅记世次，不记年数。自周代共和以后，始记年数。盖自周代共和以前，其年数久已失传，在汉初人已不能考矣。其故实因历代国史独藏周室，及秦灭周，而国史皆遭焚毁，故历朝年代皆不可详，及晋初盗发汲郡魏襄王冢，始得《竹书纪年》，已为后人所乱（黄伯思《东观余论》卷下），不可尽信。余考裴骃《史记集解》引汲冢《竹书纪年》夏代共四七一年，商代共四九六年，自周武王至幽王共二五七年，此尚为六朝初年人所引用之《竹书纪年》。六朝初年去晋未远，其所述年数亦当无大误。（按：《汉书·贾谊传》言商代六百余年与《竹书纪年》不合，当从《竹书纪年》。）由此推之，自夏初至周幽王，共计一二二四年，再自周幽王以后至清末，则历代年数为二六八三年（清代以前之年数从《通鉴辑览》），已甚明了。总计自夏初至民国十三年，共为 3920 年。今虽定《尧典》为夏代史官所修，然或在夏初，或在夏末，仍不可详考。其作史之期，至早必在夏初，即距今 3900 年以前。至迟必在夏末，即距今 3500 年以前。若以西历考之，则当在纪元前二〇〇〇年至一五〇〇年之间，此亦可谓世界最古之史书。至问及帝尧究竟有无其人（《皇览》曰：尧葬济阴。《括地志》曰：尧葬雷泽，即今山东濮县东南界内，然不能确定），此正如埃及上古帝王之有待于地下发掘（埃及发现古帝王尸身颇多，现存埃及开罗博物馆），又非书本文字上所能证明者矣。余又谓《尧典》篇与《皋陶谟》篇有重出之文数语，而据《孔子家语》（武亿《经读考异》第二卷）校《尧典》篇，又见其有脱文。盖其中抑或有后人附入及脱误之字句，惜乎不易考矣。

（《学衡》1925 年第 43 期）

中国经书之分析

吾国学者凡语及经书，即觉其有"神圣不可侵犯"之势力，故中国所谓经者，其名词实为近时欧美各国所未有也。然因何而谓之曰经？自古至今，尚无人能为切实之解释。近时学者章炳麟先生，精于训诂，尝谓："经即是一根线，所谓经书，只是一种线装书。"[①] 余昔闻其说而甚以为不然也。夫以著作称经，在周末已见于《管子》《墨子》《庄子》《荀子》等书，知其由来久矣（详见下节）。今人所谓经书者，又大抵皆用竹简为著录之材料。《晋书·束晳传》称汲郡魏王冢发现竹简《穆天子传》[②]，《齐书·文惠太子传》称襄阳楚王冢发现竹简《考工记》[③]，此其明证也。周秦之时，尚无纸张，故用竹简，编以竹简而累积之，则谓之书。古书不但不称几本，且不称几卷。当时凡书皆谓之册，册者古文作 **册**[④]，即象竹简编贯之形也。司马迁称："孔子读《易》，韦编三绝。"[⑤]《抱朴子》称："孔子读《易》，铁挝三折。"[⑥] 由此可知孔子之时，皆用竹简作书，或用韦编联之，或用铁挝贯之；而竹简编贯，既厚且重，决不能用线装也。余考古书自汉以后，始改用捲子，故称曰卷，见《汉书·艺文志》[⑦]。自唐以后，始改用叶子，即今之书本，见欧阳修《归田录》[⑧]。盖自书籍用纸为叶子，方能用线装订成本，故线装书至早当在唐末始能发生。近时敦煌发现之唐人写经，尚用捲子，不用叶子，此其证也。唐距周相差八百余年，安得谓周末经书之名，即由于"线装书"而起也？

---

① 章太炎演讲《国学概论》，第六页，上海泰东图书局本，民国一二年（一九二三）。
② 《晋书》第五一卷，第二五页（下），五洲同文局本，光绪癸卯年（一九〇三年）。
③ 《南齐书》第二一卷，第二页（下），同文局本，光绪癸卯年（一九〇三年）。
④ 《说文古籀补》第二卷，第一〇页（上），吴大澂自刻本，光绪戊戌年（一八九八）。
⑤ 《史记》第四七卷，第二三页（下），同文局本，光绪癸卯年（一九〇三年）。
⑥ 《抱朴子》第四卷，第二三页（下），湖北局本，光绪元年（一八七五年）。
⑦ 《汉书》第三〇卷，第三页（下），同文局本，光绪癸卯年（一九〇三年）。
⑧ 欧阳修《归田录》第二卷，第一三页（下），《学津讨原》本，嘉庆一〇年（一八〇五）。

余考古人尊其著作为经，其起原当在周末。《管子》书内有《经言》①，《墨子》书内有《经说》②，是知周人于其本人最精之说，已谓之曰经。管、墨之书，虽未必为本人自作，然《经言》《经说》等篇至少必为门人后学所辑。此外《荀子·性恶》篇引《道经》之语，是必当时有道家之书名《道经》者矣。《庄子·天下》篇有《墨经》之名，是必当时有墨家之书名《墨经》者也矣。《天下》篇虽未必出于庄子，然亦必出于门人后学之手。《性恶》篇当为荀子所作，当与孟子同时。由此言之，则经之名词，起于周末，无可疑也。余又考《孟子·尽心》篇曰："君子反经而已矣。"赵歧《孟子注》曰："经，常也。"③班固《白虎通义》曰："经，常道也。"④此语当为古代相传之故训。盖古人初无名其书为经者，至周末百家并起，著作繁多，于是尊其精深之语，名之曰经，即谓人人所当遵守之常道也。道家既尊其师说为《道经》，墨家既尊其师说为《墨经》，则儒家自可尊其师说为《儒经》，此即经书之名所由出也。然百家之学既皆称经，则经之名词自不应为儒家所独用。故余谓儒家之经当曰《儒经》，今不曰《儒经》而曰经，此名之不可不正者也。

世人所谓经者，果何指耶？《庄子·天道》篇称"孔子翻十二经以说老聃"⑤，而未言明"十二经"为何书。或以"六经""六纬"为"十二经"，然周末之时，决无"六纬"；又按"十二"字或为古篆字"六"字传写之讹，抑或未知。世人所谓"六经"者，指实即《诗》《书》《礼》《乐》《易》《春秋》六种著作而言也。然古人最初并不称之曰《诗经》《易经》《书经》《礼经》《乐经》《春秋经》，而仅曰《诗》、曰《易》、曰《书》、曰《礼》、曰《乐》、曰《春秋》。《庄子·天运》篇始言"《诗》《书》《易》《礼》《乐》《春秋》六经"⑥，此"六经"之名所自始也。《天运》篇虽未必出于庄子之手，然至少必为周末后学所述。其后《礼记·经解》篇即以此六种著作为经⑦，"六经"之名，自此始通用。《经解》篇虽首称孔子之说，然此篇实类汉初人文字，则谓"六经"之

①《管子》第一卷，第二页（上），《四部丛刊》影宋本，民国九年（一九二〇）。

②《墨子》第一〇卷，第一页（上），灵岩山馆本，乾隆甲辰年（一七八四）。

③赵歧注《孟子》第一四卷，第一八页（下），《四部丛刊》影宋本，民国九年（一九二〇）。

④《白虎通》第四卷（上），第八页（下），抱经堂本，乾隆甲辰年（一七八四）。

⑤《庄子集解》第四卷，第五页（上），王先谦自刻本，宣统元年（一九〇九）。

⑥《庄子集解》第四卷，第一四页（上），王先谦自刻本，宣统元年（一九〇九）。

⑦《礼记》第一五卷，第一页（上），《四部丛刊》影宋本，民国九年（一九二〇）。

名始于周末而通行于汉初可也。其后又因《乐经》久亡，于是由"六经"变为"五经"。汉武帝以《易》《书》《诗》《礼》《春秋》列于学官，宣帝诏诸儒讲"五经"异同，[①] 此又"五经"之名所自始矣。东汉赵典学孔子"七经"（见《后汉书》本传引谢承书），盖以《易》《书》《诗》《仪礼》《春秋》《公羊》《论语》为七经（见《隋书·经籍志》引汉人一字石经）。唐以后以《易》《书》《诗》、三礼、三传为"九经"[②]，宋以后又加以《孝经》《论语》《孟子》《尔雅》为"十三经"[③]。然而《周礼》《礼记》均非孔子以后之人所纂述。故"十三经"之内，仍当以"六经"为正宗也。

所谓"六经"者，汉初人亦谓之"六艺"，见《史记·自叙》。"六经"虽古有其书，而实皆定于孔子。《史记·儒林传》曰："孔子悯王路废而邪道兴，于是论次《诗》《书》，修起《礼》《乐》，因鲁史作《春秋》，以寓王法。"[④] 又曰："孔子晚而喜《易》，序《彖》《系》《象》《说卦》《文言》。"[⑤] 余考孔子以《易》为学，以《诗》《书》《礼》《乐》为教，已见于《论语》，而作《春秋》之说，又见于《孟子》。此皆见于周人之书者也。然则《史记》之言当是实事，故知"六经"之学即孔子之学也。《礼记·经解》篇曰："温柔敦厚，《诗》教也；疏通知远，《书》教也；广博易良，《乐》教也；洁净精微，《易》教也；恭俭庄敬，《礼》教也；属词比事，《春秋》教也。"[⑥]《庄子·天下》篇曰："《诗》以道志，《书》以道事，《礼》以道行，《乐》以道和，《易》以道阴阳，《春秋》以道名分。"[⑦]《史记·自叙》曰："《易》著天地阴阳，故长于变；《礼》经纪人伦，故长于行；《乐》乐其所以立，故长于和；《书》纪先王之事，故长于政；《诗》纪山川溪谷草木禽兽，故长于风；《春秋》辨是非，故长于治人。"[⑧] 汉兴，《乐经》既亡，于是只有五经。扬雄曰："大哉五经之为众说郛。"[⑨] 班固曰："五经

---

① 详见《汉书·儒林传》及《宣帝本纪》甘露三年（公元前五一年）。

② 《日知录》第一卷，第二页（下），湖北局本，光绪元年（一八七五）。

③ 同上，又按唐人虽用九经，而开成（八三六—八四〇）石经亦附刻《论语》《孝经》《尔雅》。

④ 《史记》第一二一卷，第一页（下）。

⑤ 《史记》第四七卷，第二三页（上）。

⑥ 《礼记》第一五卷，第一页（上），《四部丛刊》影宋本，民国九年（一九二〇）。

⑦ 《庄子集解》第八卷，第二八页（上）。

⑧ 《史记》第一三〇卷，第九页（下）。

⑨ 《扬子法言》，第九页（上），湖北局本，光绪元年（一八七五）。

何谓？《易》《书》《诗》《礼》《春秋》也。"①又曰："有五常之道，故曰五经。"盖班固以"五经"配仁义礼智信，犹言五经如天地五常之大道，不可或增、不可或减也。

古人重视五经，不仅以为五常之大道，且以为天神之传授，由是由道德的古训而入于宗教的神秘矣。《易·系词》称："天垂象，见吉凶，圣人象之；河出图，洛出书，圣人则之。"汉人谓："伏羲受《河图》，则而书之，《八卦》是也；禹锡《洛书》，法而陈之，《洪范》是也。"②《易·系词》又称伏羲"仰则观象于天，俯则观法于地，于是始作八卦。"《书·洪范》亦称："天乃锡禹《洪范》《九畴》"。八卦为《周易》之根源，《洪范》为《尚书》之一篇，其来源之神秘如此，自古有其说矣。其他古人所称引神秘之事，如曰："孔子撰书，尊而命之曰《尚书》。尚者，上也，言若天书然。"又曰："《尚书》二十八篇上应二十八宿。"③又曰："孔子叙《书》，上谓天谈，下谓民意。"④又曰："孔子论经，有鸟化为书，孔子奉以告天。"⑤又曰："孔子学《孝经》，文成道立，斋以告天，玄云踊，紫云开。"⑥又曰："孔子作《孝经》，使七十二弟子向北辰而磬折。"⑦又曰："孔子作《春秋》，精和圣制，上通于天，而麟至。"⑧又曰："孔子作《春秋》成，天下血书鲁端门，子夏明日往视之，血书化为赤鸟。"⑨又曰："孔子修《春秋》成，制《孝经》，斋戒告备于天，有赤虹自天而下，化为黄玉。"⑩此皆见汉人纬书中所言之神秘。今曲阜孔庙尚存汉鲁相史晨碑，内述孔子制作诸经之遗事曰："获麟趣作，端门见征，血书著纪，黄玉景应，乃作《春秋》，复演《孝经》，删定六艺，象与天谈，钩《河》摘《洛》，却揆未然。"⑪

---

① 《白虎通义》第四卷（上），第八页（下）。

② 《汉书》第二七卷，第一页（下）。

③ 惠栋《九经古义》第三卷，第一页（上），引《书赞》，学海堂本，道光末年（一八二一——一八五〇）。

④ 马总《意林》第四卷，第一二页（上），《学津讨原》本，嘉庆一〇年（一八〇五）。

⑤ 《太平御览》第八〇四卷，第五页（下），引《演孔图》，鲍氏仿宋本，嘉庆一二年（一八〇七）。

⑥ 《太平御览》第六一〇卷，第八页（下），引《孝经中契》。

⑦ 《北堂书钞》第八五卷，第一二页（上），引《孝经中契》，金陵局本，同治一〇年（一八七一）。

⑧ 刘向《说苑》第一四卷，第四页（上），湖北局本，光绪元年（一八七五）。

⑨ 何休《公羊传解诂》第一二卷，第九页（下），金陵局本，光绪二一年（一八九五）。

⑩ 《宋书》第二七卷，第九页（上），同文局，光绪癸卯年（一九〇三）。

⑪ 汉鲁相《史晨碑》，现存曲阜孔庙汉碑亭。

此即总述孔子修定诸经之神迹也。由是观之，可知古代确有多数人尊六经为天书，并奉孔子为"代天制作"。余幼时常见塾师某先生，每诵经书，必洗手净面，正襟危坐，而后敢开卷，斯亦见神秘之印象入人深矣。

由汉至今之学者，虽未必尽信诸经为代天之制作，然无人不奉以为五常之大道。刘勰曰："经者，恒久之至道，不刊之鸿教也。"①此语实可代表二千年内中国人对于经书之态度，而其所谓经者，其道是否恒久，其教是否不刊，是为别一问题。然由此亦可考见诸经在中国思想界地位之尊，与其势力之大矣。诸经在思想界之地位既如此其尊，势力既如此其大，然而究竟现存之诸经是否为孔子论定之原文，是否为周末通行之原本，惜乎自古至今，议论纷纭，莫衷一是。近代或笃于信古而不敢怀疑，或勇于疑古而不求实据，余均无取焉。余故本先秦西汉之旧说，用近时科学之眼光，为之详细钩稽，并分析而辨明之如下。

《易》者，诸经中最古之书也。伏羲始画八卦，见《尸子》及《易·系词》②，此见于周末人之书中者也。伏羲又为六十四卦，见《淮南子·要略训》③，八卦出于《河图》，见孔安国《论语注》④，此见于汉初人之书中者也。余考《河图》之物，周室藏为宝器，见《书经·顾命》篇，孔子叹为瑞征，见《论语·子罕》篇，是必古有其物。盖上古或有哲人本一时之妙悟，划阴阳之文于龟板，流之于黄河，伏羲见而法之，遂画八卦，故谓八卦出于《河图》，此亦事之可能者也。要之，由八卦变为六十四卦，遂能包括一切学理，此为吾国上古之最大发明，世界学者莫不承认。或谓卦词作于文王，爻词作于周公，实则在先秦古籍中并无确证，然文王演《易》见《史记·自叙》，周室增爻见《淮南子·要略训》⑤，亦皆汉初人旧说。秦时《周易》以卜筮之书，未遭焚毁⑥。晋时盗发汲郡魏襄王冢，得竹简本《周易》上下篇⑦，与西汉人所传之本正同，此《周易》尚未完本之明征。夫《周易》为吾国最古之经，而至今完全无缺，

---

① 刘勰《文心雕龙》第一卷，第一〇页（上），两广督署本，道光一三年（一八三三）。

② 《北堂书钞》第一五三卷，引《尸子》。

③ 《淮南子》第二一卷，第四页（下），湖北局本，光绪元年（一八七五）。

④ 孙星衍《周易集解》第一卷，第一页引，粤雅堂本，咸丰初年（一八五一—一八六一）。

⑤ 《淮南子》第二一卷，第四页（下），湖北局本，光绪元年（一八七五）。

⑥ 《史记》第六卷，第二二五页（下）。

⑦ 《晋书》第五一卷，第二五页（下）。

此吾国学术界之幸也。竹简古本《周易》，原无所附之《十翼》，而《史记》《汉书》均以《十翼》为孔子所作，其实在先秦人书中亦无确据。余考《十翼》中多称"子曰"云云，其文例与《论语》相同，此明为孔门后学所记，绝非孔子手笔。然《周易》上下经自为完全之书，虽无《十翼》，无害其为全本也。《论语》孔子曰："加我数年，卒以学《易》，可以无大过矣。"此书之贵重，于此可见。《史记·儒林传》曰："鲁商瞿受《易》于孔子。"① 又传六世至淄川田何。据《汉书·儒林传》，沛人施雠、兰陵人孟喜、诸人梁丘贺均受《易》于田何，东郡顿丘人京房又受《易》于田何弟子梁人焦延寿②，于是西汉之时，《易》有施、孟、梁丘、京四家之学，列于学官。今四家之学皆亡。

东汉人所传《书纬》称："《尚书》原有三千篇，孔子删为百篇。"③ 此言盖不可信。西汉人旧说多以二十八篇为备④，然扬雄《法言·问神》篇曰"古之说《书》者序以百"⑤，是西汉人亦有百篇之说也。余谓上古遗文决无三千篇之多，亦不至如二十八篇之少。然则百篇之说，较为可信。《史记·儒林传》称："秦焚书，济南伏生壁藏之，汉定，伏生求其书，亡数十篇，独得二十九篇，即以教于齐鲁之间。"⑥ 所谓二十九篇者，即以《顾命》及《康王之诰》分为二篇，《史记·周本纪》分列两篇之名，其说即出于伏生，然合之仍为二十八篇。《史记·儒林传》又称："孔氏有《古文尚书》，孔安国以今文读之，因以起其家逸书得十余篇。"惜此十余篇后遭巫蛊之祸，未列于学官，遂以亡失。其后武帝末年，民间有得《泰誓》篇于屋壁者，献于朝⑦，而宣帝时河内女子发老屋，又得《尚书》一篇⑧，而二篇皆不久亦亡，后无传焉。然则三代所遗之高文典册，即此二十八篇而已。晋以来之《伪古文尚书》久有定论，故不多述。《书经》以《尧典》为首篇，而称"曰若稽古帝尧"，则知其非尧时著作明

---

① 《史记》第一二一卷，第一页（下）。
② 《汉书》第八八卷，第七页（上）。
③ 《尚书正义》第一卷，第九页（下）引，江西局本，嘉庆二〇年（一八一五）。
④ 《汉书》第八八卷，第七页（上）。
⑤ 《扬子法言》，第九页（上），湖北局本，光绪元年（一八七五）。
⑥ 《史记》第一二一卷，第八页（上）。
⑦ 《尚书正义》第一卷，第一一页（下），引刘向《别录》，江西局本，嘉庆二〇年（一八一五）。
⑧ 王充《论衡》第二八卷，第一页（下），湖北局本，光绪元年（一八七五）。

矣。孔颖达谓《尧典》为虞史所修[1]，刘逢禄谓为夏史所修[2]，魏源谓为周史所修[3]，其实皆无确实证据。然谓二十八篇已为周代史官所整理，而其中亦有虞、夏、商史官之遗文，则无可疑也。《史记》称"孔子序《书》"[4]，又称"孔子论次《诗》《书》"[5]。曰"序"曰"次"，其意正同，均为编定次序之义，是西汉人并无孔子删《书》之说也。余又考所谓序《书》，即是次《书》；自东汉人班固误读"序"字，遂又谓孔子为《尚书》作序[6]，"言其作意"而不知西汉人实无此说。前言扬雄所谓"古之说《书》者序以百"，正谓次以百篇也。今所存《书序》，盖后人由《史记》三代本纪及世家各篇内抄出而加以补缀。皮锡瑞谓《史记》引《书序》[7]，而不知其实为作《书序》者抄《史记》也。据《史记·儒林传》，文帝求治《尚书》者，时伏生年九十余，不能行，于是使晁错往受之[8]。又据《汉书·儒林传》，伏生之书，传千乘人欧阳伯和及夏侯胜、夏侯建[9]，于是西汉之时，《书》有欧阳、大小夏侯之学，列于学官。今三家之学皆亡。

《史记·孔子世家》称："古者《诗》三千余篇，孔子去其重，取其可施于礼义者，三五百篇。"[10]是孔子删《诗》，西汉人已有此说矣。此事在先秦人书中，虽无其他确据，然古《诗》决不止三五百篇，可断言也。然"诗三百"已见《论语》，又可见其由来已久。此经自遭秦火之后，依然完全存在。班固曰："《诗》遭秦而全者，以其讽诵，不独在竹帛中故也。"[11]今《诗》中最古之篇曰《商颂》，相传为商代诗人之著作[12]，其实不然也。余考《史记·宋世家》曰："宋大夫正考父美襄公修仁行义，故追道殷所以兴，作《商颂》。"[13]此明谓《商颂》

---

[1]《尚书正义》第二卷，第二页（上），江西局本，嘉庆二〇年（一八一五）。

[2]《续经解》第三二三卷，第一页（上），南菁书院本，光绪一二年（一八八六）。

[3] 魏源《书古微》第一卷，第一页（上），淮南局本，光绪四年（一七八八）。

[4]《史记》第四七卷，第二二页（上）。

[5]《史记》第一二一卷，第一页（下）。

[6]《汉书》第三〇卷，第四页（下）。

[7] 皮锡瑞《书经通论》，第三三页（下），忠贤书局本，光绪丁未年（一九〇七）。

[8]《史记》第一二一卷，第八页（上）。

[9]《汉书》第八八卷，第一二页（上）。

[10]《史记》第四七卷，第二二页（下）。

[11]《汉书》第三〇卷，第六页（上）。

[12]《郑氏诗谱》，第一九页（上），江南局本。

[13]《史记》第三八卷，第一六页（下）。

为周末宋大夫所作也。西汉人韩婴《韩诗》及扬雄《法言》并同此说①，可见《商颂》乃宋人追美前王而作，并非商代之遗诗也。由是言之，《大雅》《周颂》亦多为周人追美前贤而作，未能皆证明为周初之遗诗也。据《史记·十二诸侯年表序》，则知《关雎》作于"周道之缺"，《鹿鸣》作于"仁义凌迟"，然则二诗出于周衰，亦为西汉旧说，而东汉人郑玄反谓二诗为文王时作者误矣。②惟周公作《鸱鸮之诗》，见于《书经·金縢》篇；周公作《清庙之诗》，见于《尚书大传·皋陶谟》篇；周公作《文王之诗》，见于《吕氏春秋·古乐》篇。此皆信为周初作品，距今亦三千年矣。盖《诗经》不过代表周人一代之著作，而其年代最早者，亦只有周公之作数篇，并未有周公以前之遗文也。今所传《毛诗序》，据郑玄之意以为子夏所作③，其实西汉人实无此说。余考《后汉书·儒林传》称："东海人卫宏作《毛诗序》，善得风雅之旨。"④然则《诗序》为东汉人所作，已有明据。余又考东汉以前之著作，无人语及《诗序》者，此亦一证也。要之，今之《诗序》是否为卫宏之书（崔述认《诗序》为卫宏所作）亦无确证；然其非子夏之作，则无可疑也。据《史记·儒林传》，汉兴，言《诗》者有鲁人申培、齐人辕固、燕人韩婴⑤，于是西汉之时，《诗》有鲁、齐、韩三家之学，列于学官。⑥今三家之学皆亡。

《尸子》称："曾子每读《丧礼》，泣下沾襟。"⑦此周时已有《礼书》之明证也。然当时虽有其书，必不完备。《史记·儒林传》称："《礼》自孔子时而其经不具，及至秦焚书，散亡益多。独有《士礼》，鲁人高堂生能言之。"⑧《汉书·儒林传》称《士礼》有十七篇⑨。《汉书·艺文志》又称："《礼古经》出于鲁淹中及

---

① 《史记》第三八卷，第一六页（下），《集解》引《韩诗》。又按《扬子法言·学行》篇亦曰正考父常希尹吉甫矣。又按《鲁语》虽有校《商颂》于太史之说，然周人多谓宋为商，且宋诗亦必存于周史也。

② 《郑氏诗谱》第三卷（下），第一四页（下），江南局本。

③ 《毛诗正义》第一卷，第一页（下）引，江西局本，嘉庆二○年（一八一五）。

④ 《后汉书》第一○九卷下，第六页（下），同文局本，光绪癸卯年（一九○三）。

⑤ 《史记》第一二一卷，第五至第八页。

⑥ 《汉书》第三○卷，第六页（上）。

⑦ 《文选》李善注第一六卷，第二六页（下），《恨赋》注引，湖北局本，同治八年（一八六九）。

⑧ 《史记》第一二一卷，第九页（上）。

⑨ 《汉书》第三○卷，第七页（下）。

孔氏，与十七篇相似，多三十九篇。"①所谓鲁淹中者盖即指鲁恭王坏孔子宅所在之地，而所谓孔氏者，盖即指孔安国之家也。余考《士礼》十七篇，即今之《仪礼》是也。《汉书·艺文志》又称："汉兴，高堂生传《士礼》十七篇，讫孝宣世，后仓最明，戴德、戴圣、庆普皆其弟子，三家立于学官。"②然则三家所传者，均为《仪礼》之学，其事甚明，此即西汉人所谓《礼》也。盖当时仅有《士礼》十七篇列于学官，而《士礼》又仅有三家之说，备人传习。前言后得《礼古经》五十六篇，除内有十七篇与《士礼》相同外，余三十九篇皆为古文，均无师说，未立学官，故未久而亡。宣帝时，河内女子发老屋，又得《逸礼》一篇③，而河间献王亦得古文礼《礼记》④，其书后皆不传。然河间献王所得之《礼记》，后人亦无能证其为今之《礼记》。故知西汉人所谓《礼》，所谓戴氏之《礼》者，即指《士礼》而言，亦即指今之《仪礼》而言也。晋人始谓："戴德删《古礼》八十五篇为《大戴礼》，戴圣删为四十九篇为《小戴礼》，马融、卢植又考其异同，去其繁重，即今之《礼记》。"⑤余考《大戴礼》《小戴礼》二书之名，均未见于《史记》《汉书》，是知西汉人并无"大小戴作《礼记》"之说，而今之《礼记》，实为马融、卢植所辑也。《士礼》十七篇是否为周公遗制，今已无从证明，然谓为周人所述周代旧制，则尚为可信。《礼记》虽或为东汉人马融、卢植所辑，而内存先秦及西汉旧说尚多，然亦杂矣。据《汉书·儒林传》，后仓为东海郯人，说《礼》数万言，授梁人戴德、戴圣，沛人庆普，于是西汉之时，礼有大小戴、庆氏之学，立于学官。⑥今三家之学皆亡。

　　《春秋》为孔子所作，孟子已言之，所谓"孔子成《春秋》而乱臣贼子惧"是也。《史记》称："孔子因《史记》作《春秋》以寓王法。"⑦又曰："孔子论《史记》旧文，兴与鲁而次《春秋》，约其文词，去其繁重，以制义法。鲁君子左丘明惧弟子人人异端，各安其意，失其真，故因孔子《史记》，具论其语，成《左氏春秋》。"⑧《严氏春秋》曰："孔子与左丘明乘而如周，观书于周史，归而

①《汉书》第三〇卷，第七页（下）。

②《汉书》第三〇卷，第七页（下）。

③王充《论衡》第六卷，第六页（下），湖北局本，光绪元年（一八七五）。

④《汉书》第五三卷，第一页（下）。

⑤《经典释文》第一卷，第一八页（下），《序录》引陈绍说，抱经堂本，乾隆辛亥年（一七九一）。

⑥《汉书》第三〇卷，第七页（下）。

⑦《史记》第一二一卷，第二页（下）。

⑧《史记》第一四卷，第一页（上）。

修《春秋》之经。"① 刘向《别录》称"左丘明授曾申"②。此皆西汉人之旧说。然则孔子之《春秋》当时必与左氏之《传》相辅而行。《春秋》所以寓褒贬，《左传》所以详本事，缺一不可者也。汉兴之初，《春秋》何以完全保存，《左传》何以无人传习，后人已无从考明。东汉人虽称："汉兴，张仓、贾谊皆修《春秋左氏传》，谊为《左氏传诂》，授赵人贯公。"③ 然西汉人所作《史记》，张仓、贾谊二传均无此事，则此言亦非旧说也。且据刘歆所言，则《春秋左传》藏于秘府，未有今文④，未行于民间，是知西汉人尚未有治《左氏传》者也。司马迁以太史之资格，当可见秘府中之《左传》，而非外人所能借读。《左传》既不通行于世，于是《春秋》之本事无人能详，而《春秋》之大义遂无人能通，盖不能以空言说经也。《史记·儒林传》称："汉兴至于五世之间，惟董仲舒名为明于《春秋》。"⑤ 斯可见当时通《春秋》者之少矣。《左传》既不通行，且其书重在记事，而不重在解经，故当时仅有《公羊》《穀梁》二家为解经之书。旧说公羊、穀梁皆受《春秋》于子夏，余考其说始于戴宏⑥、应劭⑦，此实东汉人夸诞之说，不足信也。二子既非受子夏真传，则所说亦未必尽合孔子本意也。据《史记·儒林传》，汉初言《春秋》者，于齐鲁自胡毋生，于赵自董仲舒，皆治《公羊春秋》，瑕丘江公治《穀梁春秋》⑧。公、穀二人究竟生于何时，受《春秋》于何人，在西汉著作中已无可考。《汉书·艺文志》亦仅言公羊子为齐人，穀梁子为鲁人而已⑨。然谓公、穀二人生于汉初以前，尚为可信，此因治《公羊》之胡毋生，治《穀梁》之江公，皆西汉初年之人故也。据《汉书·艺文志》，在西汉之时，公羊、穀梁二家之学均列于学官⑩。今二家之学尚存。

前所述如《易》上下篇、《诗》三百五篇、《礼》十七篇、《书》二十八篇，

---

① 《左传正义》第一卷，第一一页（上）引，江西局本，嘉庆二〇年（一八一五）。

② 《左传正义》第一卷，第一页（下）引。

③ 《汉书》第八八卷，第二六页（下）。

④ 《汉书》第三六卷，第三六页（上）。

⑤ 《史记》第一二一卷，第一一页（上）。

⑥ 《公羊传》徐彦疏第一卷，第二页（上）引，江西局本，嘉庆二〇年（一八一五）。

⑦《经典释文》第一卷，第二〇页（下），《序录》引《风俗通》，抱经堂本，乾隆辛亥年（一七九一）。

⑧ 《史记》第一二一卷，第一〇一一页（上）。

⑨ 《汉书》第三〇卷，第九页（上）。

⑩ 《汉书》第三〇卷，第一一页（上）。

及公羊氏、穀梁氏《春秋》，此皆西汉人所谓经也。其说皆有传授可考，其学皆有渊源可寻，又其书皆列于学官，掌于博士，此即西汉人所谓经学也。又因以上各经，皆已写为汉初通行文字，故谓之今文经书。《史记·儒林传》所谓"以今文读之"，《汉书·儒林传》所谓"以今文字读之"者，即谓此也。此外又有所谓古文经书者，如汉秘府中有古文《易经》①，而武帝末年，鲁共王坏孔子宅②，闻鼓琴瑟钟磬之声，乃止不坏，而得古文《尚书》《礼记》《论语》《孝经》，而秘府中又有《春秋》，左氏邱明所修③，皆古文旧书。河间献王又得古文《礼》《礼记》《孟子》之属。④东莱人费直所治《周易》与古文同⑤。孔氏《古文尚书》比今文多十六篇，时遭巫蛊之祸，未立学官，故未久而亡。⑥《诗》有《毛诗》二十九卷，《汉书·艺文志》称："毛公之学，自谓子夏所传。"⑦盖班固亦不能证明其传授，故称之曰"自谓"，盖不之信也。鲁淹中所得《古礼经》比今文多三十九篇，然未久亦亡⑧。《汉书·艺文志》所存《记》百三十一篇，《明堂阴阳》三十三篇，《王史氏》三十一篇，《乐记》二十三篇，此盖与前言河间献王所得《礼记》略同，今共存四十九篇，谓之《礼记》，又三十八篇，谓之《大戴礼》。《汉志》所载《左氏传》三十卷，盖即汉秘府所藏之本，而是否今之《左传》，亦无从证明。《汉志》又载《周官经》六篇，或即前言河间献王所得之本，今只存《周官》五篇，后以《考工记》补之，谓之《周礼》。以上各书在西汉皆因无人传授，无人通晓，无人译为今文，故谓之古文，均未列于学官。此因当时能通古文而能"以今文读之"者甚少也。其他如《汉志》所录，在《鲁论语》二十篇、《齐论语》二十二篇外，又有《古论语》二十篇，盖即前言鲁共王所得之本。《孝经》十八章之外，又有《古孝经》二十二章，盖亦共王所得之本。此二书之今古文，无甚大异，不过有几处章节字句之不同而已。此西汉经学今古文字之大略也。

由前所述观之，可见西汉已列学官之今文诸经，皆汉初经师之就说。汉初

---

① 《汉书》第三〇卷，第三页（下）。

② 《汉书》第三〇卷，第七页（上）。

③ 《汉书》第三六卷，第三六页（上）。

④ 《汉书》第五三卷，第一页（下）。

⑤ 《汉书》第三〇卷，第三页（下）。

⑥ 《汉书》第三〇卷，第七页（上）。

⑦ 《汉书》第三〇卷，第六页（上）。

⑧ 《汉书》第三〇卷，第七页（下）。

去周未远，有师承可寻，有家法可守，虽未必直接孔子之真传，然亦必渊源孔门之遗说，此西汉经学所以可贵，而西汉经学究竟是否无误，则又别为一问题也。惜乎各家之书皆亡，今所存者，只有公羊、穀梁之《春秋传》而已。再以古文之书言之，如费氏之《易》，孔氏之《书》，今皆不存。《汉书·艺文志》有《毛诗故训传》，而未言作者姓名，且称"毛公自谓子夏所传"，可见其无他证据矣。余考今本《毛氏传》所说多于《左传》《周礼》相合，而《左传》《周礼》在王莽篡位以前，实未通行，此见今本《毛诗传》当作于王莽以后也。余又考《后汉书·儒林传》，马融亦作《毛诗传》[①]，然则今本《毛诗传》或即东汉人马氏之书，实非西汉人毛氏之旧也。余前已证明大小戴均受《仪礼》，并未作《礼记》，有《史记》《汉书》为据。又前已言据晋人说，则今之大小戴《礼记》乃东汉人马融、卢植所辑，非西汉人戴氏之作也。[②]《左传》《周礼》在西汉并为晚出古文，传受皆不明了。《左传》乃纪事之书，今本虽未必为左丘明原书[③]，然大半必为周末人所著。《周礼》为记政之书，今本虽非周公所制作[④]，然大半亦必为周末人所述。或以二书为刘歆伪作，则刘氏其可谓万能乎？晋时，盗发汲郡魏襄王冢，得《竹书纪年》[⑤]，所言多与《左传》符同，是知《左传》内容，大部分必为先秦古书无疑矣。《周礼》原缺《冬官》，河间献王购以千金不得，乃取《考工记》补之，此事初见《隋书》[⑥]，而汉人亦无此说。六朝时，盗发襄阳楚王冢，得科斗书《考工记》[⑦]，然则此书亦必为先秦古书无疑矣。《论语》《孝经》《孟子》《尔雅》，西汉人均视为传记之书，尚不尊为经也。东汉人好治古文经学，然所注古文诸经，亦多失传，今所存者，亦只有郑玄《三礼注》、赵岐《孟子注》而已。

章学诚谓"六经皆史"[⑧]，其说非也。经内如《尚书》、如《春秋》固皆古

---

① 《后汉书》第一〇九卷下，第六页（下），同文局本，光绪癸卯年（一九〇三）。

② 《经典释文》第一卷，第一八页（下），《序录》引陈绍说，抱经堂本，乾隆辛亥年（一七九一）。

③ 《史记》称《左传》为左丘明所作，见前。

④ 刘歆谓《周礼》为周公致太平之迹，贾公彦《周礼序》引，《周礼正义》，第一卷，第一〇页（下），江西局本，嘉庆二年（一八一五）。

⑤ 杜预《左传集解后序》，附杜注《左传》本后，学部图书局本，宣统元年（一九〇九）。

⑥ 《隋书》第三二卷，第一六页（下），同文局本，光绪癸卯年（一九〇三）。

⑦ 《南齐书》第二一卷，第二页（下），同文局本，光绪癸卯年（一九〇三）。

⑧ 章学诚《文史通义》第一卷，第一页（上），粤雅堂本，咸丰初年（一八五一——一八六一）。

史之类，而《易》《诗》《礼》性质不同，岂可谓之史书乎？顾炎武谓"经学即理学"[1]，其说亦非也。经内如《易》、如《礼》固皆言理之书，而《诗》《书》《春秋》性质不同，岂可谓之理学乎？二氏皆未详细分析，故言之未得其当也。余用近世科学方法将诸经分为三类，曰哲学，曰史学，曰文学，现存之五经固皆可归纳于此三类。《周易》《论语》《孝经》《孟子》在哲学以内，《礼记》多述七十子后学遗言，亦附焉。《尚书》《春秋》在史学以内，《公羊》《穀梁》《左氏》解释《春秋》，《周礼》《仪礼》记载古制，亦附焉。《诗经》在文学以内，《尔雅》详于故训，亦附焉。再就其内容分析之，《礼记》虽在哲学范围以内，而其中如《王制》《月令》《丧服》等篇为记制度之书，又有史学的性质。《尚书》虽在史学范围以内，而其中如《洪范》《皋陶谟》等篇为言理学之书，又有哲学的性质。然自其大体而论，固可以三类分析者也。由以上之分析观之，可知《周易》为最古之哲学，《尚书》为最古之史学，《诗经》为最古之文学。自此系统既定之后，则后起之著作，皆可按类分入其内，无虑混淆矣。然则经之称谓与经学之名词，虽废去可也。兹为分析其门类如下：

（1）哲学类——《易经》《论语》《孝经》《孟子》《礼记》。

（2）史学类——《书经》《春秋》三传、《周礼》及《仪礼》。

（3）文学类——《诗经》及《尔雅》。

试就哲学类言之，余前述《周易》上下篇尚全，且与汲冢古本正同，其为周人相传之古书，毫无疑义。《易》内之《十翼》并非孔子所作，前已言之矣。《论语》记曾子之死，而曾子在孔门中年又最少，且寿又最长，是知《论语》当为孔子再传弟子所记，且今本《论语》又为张禹所乱，非原书矣[2]。《孝经》开端言："仲尼居，曾子侍。"此可见不仅非孔子所作，亦且非曾子自著，且其文多抄袭《左传》，姚际恒《古今伪书考》已详言之矣。西汉人治《孝经》者凡四家[3]，其说皆亡，今本《孝经》或东汉人所补辑欤？《孟子》为公孙丑、万章之徒所作，已见《史记》[4]。余前已言今本《礼记》为东汉人马融、卢植所辑，然其内存七十子后学遗言尚多，惜不易分辨。再就史学类言之，余前已言《书序》非孔子所作，《尚书》二十八篇中，其《殷盘》《周诰》凡十篇，已不

---

[1] 全祖望《鲒埼亭集》第一二卷，第二页（下），借树山房本，同治一〇年（一八七一）。

[2] 崔述《洙泗考信录》第二卷，第一一至一二页，《东壁遗书》本，道光二年（一八二二）。

[3] 《汉书》第三〇卷，第一二页（下）。

[4] 《史记》第七四卷，第三页。

可读。《史记》多采《尚书》原文，惟于《殷盘》《周诰》则略而不录，盖自西汉人已不能通其读，后人无能为役矣。《春秋》之作，"子夏不能赞一词"①，其精微可知。夫褒贬赏诛既系于一字，而"三传"之说经又各不同，然则后人将何所适从乎？余前已言张仓、贾谊传受《左氏传》非西汉旧说，并言公羊、穀梁二氏亦非子夏弟子。《春秋》之师说既缺，微言绝矣。《仪礼》仅存《士礼》《周礼》仅存五官，且二书所言礼制，彼此不同，可知为周末一家之记载，非周公一代之制作。再就文学类言之，《诗经》尚全，并与《论语》所言之篇数相符。余前已证明《诗经》之《商颂》为宋大夫所作，而周诗仅有周初之诗数篇，余均为东迁以后作品。且西汉三家之诗说既亡，而今本之《毛诗序》《毛诗传》又为东汉人所作，余亦言之于前矣。然则所谓某诗为某作者，安可信乎？《尔雅》乃汉初时"小学家缀辑旧文，递相增益"②，更不得谓之为经。然则吾国人二千年以来所尊为"神圣不可侵犯"之孔门经典者，实则残缺讹乱，所余无几矣。

欧阳修曰："自六经焚于秦而复出于汉，其间师传之道中绝，而简编脱乱讹缺，学者莫得于本真。"③盖最初诸经原不难读，自遭秦火以后，始变为"脱乱讹缺"，非为之分别真伪，辨析异同，则后生小子无从下手也。余谓最要之条件，须以先秦、西汉之说为证。关于著作人者，如前述伏羲画八卦，见于《尸子》；孔子作《春秋》，见于《孟子》。关于篇章者，如前述《诗》有三百，见于《论语》；《礼》存《士礼》，见于《史记》。此皆为先秦、西汉旧说，当为可信。自此以后，颇多虚诞之说。如前述《史记》并未言贾谊治《左氏》，而《汉书》则言贾谊作《左传诂》，故信《汉书》不如信《史记》，因《史记》代表西汉人旧说，而《汉书》则参加东汉人意见也。又如前述班固仅谓穀梁子为鲁人，而应劭则谓穀梁子为子夏弟子，故信东汉末年著作，不如信东汉初年著作，因东汉初年传闻失实尚少，而东汉末年传闻失实又多也。又如前述《史记》称宋大夫作《商颂》，而汉末人反谓《商颂》作于殷代；《汉书》称戴氏传《士礼》，而晋初人反谓《礼记》作于戴氏。如此之类，以误传误，辗转至今者甚多，故不可不辨也。夫诸经之存于今者，其数已微矣。近时青年学子，往往震于圣经之名，而不知其内容何似，故略为分析如上以便初学。庄子曰：

① 《史记》第四七卷，第二六页（下）。

② 《四库全书提要》第四〇卷，第一页（下），点石斋本，光绪二六年（一九〇〇）。

③ 《新唐书》第五七卷，第一页（上），同文局本，光绪癸卯年（一九〇三）。

"六经先王之陈迹，岂其所以迹哉？"①孰知今之六经又皆"脱乱讹缺"之陈迹。然而吾国最宝贵、最尊重，视为"神圣不可侵犯"之古籍，已尽于此矣。

（《清华学报》1928 年第 2 期）

中国上古铜兵考（上篇）

昔阮元作《商周兵器说》谓古人所谓"兵者，戈戟弓矢之属之专名"（《揅经室集》卷五），是知古人所谓兵，即今人所谓兵器也。《吕氏春秋·荡兵》称"蚩尤造兵"，《世本》称"蚩尤金造兵"（顾炎武《日知录》卷七引）。考蚩尤之名已见《尚书·吕刑》，然古兵之制是否出于蚩尤，及蚩尤之兵是否造以金类，现时尚无发现之实物可证。然谓吾国在商周之时已知用铜造兵，则确有地下发现古铜戈戟之属为据。又考埃及、巴比伦二国之用铜，均在五千年以前（L. W. King, *History of Summer and Akkad*, pp.72, 336）。是知吾国旧说所谓"禹穴之时，以铜为兵"（《越绝书》卷十一），其说尚非夸诞也。汉人应劭曰："古人以铜造兵。"（《史记集解》卷六引）晋人杜预曰："古人以铜为兵。"（左传僖公十八年注）此见上古铜兵之用，汉晋时人早已言之，而后人尚多不解。梁时地下发现铜剑，江淹为之作赞（《江文通集》卷二《铜剑赞》）。宋时地下发现铜戈，黄伯思为之作辨（《东观余论》卷上《铜戈辨》）。至是以后，世人始知上古造兵不知用铁而知用铜。及至西洋考古学说流入中国，而后知其为铜器时代（Bronze Age）之物。然此所谓铜者，非纯铜之谓，乃合铜之谓也。考古人以铜造兵，必杂以锡，《周礼·考工记》言之甚详。若以化学之理证之，凡纯铜之质太柔，必与锡化合而后坚利。故造兵之铜实为金锡化合之铜（copper and tin），即《韩非子·十过》所谓"炼铜"，亦即西国科学家所谓卜郎滋"rronze"是也。

吾国上古兵器之名见于可信的最古之记载者，曰戊，曰戈，曰矛，均见《尚书·牧誓》篇；曰惠，曰刘，曰戣，曰瞿，曰铣，均见《尚书·顾命》篇。又曰戚，曰扬，均见《诗经·公刘》篇；曰斧，曰斨，均见《诗经·破斧》篇。

---

① 《庄子集解》第四卷，第一四页（上），王先谦自刻本，宣统元年（一九〇九）。

凡此皆代表周初时代之著作，而其兵器名类之多已如此。然欲考诸兵器发明之原始，自必远在周初以前，而为尚无文字记载之时代。自古至今地下发现古兵，所在多有。惜其随得随失，至今尚无人汇为专书，以存其真。昔人著作如陶弘景《古今刀剑录》之流，多据传闻之说，并非目睹之器，不足信也。近时吾国收藏家之谱录，虽多附著古兵，然皆重在铭刻，而不重其形式，故有文字者见收，而无文字者见遗。罗振玉讥昔人"重文字而轻图象（像）"（《雪堂藏古器物目录》序），非过论也。古人习惯质素，其时代愈古远，其器物愈无铭刻。故西国考古家之研究上古器物，多由其形式变化之迹，而推定其年代，不必以文字为凭，亦不必以铭刻为断。兹本此意，就余个人所藏之上古铜兵，择其形式各别者，略为图说于后，聊以备世人之参考而已。下附诸图均约按原器缩小四分之一，兹附说于此，余不备注。

一、戊

《说文解字》曰："戊，大斧也。"由此可知斧之大者为戊。然戊为象形字，古文作🔲，见《虢季子白盘铭》，此即象立戊之形。后人加以金旁，作钺，《周书·牧誓》篇之钺，即是后人所改。余所见古戊大小不同，然皆有"内"，如第一图。"内"字见《周礼·考工记》，此即指器之末端，所以纳入木柄，如第二图。盖最初造兵器，尚未知于末端作銎，故只能于木柄上作孔，而以兵器之末端纳入之，是之谓"内"，所以作长兵之用。此盖古人第一期之装置兵器法。

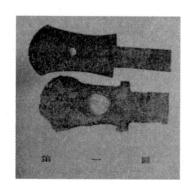
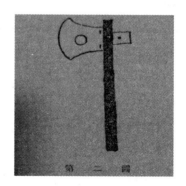

二、斧

段玉裁曰："凡用以斫物者皆曰斧。"（《说文解字》斤字注）是谓斧为总名也。

然古人杀有罪者，必负之斧戉，以徇于军（左传昭公四年），是斧戉又似为不同之二物。斧小于戉，见《说文解字》。斧有椭銎，见《诗经·豳风》。第三图当是此器。《广韵》曰："銎，斧斤受柄处也。"余所见斧之大小亦不同，而皆有銎，此即指于器之中部作銎，所以容柄，如第四图。最初古人造兵只知用内，不知用銎，已见上文。然装置长兵之柄，欲求其稳固，则用内不如用銎。于是由用内而变为用銎。此为古人第二期之装置兵器法。

此处第五图所列二器，盖又为斧之异形者。考古兵又有名扬、名刘者。《诗经·公刘》篇毛传曰："扬，戉也。"《尚书·顾命》篇郑注曰："刘，盖今镵斧也。"扬、刘二器，自汉以来已不能详其形状。余按：扬有舒展之义，刘有尖锐之义，第五图所列二器或近于此。

三、戚

《说文解字》曰："戚，戉也"。《诗经·公刘》篇毛传曰："戚，斧也。"是知戚亦斧、戉之类，而其实不同。考戚字从尗，当有小义，盖斧小于戉，而戚又小于斧。余所见戚形皆小，皆有銎，如第六图。又考古人乐舞中有武舞，其舞人左手执干，右手执戚，见《礼记·乐记》。戚既可作乐舞之用，故其制造甚为精美。第七图二器又为戚之异形者。其中之圆首者甚不多见，前清桂馥曾得此器，而定为戚，见冯云鹏《金索》卷三。凡戚之装置法与斧同。

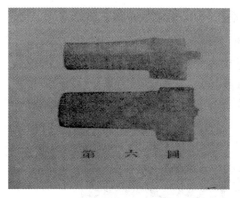
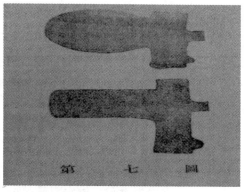

四、斤

古人斧斤并言，见《孟子·梁惠王》。是斤亦斧类，而其用则异。斤《说文解字》作█，即象斤形，如第八图。此器之装置与他器不同，后人多不能解。余考此器之后端皆空，必须先实以木，然后纳柄于木中，如第九图。盖斧之用为直劈，而斤之用为横断也。又此器所以中空之故，世多不解。西人以为古人或因一时铜质缺少，故空其中所以省铜（J. G. Andersson, *Early Chinese Culture*, p. 6.），理或有之。今北方木工所用之"锛"即出于此。

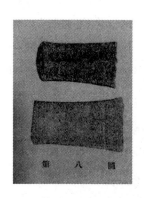

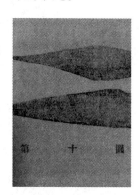

此处第十图所列之器，亦斧斤之类，而于中部作方銎，所以容柄。《诗经·豳风》传谓椭銎者为斧，方銎者为斨。盖斧头之圆銎者易于转动，而方銎者不易转动，此见制器之进步。

五、戣

《周书·顾命》篇始见戣字。《说文解字》以为"侍臣所之执之兵"，而不能言其形状。《尚书》郑注以为"盖如三锋矛"，实因未见其器，而姑为疑似之词，不足信也。近时乌程周庆云得一器，如第十一图，因上有铭文曰："冀铸戣"，遂定为戣，见《梦坡室获古丛编》金类九。余谓戣之原文当作癸，古文作█，见《趠鼎铭文》，此即象数戣交叉之形。此器有"内"，所以纳入柄中，其装置法当如第十二图。"内"之解释已见上文。

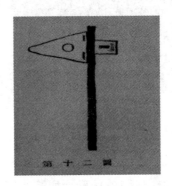

六、瞿

《周书·顾命》篇始见瞿字。亦侍臣所执兵也。《尚书》郑注以为"盖今三锋矛"，此亦因未见其器，而姑为疑似之词。此器之形状二千年来无人能知之。前清严可均得一器，如第十三图，因其后端有横目形，而定为瞿，见《二百兰亭斋收藏金石记》卷三。桂馥亦得此器，其后端虽无横目形，而有铭文曰"单癸罌"，见冯云鹏《金索》卷三。罌即瞿，《说文解字》作█。钟鼎文作█，与横目形正合。凡瞿皆有銎，用以穿柄，其装置之法当如第十四图。

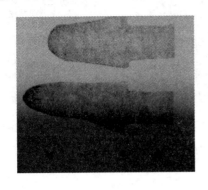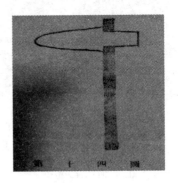

七、戈

《说文解字》曰："戈，平头戟也"。甲骨文、钟鼎文皆作█，与此正合。其形如第十五图。由此而知，宋人《三礼图》及清人《考工记图》所绘之形皆误。戈既为平头，其装置当横穿柄上，如第十六图。按:《考工记》，戈之前刃名"援"，后端名"内"，下垂者名"胡"。戈当横装，前清阮元《揅经室集》、程瑶田《通艺录》、陈澧《东塾集》并主此说。然此说实自宋人已发之，见黄伯思《东观余论》卷上。东汉人武梁祠画像中之戈皆用直装，已失古意矣。戈之用甚广，其名亦不一，或名勾子戟，见《诗经·公刘》篇郑笺，又名鸡鸣，又名拥颈，见《考工记》郑注。

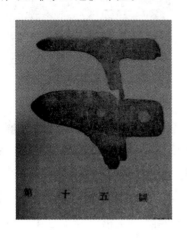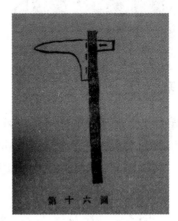

八、戟

《左传》作棘，《孟子》作戟。《礼记·明堂位》篇郑注谓:"棘即戟也"。自王逸《楚辞注》、赵岐《孟子注》谓"戈，戟也"，"戟，戈也"；后人遂不能辨戈戟之分别。故自宋人《三礼图》以及清人《考工记图》所绘之形皆误。前清程瑶田据古器"戠之作戟"，始悟平头者为戈，不平头者为戟；戈之"内"无刺，戟之"内"有刺；见《通艺录·冶氏二》。余所见古戈亦有不平头而昂其"援"者，然谓其"内"之有刺者为戟，则与《考工记》记载戟有刺之说正合。第十七图之上一器其"内"有刺，下一器其"内"虽无刺而有刃，是亦戟之异形者。其装置法如第十八图。

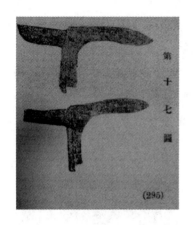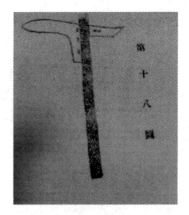

九、矛

矛字始见《尚书·牧誓》篇。自小篆于此字下旁出一垂画，作![],而其形遂乱。孙诒让以为上象矛头，下象缨饰（《名原》卷上），其说或是。钟鼎文尚未见矛字，而其用矛字作偏旁者多作![],此即象矛头形；盖古之矛，即后之枪也。《诗经·小戎》毛传称三隅矛为厹矛，《尚书·顾命》"伪孔传"谓三隅矛为惠，第十九图之第二器即是三隅，余皆四隅。又第十九图之第一器末端之两侧各有一环，盖为各系缨饰之用，《诗经·郑风》所谓"二矛重英"，即谓二矛各有二英也。《考工记》有酋矛、夷矛之名，程瑶田以为酋近夷长，见《通艺录·庐人刺兵》四。此即长矛、短矛之分也。其装置法如第二十图。

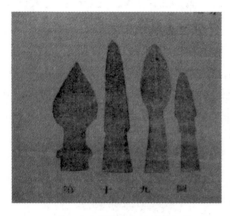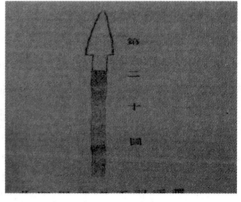

以上所列诸器皆为有柄之长兵。此即《周礼·考工记》所谓有"柲"之兵也。凡此皆为吾国铜器时代（Bronze Age）遗物，其足以代表上古文化，当与钟鼎彝器无异。凡此诸兵之名，固皆散见于经典，而注释家多不能详其形状。

然则图其象而定其名，不仅于考古为要，亦于治经有助。昔俞樾尝称"古器之裨益经义"（《两罍轩彝器图释》序），正谓此也。上列诸兵皆就余个人所存，择其形式之不同者，著为图说，以备遗忘，共计为类九，为器二十有四。余既用西法影其形，并遵古训考其制，且参众说而定其装置之法如上。古铜兵之形式固不尽于是，然亦略具矣。惟此诸器皆限于有柄之长兵，此外尚有上古短兵如刀剑匕首之属，又如箭镞弩机之类，余所存亦多，后当别为文记之，故不著于此篇。

（载《国立北京大学国学季刊》1929 年第 2 期）

瑚琏考

《论语》载孔子谓子贡曰："汝器也。"曰："何器也？"曰："瑚琏也。"瑚琏二字连用为名词，始见于此，而自汉以来之注《论语》者，皆不得其解。旧注引汉人包咸曰："夏曰瑚，殷曰琏，宗庙之器贵者。"郑康成《礼记·明堂位》注曰："（瑚琏）制之异同未闻。"包氏既未说明证据，郑氏又自称未闻。前清刘楚桢作《论语正义》，号称博洽，而于此二字亦未有新解，可见前人知之者少也。余考周、秦人书中，除《论语》外，不见瑚琏二字连用之文。自汉至宋，至清，又至民国，在夏殷故土，由地下发现之古器多矣。所谓宗庙之器，在各地出土者，不下数千余种，而曰瑚曰琏者，从来未见其物也。又考古器之贵重者，多铸有铭词，且多著其物名，而遍考古器铭刻中，亦未见有瑚琏二字。余因此疑及《论语》所谓瑚琏者，必非古文原字。或者此二字皆为汉人传写之误，故非追求其古文原字，终不能明瑚琏之为何物也。

前引汉人包氏之说，虽似武断，而亦非望文生义。余考《礼记·明堂位》篇曰："夏后之四连，殷人之六瑚。"《经典释文》曰："连亦作琏。"此即《论语》之所谓瑚琏也。《论语》之后，瑚琏二字连用为名词者，又见于此。然则前引包氏所谓"夏曰瑚殷曰琏"者，当即根接此说，而误记其次序，亦非别有其他根据也。然《明堂位》篇不过为秦汉间人著作，其成书之年代，又当远在《论

— 129 —

语》之后。此盖因传写《论语》者，误之于前，而传写《明堂位》者，又误于后。此二书传本之先后虽有不同，而其瑚琏二字之同为误写则一也。读者假如因《论语》之瑚琏，而认《明堂位》之瑚琏非误，又举《明堂位》之瑚琏，以证《论语》瑚琏之非误，则是误中之误矣。

汉人传经，皆取古本原字译为汉隶，故所用之字，多非原文，此世人所知者也。惠定宇《九经古义》曰："瑚琏二字当做胡连。"此说甚是。余考《礼记·明堂位》之琏字，正作连。《经典释文》曰："连又作琏。"王符《潜夫论·赞学》篇曰："胡簋之器。"《韩敕造孔庙礼器碑》曰："胡辇器用。"古字"连""辇"通用，故"胡辇"亦即"胡连"。此皆"瑚琏"原作"胡连"之明证也。《说文解字》引瑚琏，又作瑚楝。凡此皆见古书原文本作胡连，而其从玉旁、从木旁之瑚字、琏字、楝字，皆是后起之字也。由是言之，胡连确是瑚琏之本字，而究竟胡连是属何种器物，仍未能明。余谓从玉旁之瑚琏，固是后起之字，而无玉旁之胡连，亦非原来之文。故仍非求出胡连之本字，则其真相不能明也。

瑚之字当作胡，已如上文所言矣。然求之周人遗文中，并不作瑚，亦不作胡。余考地下发现之古器，有曰簠者，此真上古宗庙之器也。《说文解字》谓簠古文作▨。余谓▨内之夫字，当是古字之误，今有钟鼎文为证。余又考古器中簠之本字，在铸子簠、曾伯簠之铭文，皆作▨。在朱太宰簠、召叔簠之铭文皆作▨。在古文中，在左之▨旁，与左右之▨旁，原无分别，而在隶书则大异。由此推之，当传写之时，由▨变为▨，再由▨变为胡，此为形似之误写，其事甚为明显。汉人多不识古文，而习于隶书，则其误▨旁为月旁，又误▨为胡，颇为可能之事也。然则胡之本文为▨，此即古文之簠字。由是而知《论语》所谓瑚者，实即古器中所谓簠者是也。

琏字之当做连，犹如瑚字之当做胡，亦如前文所言矣。然求之周人遗文中，既不用胡，亦不用连。余又考地下发现之古器有曰簋者，此亦上古宗庙之器也。《说文解字》簋字下有匦字，谓为"古文簋"。余因考《韩非子·十过》篇，称尧舜"饭于土簋"。《史记·李斯传》引作"饭士匦"。此可谓《说文解字》匦、簋通用之明证也。簋字既是古文作匦，当汉人传写之时，由大篆改为隶字，或误匦为匭，又误匭为连，此亦极可能之事也。在古文中，从▨旁与从匚旁，其义无异。然则前引簠字之从▨，与簋字之从匚，其义正同。匦与匭与连既多形似，易致误写。故知连字当是瑚字传写之误字，而瑚字实是原来古文之簠字。由是而知《论语》所谓琏者，实即古器中所谓簠者是也。

由以上二说观之，可知"瑚琏"为"簠簋"之误字，其事甚明。此为千古疑难之问题，由吾之说，似可解决于一旦矣。簠簋之为物，固不似瑚琏之难解。而何者为簠，何者为簋，在汉人书中亦不一其说。许氏《说文解字》曰：簠，"圆器也"；簋，"方器也"。《毛诗传》及《周礼》郑注，皆曰："方曰簠，圆曰簋"。《诗经·秦风》郑注又谓"内方外圆曰簠，外方内圆曰簋。"许、毛、郑三家之说不同如此。然则就地下发现之实物观之，凡簠皆是长方形，凡簋皆是圆形。此皆因原器内有铭文可据，非空言也。簠、簋固是宗庙之祭器，而亦是日用之食器。《孝经》曰"陈其簠簋"，《诗》云"于我乎每食四簋"，可以为证。汉人解经者去古未远，而于殷、周日用之食器，皆不能言，且曰"制之异同未闻"，是可怪矣。

古器中长方形之簠，自宋以来，已有定论。然其圆形之簋，自宋迄今，尚多异称。此器原有侈口、弇口两种形式，此即俗所谓敞口、缩口者是也。宋人于其侈口者谓之彝，而于其弇口者谓之敦。实则彝为古器之总名，而原文之敦实非敦字，而是簋字之异文。故二者实为一物而非二物也。前清陈介祺《簠斋藏器目》，已并彝于敦。钱献之《十六长乐堂古器款识考》，已辨敦为簋。近者燕京大学容希白教授作《殷周礼乐器考略》，悉从其说，学者宗之，已无异议矣。然余考清初戴东原作《考工记图》，已合彝敦二器为一，定名曰簋。此实为戴氏之卓识，且其说又远在钱氏、陈氏之前，惜乎容君未及引其书也。

瑚琏即是胡连，又即是簠簋之误字，而簠簋又是䀇瑚之后起字，以及此二器之形式如何，均已详于上文矣。然此二器之用途如何，自汉以来，其说又有不同。《论语》旧注引包咸曰："瑚琏黍稷之器。"《说文解字》亦谓簠、簋皆黍稷器。《仪礼》郑注曰："簠，稻粱器。"《诗经·秦风》郑注曰："簋以盛黍稷。"其为说之不同如此。然余考地下发现之簠，其铭词多云："用盛稻粱。"如是，则簠为盛稻粱之器，簋为盛黍稷之器，其说为可信矣。簠簋是宗庙之器，亦是日用之器，余前已言之。然则古之所谓簠簋之器，皆是华贵而切于日用者也。孔子尝称子贡曰："赐也连（达），于从政乎何有？"然则孔子比子贡于簠簋，不亦宜乎？

论国学的正统

吾国旧有的国学，本是有体有用之学。昔人所谓"穷经致用"，所谓"经义治事"，皆指此而言。此实为正统的国学，历代各有其人。直至晚清之曾国藩、李鸿章，尚不能出此范围。不过自民国初年以来，一时学者忽倡"为学问而治学问"之说，由是全国风靡，群趋于考证名物，而轻视明体达用。真有如汉人所谓"讲说曰若稽古四字而至数万言"者。此固是国学之一端，而究非国学之正统也。余昔年在北京时，深知其流弊。然言偶及"明体达用"之学，不但不为人所采用，而反为人所讥笑。三十年来，人才寥落，及乎国家有事，欲求一曾国藩、李鸿章之人物，亦不可得，斯即讲学之失有以致之也。

吾国昔有所谓"内圣外王"之学，此即正统的国学之最高目的。然所谓"内圣"，不过指修身而言。所谓"外王"，不过指致用而言。如是言之，亦非神妙不可几及之学也。譬如有人于此，在内有相当之修养，在外有致用之才能，斯何非一有用之人物？然二者皆不可偏重。西汉之人偏于致用，南宋之人偏于修养，而其末流均无全才。今世非无过人之人才，不过缺乏修养者，则用其智能于谋财利己之事；而不知致用者，则弊其精神于考据名物之中，斯其所以无全才也。南宋之末，谢翱谓彼时"欲求一瑕吕诒甥而不可得"。瑕吕乃《左传》中的人物，岂可易见？吾辈在今日，虽欲求一曾国藩、李鸿章而不可得矣。

国学本有道、儒、法三派。管老之书，既无法能证为孔子以前之著作，则谓此三派之成为学派，皆在孔子以后，亦无不可。历代之人才，大约不出此三派，而实皆导源于孔子。例如，曾子传子思，子思传孟子，在汉有董仲舒，在唐有陆贽，至明而有王守仁，此所谓儒家者流也。子夏传荀卿，荀卿传韩非，在汉有诸葛亮，在唐有姚崇，至明而有张居正，此所谓法家者流也。子贡传田子方（据《吕氏春秋·当染》篇），子方之后，流而为庄周，在汉有张良，在唐有李泌，至明而有刘基，此所谓道家者流也。此等人才，代不乏人，凡此皆是"内圣外王"之学，亦即是"明体达用"之学，皆是国学正统所养成之全才也。

然则国学并非无用之学，而或偏于修养，偏于文艺，偏于考据，皆是国学之一端，而不能窥见其全体者也。孔门有四科，曰"德行、言语、政事、文学"。此皆指其专长而言，并非谓通德行者不通政事，通政事者不通德行也。试以四科言之，德行即指修养，政事即指致用，而言语文学皆指发表的技术而言，其实如德行不足，政事不达，则其语言文学，亦必无可贵的发表。试思子贡列在言语之科，而孔子又称："赐（子贡）也达，于从政乎何有？"仲弓列在德行之科，而孔子又称："雍（仲弓）也，可使南面。"此见子贡虽长于言语，仲弓虽长于德行，而同时又皆通政事，斯则吾所谓全才也。其实不止如前节所举诸名人而已，即如唐之房杜，宋之韩范，再如南宋之李刚、宗泽，明末之袁崇焕、孙承宗，以至晚清之曾、胡、左、李，亦无不如是。

西汉学者多由治经以达于政事，而其从政者，亦往往事师受经，斯盖深知经书之用者也。若余在今日而劝人读经，必为世人所笑。若余谓在国家或社会服务之人，必须具有相当的修养，而诵读古代经典，最有益于修养之用，殆无人能反对之。盖凡有相当修养之人，遇事有虚心研究之态度，做事有忠厚尽力之精神，虽其智识才力有高下不同，而其于贪财肥己、蠹国害民之行为，吾知无矣。斯正吾国人民每日希望于中央政府，及地方政府而不可得之人物，又何必高谈管乐，远望伊吕？个人的修养，实为社会服务、国家服务之首要条件，而舍读古书之外，殆无他法。余昔日讥评某政客不读诗书，胸无点墨，会被人目为守旧之谈，次日余又易以英语，谓此人是uncultivated unprincipled，反被人称为精通之论。此虽可笑，而足见时人亦非完全不知修养之为重要矣。

前人称颂名儒，多用"通达经史"四字。经书之有益于修养，前已言之。盖经书皆代表古代基本文化之结晶，读之已久，自能修养浑厚。至于史书，尤为致用之学之先导，盖史书能阐明古今政治经济变化之原因结果，人能彻底了解史书，自能于古今变化得有正确的认识。吾人对于社会、国家及世界，最怕不认识，或认识不正确。如能认识，及认识正确，则对于社会、国家及世界，自能寻出支配之方法，及改良之途径。至于政治经济之学，固为重要，然此二学，实皆自史书之内研究而出，并非史书之外别有政治经济之学也。本国史之外，外国史亦须研究。孔子曾读"百国春秋"，当然外国史在内。不读外国史，则不能认识本国之环境及世界之趋势。譬如有人于此，对于本国及世界之变化，有彻底的了解，及正确的认识，岂非一有用之才乎？昔有某政客问余，如何而能造成有用之才？余告以熟读中外近代史，中国近代史现无好书，故须读原料。西洋近代史，好书虽多，而译本殊无佳者，又非读原文不可也。

凡人的道德及才能，皆受先天的遗传之限制，亦无可讳言。然在中上之才，如能留心于修养及致用之学，皆能有所成就。及其成也，皆所谓"明体达用"之学，亦即所谓"内圣外王"之学，斯即正统的国学之所尚。约而言之，此即一方面注意修养，一方面注意致用之学也。修养固在克己力行，致用固在实地经验，而读书实为自修之基本。当然有人指导，则事半而功倍也。民国以来，治国学者，多循一时之尚，而入于琐碎考证之学，故三十年之结果，竟无全才可用。余故述其管见于此，愿与治国学者共勉之。

（《责善》1942 年 2 卷第 22 期）

答席君世锽上古史问题

吾国前人之治上古史，皆是杂抄旧书，此与近世西人之科学方法大异。西人所用之历史科学方法，于上古材料，皆以地下发掘之古物为主，而于上古记载，又须先考其是否为当时的原料，而后采用，凡此皆属于考古学及考证的范围。至于民族问题，又与人种学、人类学有关。中国人对于此等科学，皆少研究，故所有著作，多是空谈臆说，不合科学，不可作为定论。再关于中国上古史之新著，现尚缺乏善本，无从介绍。其他问题，容就管见所及，答复如下，以备参考。

（1）世界民族来源，本有"一元论"及"多元论"二说，近数十年各种科学皆有趋于一元之势，故民族亦趋于一元之说。然世界人类究竟出于何地，至今尚无结论。近年英国人种学大家 Eloit Smith 著有 *Search of Man's Ancester*（伦敦出版），主张世界人类出于中国之新疆（见原书 p. 35），颇有所见。大约世界人类即由此地散布于各地，而亚欧非三洲之原始人，似即以新疆为中心。周口店人骨，与现今之蒙古人骨为近，共有二种特征，即一为下颚骨之瘤状，及二为上门牙之勺状，已有德人 Weidenreich 研究报告（见一九三五年十月中国地质学会志）。由此如谓周口店人与广义的汉人有关，亦无不可。此因西人亦将汉族列于蒙古族之统系也。

（2）中国境内发现之蒙古人骨，现以周口店四十万年前之人骨为最古。前引英人 Smith 之说，如果可信，则中华民族先起于北方，似有充分的理由。然中国的中原民族，亦有来自东方海岸者，不过此是后来的民族，即是先由西北行到东方，而后又经过相当时代，复由东方回到中原也。中国的中原文化，是表现大陆及海洋二种文化之混合，此是德人 R. Wilhelm 所著 *Short History of Chinese Civilization* 之说（见美译本），所见颇是。文化既是来自西北大陆及东方海洋，则其民族自与东西双方有关。但其最初是先来自西北，自无问题。最初民族既是来自西北大陆，则其首先聚集于黄河两岸，亦无问题。

（3）解决人种问题，当以头骨之计量为最确，此是西方人种学人类学的方法。至于语言学固亦可用为参考，然不能绝对肯定。此因语言之起源甚晚，而甲种民族可采用乙种民族之语言也。苗台语系与中国上古语系，即如有相似之处，然究竟此二种语系谁先谁后，是中国人学苗台，抑苗台人学中国，今不易定。且中国商以前之语法，周以前之语音，皆以无考矣。所举法人 Maspero 本非人种学专家，则其说亦近于臆说，不必深信，如因彼说而谓汉族与苗族为一家，尚无确证。

（4）"殷为舜后，周为夏后"等说，只见于《大戴礼记》及《史记》，此皆汉初人之臆说，在古书均无根据，本无可信之价值，恕不答复。所称夏民族，盖指夏商周之夏人而言。如指夏人而言，须先知夏人之语言文字，至今尚未发现。凡世上所有之夏书，皆是周末人所造，并非真是夏人同时代的记述。夏人的文字语言既不可知，则某君所谓与匈奴蒙古语系相近，不知何所根据，恕不答复。商民族出于东方或西方，在汉晋人本有二说之不同。前清孙星衍作《汤陵考》（岱南阁集卷一）、《汤都考》（外集卷一），已定汤都在山东曹县。近时西人谓地下发现之商代文化，与东方文化为近（见 H. G. Creel, *Studies in Early Chinese Culture*, pp. 191–192, 伦敦出版）。中央研究院发掘殷墟，得鲸骨、海水贝及长方石刀，亦皆是海洋文化（见《发掘安阳报告》）。由以上诸说观之，则某君谓商民族为西夷之人，似不可从。

（5）世传《书经》内之《虞夏书》，皆是周末人所造，故内述三苗之说，只可作周末人的传说如是，不能作为上古的事实。据《战国策·魏策》吴起之说，三苗之地，当在中国南部。三苗既在中国南部，则其与后世之苗民有关，不无可信。然周以前之苗民，只见于《周书·吕刑》，而未言三苗，且未言及地点何在。《虞夏书》所谓"窜三苗于三危"，亦只是周末人传说如此，未必有可信之依据。又据马郑《书注》，三危当在今甘肃。由中国南部而窜之于西北部，在上古为不可能之事。且在上古中国未统一之时代，各民族分居各地，不相统属，何能窜一民族于万里之外耶？周末人好用周末思想，描写上古时事，往往露出破绽，此亦一例。日人鸟居龙藏《苗族调查报告》，颇为详核，已证明苗族是由北方向南迁移（见原书末章）。

（6）古人用字甚宽泛，非为后人之谨严。周诗称"荆蛮"，是南方外族可称蛮也。古器铭称"鬼方蛮"，是北方外族亦可称蛮也。然古书中尚无苗蛮二字连用之文，是古人不称苗为蛮也。此是一时习惯而然，非有确定之界说。春秋时代之楚，似未见与苗族有何关系。盖周初以后之苗族，僻居深山，文化停滞，不能与中原民族相见矣。楚民族出于荆山，为南族大支，所包甚广。《商颂》称"荆楚"，周诗称"蛮荆"，又称"荆舒"，考初期之钟鼎文及《春秋》，皆用荆字，后期则用楚字，此见古人名词先后之变迁，而实为一族也。舒有数种，与楚不同族，见《小雅》郑笺。群舒在今江西，与楚地近，见《汉书·地理志》注。

（7）《尚书·尧典》有"黎民"二字，然黎氏，即众民也。《诗经·小雅》曰："周余黎民，靡有孑遗。"此言周亡之后，众民无存也。《尧典》本非周以前之作品，后人误读《尧典》，遂以为古有民族曰"黎民"。《国语》内之《楚语》，遂有"三苗恢复九黎之德"之语。郑玄《书注》据之，又谓"三苗为九黎之后"。试思三苗既在古书无考（见上文第五条），更何能考出三苗之祖之九黎？《楚语》至多为周末以后人所述，且为后人增加者不少，此因汲冢内发现之《楚语》数篇，与今大不同也。然则黎族之说，本无可信之根据，而郑氏反据之以为三苗之祖，岂不可笑？今世海南岛之黎人，又是后起之名词，与九黎无关。南海之黎人，有德人 H. Stibel 所著 *Die li Stainncc dulnsle Hainan*（柏林出版），可供参考。

（8）古人之"夷狄蛮戎"四字，皆所以代表外族。其夷字之从弓，戎字之从戈，皆代表好战之意，其蛮字之从虫，狄字之从犬，皆代表贱视之意。然在上古亦无东西南北之定说。至《礼记》始曰："东方曰夷，西方曰戎，南方曰蛮，北方曰狄。"已是汉初人所定之界说矣。又考周初之钟鼎文内，夷字不从弓，蛮字不从虫，可见此等名词，或出于译音，或出于一时一地之习惯语，至周末人总举各名词，遂有夷狄蛮戎四个不同之名矣。又古人用此等字，不全是代表种族，此因古人于种族辨别不清之故。例如，《虢季子白盘铭》记伐猃狁之功，猃狁是西北族，而曰"用正蛮方"，此可为证也。然谓此等名词，代表文野之别，似有理由。夷字代表程度高之外族，已见《尔雅》。

（9）中国各省民族之来源非一，而扬子江以南之民族，尤为复杂。此因其民族有自西北大陆来者，及由沿海岛屿来者之不同也。然欲加以考校分析，又非用西人测量头骨办法不能确定。至今中国尚不暇及于此，而西人代表为研究者，亦尚未至结论的阶段。故凡近人发表的文字讨论，多无科学的价值。闽族，大约有马来族及中原族二种，及其混合，惜至今尚无科学的调查报告。究竟此二种人谁先到福建，及是否有更早的民族，此须有待于考古学发掘文化之证明。故对于谁是原始的闽族，此时尚难答复。闽苗二音相近，或有关系。前引日人的《苗族调查报告》已有及此。

（10）蜀族的研究，亦同于前条的困难。然关于猓猓族是否为蜀族之原始，亦有问题。十余年前，北京地质调查所丁文江君曾调查猓猓族，而作头骨之测量。其结论定猓猓为长头民族并谓为羌族与伊兰族之混合。如果丁氏之测量精确，可知猓猓族是由西北入侵四川，而未必是四川的原始民族。今四川土语中保存猓猓族语不少，而同时亦多中原旧语。究竟猓猓人与中原人到四川之谁先谁后，及是否另有其他更早之民族，均须有待于考古学发掘地下人骨及文化之证明。凡此皆不能只凭文字语言，以求结果。故关于四川之原始民族，此时亦难答复。

（《读书通讯》1942 年第 49 期）

中国发现之上古铜犁考

中国素以农业文化古远驰名于世界，而究竟何时在农业上开始用犁，尚是未经解决之问题。在唐时已有陆龟蒙作《耒耜经》一卷，此为中国人研究犁的问题之始，但惜其尚未发现实证。西人谓上古农业之演进，凡经过二大阶段①，此即一为锄耕（hoe culture）、一为犁耕（plough culture）是也。自有农业以来，凡人耕用锄，而牛耕用犁，而用锄自当先于用犁，盖自知用犁而后有农业生产之进步也。②然用锄与用犁之间，尚有许多变化，即用人耕与用牛耕之间，亦有许多层次，仍有说明之需要。在研究此问题之先，吾人须先明了凡用犁不必即是用牛耕，而用牛耕必定即已用犁，惜乎前人于此多未注意。《山海经·海内经》称："后稷之孙叔均始作牛耕。"此言吾国农业上用牛耕甚早也。宋景文《笔记》卷中称："古者牛惟服车，汉赵过始教人用牛耕。"此言吾国农业上用牛耕甚迟也。此二说之不同皆由于误以用犁与用牛耕混而为一，而未知古者用犁之经过，尚有用人拉与用牛拉之分别，非必始知有犁，即用牛耕也。今之犁头，古人谓之耜，而上古有石制、木制、铜制之异。《易经·系辞》称："断木为耜。"此言吾国古之犁头是用木制也。《礼记·月令》郑注释："耜末之金。"此言吾国古之犁头是用金制也。此二说之不同又由于误以犁头只为一种，而未知古者用犁之经过，尚有木制、石制、铜制之分别，非必始知有犁，即用金制也。由是言之，吾人之讨论，即可分为：何时用犁是一问题，何时用牛耕又是一问题，而何时用铜犁、铁犁又是一问题。今就此诸问题考论如下：

世界农业之起源，当出于埃及而继以巴比伦，在西人已有定论。巴比伦文之麦字，是沿用埃及语音，尤足为证。凡用犁与牛耕之发明，在此二国均已为时甚早。余考埃及 Sheikh Said 古墓中③，有壁画描写当时农事生活颇为详尽。其中有牛耕之图，是由一人在后，用二手执犁之柄，而另有二牛在前拉之。其所用之犁形，并与吾国北方人所用者相同。此古墓是属于埃及上古第五朝时代，约在距今至少五千年以上。此用犁与牛耕之见于上古埃及者也。又考巴比伦已发现上古 Sumerian 民族时代之石质印章④，其上刻有牛耕之图，亦是由一人在后，用二手执犁之柄，而另有二牛在前拉之。其所用之犁形，并与埃及壁画上农人所用者略同，而又加以复杂。此石质印章是属于巴比伦上古第一期民族时代，亦约在距今至少五千年以上。此用犁与牛耕之见于上古巴比伦者也。据德人 O. Montelius 所定《上古民族用铜时代表》⑤，而知埃及、巴比伦二民族

---

①J. H. Breasted: *Ancient Times*, pp. 24-25.

②R. H. Lowie: *Primitive Society*, p. 183.

③J. A. Hammerton: *Wonders of the past*, Vol, III, pp. 708—709, 附图。

④J. H. Breasted: *Ancient Times*, p. 108.

⑤O. Montelius: *Dic Chronlogic der Bronze Zail*, 附表。

并在距今五千年前，已进入铜器时代的文化，且已为西方考古事家所共认。然则此时所用之犁头，如上文所述者，或即是铜制之物，亦未可知。不过在任何民族文化中，其铜制农具之发生，皆远在铜制食器兵器之后。且埃及、巴比伦二民族的上古铜制犁头，至今尚未发现，故吾人不能即指上述之犁头是用铜制也。然无论如何，而西人谓"牛拉之犁始于近东"[1]，其说可从也。

上古民族耕地，所用之工具亦随地而异。最初或用蚌壳[2]，或用木舌[3]，再进步则用石锄[4]，考其形式，石锄即如长方形之石斧，有长至一尺余者。石锄又变为石犁[5]，形如扁而尖之树叶，有长至二尺余者。石犁之发明，当然由于石锄之演进，不过用锄只需一人已足，而用犁则非二人不可，此其异也。西人书中，关于讨论用牛耕与犁头之问题者颇多，而关于铜犁之何时发现，至今迄无定论。法人 G. Renard 谓："最初农业之生产量甚少，至旧石器时代，始发明用锄，而以火石为其刃。其后又由锄改良为犁，而用牲畜以代人力。犁头之制成，是最初用木，其后用石，再后改用铜，又再后始改用铁。"[6] 美人 J. M. Tyler 谓："古人之用犁时代，现已难考其原始，但在用铜时代内，或更早些，即已知用之。最初之犁，是用妇女拉之，其后使改用牛拉。大约在用铜时代之初期，或更早与此期，而用人拉及用牛拉之犁，即已取锄而代之。"由此二人之言，可知最初之犁头，是从锄头演变而出，而犁头又是初用木制，后用石制，再后始用铜制、铁制，且用犁之方法又有初用人拉，与后用牛拉之分别。盖必如此研究其经过，而后可以明了世界农业进化之顺序，与民族农具演变之层次，斯宜为吾人所当注意者矣。上文所引之二人，虽是考古学内之名著作家，而惜其未能得见铜制犁头，是以言之不能肯定耳。

由上文所引西人考古家之说，而知在上古时代，犁之发明甚早，且犁头之造法又是初用木质，后用石质，再后使用铜质、铁质，其事既甚明矣。然关于用犁之开始年代，仍然未能确定。至于吾国民族在何时开始用犁，当然亦是

---

① L. G. Goodrich: *History of Chinese*, p. 27.

②《淮南子·氾论训》称古者摩蜃而耨。

③ G. Renard: *Life and Work in the Prehistoric Times*, Ch. VII，附图。

④ 北京地质陈列所藏有大石锄头一具。

⑤ 北京地质陈列所藏有大石犁头二具。

⑥ G. Renard: *Life and Work in the Prehistoric Times*, pp. 124-125.

不易解答之问题。前引《山海经》谓"后稷之孙叔均始作牛耕",而郭注[1]谓是"犂耕"。余考后稷与叔均之是否存在,现已缺乏可信的史料为证,至其能否造犂,更不可知。然前言埃及、巴比伦在五千年前已知用犂,而谓中国用犂在三千年以上,非不可能。不过当时之犂头,必是木制或石制,而必非铜铁所制而已。考甲骨文内有劦字[2],郭沫若先生释为"犂之初文,象以刃启土之形",其说甚是,足正前人释为勿字之误。此字在甲骨文中凡数见,或与牛字合文,作牟,亦作物,当即犂牛之谓。古人所谓犂牛者,固可训为杂色之牛,然又安知非指拉犂之牛乎?如此说可信,则殷人已有犂字,当然已知用犂矣。又考《说文解字》曰:"犂,耕也,从牛,劦声"。又曰,"劦,古文利"。余按:《说文解字》之劦字,即是甲骨文之劦字。但《说文解字》误以从牛为从禾,又误以从勿为从刀也。宋人《集韵》中之犂字即作犁,从利,即是从《说文解字》而误。然汉人鲁峻碑文之犂字,仍从劦,不从利,此可正《集韵》之失。余考禾、黍、米、麦等字[3],均见甲骨文内。由此可知殷人之农业生产甚为丰富,而由此亦可知其农业工具必甚完备。然则谓其时人已知用犂,且其文字中已有犂字,非不可信也。

殷人甲骨文中已有犂字,既如上文所言。又考甲骨文又有辰字,与犂字亦有密切之关系,不可不言及也。余谓古人之干支字,多取象于器物,例如寅之古文取象于矢,戊之古文取象于斧,午之古文取象于杵,酉之古文取象于罍,是也。甲骨文之辰字作𠂤[4],亦作𠂤[5],此即取象于有柄的犂形也。其三角形之上端,即象犂头之形,其曲折形之下端,即象犂柄之形。然则辰字之古文,实即取象于犂之全体也。《淮南子·氾论训》有"摩蜃而耨"之语。后人宗之,遂有辰字取象于蜃器[6]之说。余前已言及上古民族原有用蚌壳作耕具之用者。然辰字之古文,确不象蚌形,而实象犂之全体。然则与其谓辰字之取象于蚌壳,仍不如谓辰字之取象于全犂也。辰字既取象于犂之全形,故加林字作𣲖,有关垦农田之义;加日字作晨,有日出农作之义;加臼字作宸,有操劳农事之

[1] 郭璞:《山海经·海内经注》。

[2] 郭沫若:《殷契粹编》,301 片,及考释。

[3] 罗振玉:《殷墟书契前编》卷四,第 39、30、41、40 页。

[4] 罗振玉:《殷墟书契前编》卷三,第 13 页。

[5] 罗振玉:《殷墟书契后编》,第 22 页。

[6] 郭沫若:《甲骨文字研究》下册,26 页下。

义。凡此皆是从耕犂字义滋演而成者也，至于辱字之从辰从手，原是耨字之本文，即取象于用手推犂。至其变为耻辱之辱字，《说文解字》以为古人"失耕时，于封疆上戳之"，其说甚为曲折，毫不可信。实则上古公民皆居近城市，与贵族接近，或参加政治，或参加军事，而耕种之事皆由奴隶任之，故以农事工作为耻辱也。由以上所言，而可知殷商时代已有犂字，亦有象犂头之勹，及象全犂之辰，但其犂头之是否木制、石制或铜制，仍不可断定耳。

前言甲骨又中既有犂字，此可证明在殷商时代，其人已知勹与牛之发生连带关系矣。胡厚宣教授作《殷代农业考》[①]，谓"殷人已知牛耕"，其说并非过论；不过在当时虽知牛耕，而未必推行各地而已。然吾国前人对于牛耕，尚有许多异议，仍待吾人为之辨证。前引宋人宋景文之说，谓"古者牛惟服车，汉赵过始教人用牛耕"，清人王引之亦谓"古者耕以人耦，不用牛力"[②]。凡此皆是主张吾国古无牛耕，而牛耕之发明，实自汉人始也。余考所谓汉人赵过始教人用牛耕之说，初见于东汉人崔寔之《政论》[③]。据称："武帝时赵过为搜粟都尉，教民耕种，其法三犂共一牛，一人将之，种挽耧皆取备焉。"余细说此文，而知赵过是在汉时改良牛耕之法，并非始作牛耕也。又如旧称后汉"王景任卢江太守，民不知牛耕，景教用牛耕"[④]。余细读此文，而知王景是在庐江输入牛耕之法，亦非始作牛耕也。假如根据崔寔《政论》，而谓西汉人赵过始作牛耕；亦可根据《后汉书》，而谓东汉人王景始作牛耕乎？宋景文既误读原文，王引之又未提出实证，故二人之说皆无可信之价值。余前已书上古埃及、巴比伦二民族均在五千年前，已有牛耕之用，而宋王二氏反谓吾国自汉武帝以来，始有牛耕，此真文士经生不达事理之见也。美人 R. H. Lowie 谓"犂及牛之使用，是高级农业文化之本，而是属于男子的统系"[⑤]。法人 G. Renard 谓"自犂及牛耕发明之后，上古农业遂由妇女之手，转入男子之手，而父系制的家族即由此造成"[⑥]。此又见犂与牛耕不但有关于农业生产之进步，而且有关于人类社会组织之变化，而且起源之久远又可知矣。

---

① 胡厚宣：《甲骨学商史论丛》初集内。
② 王引之：《经义述闻》卷 22。
③ 贾思勰：《齐民要术自序》引。
④ 《后汉书·王景传》。
⑤ R. H. Lowie：*Primitive Society*，p. 183.
⑥ G. Renard：*Life and Work in the Prehistoric*，p. 125.

　　前已言古人用犁而不必知牛耕，而用牛耕则必已用犁。根据上文诸说，大约牛耕之法开始于埃及，再由埃及而转至巴比伦，其后复由巴比伦而转至中国。由此路线言之，而谓吾国在三千年前已知牛耕，非不可能。盖吾国古人在上古时代，早知用犁，而在殷周初期，已知牛耕。不过当时只有木制、石制的犁头，虽用牛拉之而耕，而耕地的效力仍不甚大，故牛耕之用不能推广及盛行也。余又考《诗经》内之西周诗篇，多咏农事之繁盛，及生产之丰富，而怪其未曾言及牛耕之用。例如《噫嘻》诗云："十千维耦。"《载芟》诗云："千耦其耘。"关于此耦字之解释，自古及今，颇多异说。《论语·微子》称"长沮桀溺耦而耕"，此是以二人并耕为耦也。《周礼·考工记》称"二耜为耦"，此是以二耜并用为耦也。《荀子·大略》杨注解耦字，是从二人并耕为耦之说。《诗经·周颂》郑注解耦字，是从二耜并用之说。余谓凡此二派之说虽各不同，而非不可融合。前言耜是犁头，而最初之犁，是用人拉，皆见上文。如以人言，则是二人同时工作，即一人在后扶犁，一人在前拉犁，如此二人并耕，是之谓耦也。如以犁言，则是二犁同时，即是一犁二人在左，一犁二人在右，如此二犁并耕，亦谓之耦也。前引王引之所谓"古者耕以人耦，不用牛力"，正谓此类也。盖因此时无论二人并耕为耦，或二犁并用为耦，皆可用人拉犁，而不用人力。古西周诸诗只是言千耦万耦，而不言及牛耕，其原因即在于此。然则西周之农业虽盛，而其耕地之用人力而不用牛力，又可想而知也。

　　西周之文化高矣。至其农业虽甚发达，而尚不用牛耕者，其亦有故。此因西周本是吾国奴隶社会的经济最盛之时代，而当此之时，用人力反比牛力为省费，故不必舍人力而用牛耕也。西周君主以奴隶为赏赐贵族之用，在古书及铜器铭文中均有确证。例如《左传·定公·定公四年》所谓"分唐叔以怀姓九宗，分鲁公以殷民六族，分康叔以殷民七族"；矢令簋[1]所谓"赏臣十家，鬲百人"；大盂鼎所谓"锡人鬲六百又五十又九夫，锡人鬲千又五十夫"；麦尊所谓"锡诸戈臣二百家"；师旬簋所谓"锡夷邑三百人"；毛公鼎所谓"锡女井人"；周公簋（亦作邢侯彝）所谓"锡臣三品"。凡此皆是贵族拥有大批奴隶之证。至于奴隶之可以交换买卖，亦见曶鼎铭文。在工商业尚未发达之时代，贵族地主既拥有大批奴隶，足可用其力于大规模的农田，以事生产。如前引周

_____

[1] 以下所引各铜器铭文皆据郭沫若《两周金文大系》、邹安《周金文存》及罗振玉《贞松堂集古遗文》。

诗所谓"十千维耦"，即是用二万人同时耕田。西周人既有如此大规模的农田工作，此其所以能有"千斯箱"及"万斯仓"之大数量的收获。试思此类集体农业，只能在拥有不费工资之奴隶社会方能实现。在此阶段之内，当然用牛力反不如用人力之省费。西周农业如此之盛，及生产如此之多，而只用人力，不用牛耕，此其原因之所在也。

西周初期，克商践奄，灭国五十，迁顽民于洛邑[①]，及伐鬼方之役，俘虏万人以上。[②] 此见当时奴隶之来源，多自对外战争而得。此与希腊、罗马能在地中海岸掠贩奴隶，源源不绝者不同。西周末期，丰镐沦陷，戎狄交侵，战事失败，死亡亦多，由是民数之价值增高，奴隶之来源断绝，而用牛力以代人力，自然成其需要，而此时恐即在东迁以后矣。余考东周时代在文字上，已屡见牛字与农事发生连带关系。例如《论语·雍也》篇有"犁牛之子"，此未必非指拉犁之牛而言，而后人注解[③]反谓犁字是骊色字之假借。又如孔门弟子有"冉耕[④]字伯牛"，此当是指耕地之牛而言，而后人训释反谓[⑤]耕字是胫骨字之假借。凡此皆是由于不明古代文化演进之真相，以致虽有实事在前，而亦不敢自信也。余考在东周时代，不但鲁有冉耕字伯牛，此外如晋有力士牛子耕，见《韩非子·外储说》右下；宋有司马耕字子牛，见《史记·仲尼·弟子列传》，亦作司马犁字子牛[⑥]，见何晏《论语集解》引孔注；凡此皆可见在东周习惯上，及文字上，牛与耕犁之连带关系甚为普遍也。《晋语》所谓"宗庙之牺，为畎亩之勤"，即指此期之情况而言。余谓凡牛与耕犁在习惯上及文字上之连带关系，必发生于远在实际上及地方上确用牛耕之后，此即东周时代已有普遍的用牛耕之确证也。

牛耕在中国普遍使用之时代，既如上文所言，而在使用牛耕之前，必早已知用犁头，亦见上文。余考古籍中又有与犁有关系之名词，即所谓耒耜是也。关于耒耜之来源，后人颇多异说。[⑦]旧称"神农作耒耜，见《风俗通义·三皇

---

① 《书序》及《孟子·滕文公》。

② 小盂鼎铭文。

③ 《淮南子·说林训》，高诱注引《论语》，王引之《经义述闻》卷22。

④ 《史记·仲尼弟子列传》。

⑤ 王引之《经义述闻》卷22。

⑥ 司马耕，司马犁当是一人而二书所记不同。

⑦ 陆龟蒙《耒耜考》已略言之，但未详核。

篇》；又称"垂作耒耜"，见《齐民要术》自序引《世本》；又称"咎繇作耒耜"，见《太平御览》卷833引《世本》。其说之不同如此，而皆不可信。盖此类农具之出现，皆是经过许多年岁之演变，及许多民族之改良，决不能谓其始于某人，或作于某氏也。余谓耒耜二字合言之，即是犁之总名；分言之，则耒是犁之柄，而耜即是犁之刃。《后汉书·章帝纪》李注所谓"耒其柄，耜其刃"，其说不误。《易·系辞》称上古"断木为耜，揉木为耒"，此见吾国上古之犁头及其柄，皆是木制而成者也。前已言明自古以来之犁头，是初用木，后用石，再后用铜、用铁，其古今演变之层次，自是如此。今观吾国各地农人所用之犁头，皆作三角形，其下端尖锐，所以便于启土。此形式在已过数千年中，当亦无甚变化；即在西方亦莫不如是。然《考工记》郑注竟谓"今之耜，支头两金，象古之耦"，此乃大误矣。郑氏生于山东，盖因见武梁祠书神农手执歧头耕具，而不觉为其所误也。余细考此画像中之岐头耕具，实不是犁，而是农人所用之锄，故可有岐头之刃。若乃犁头之用，则最初用人拉，其后用牛拉，而岐头之刃，必不适用矣。故余谓犁头仍以三角形者最为适用。前引埃及、巴比伦之犁形，亦莫不皆然。至于《考工记》所谓"耜广五寸"者，乃是约指其上端之宽处而言，而非指其下端之刃。其下端仍当作三角尖锐之形，所以易于深入土中也。余为此说，可正郑氏解经之误。又按：前清戴东原《考工纪图》[①]卷下所绘之犁图，及程易畴《考工创物小记》卷七所绘之犁图，皆不从郑氏之说，而与余说正合。戴程二氏之书号称精博，而主张如此，斯足证余说之不孤矣。兹摹戴程二氏所绘之图如下：

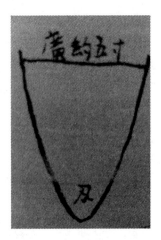

① 据戴氏遗书本。

《考工记》所谓"耜广五寸",即指犂头之上端宽处而言。其中空,所以受木柄,即所谓末也。著者附记。

根据上文诸说,而知殷周时人皆知用犂;至东周时代,牛耕已普遍盛行,而犂头之使用已不成问题。然当时所用之犂头,是木制、石制或铜制,仍是尚未解决之问题也。盖此事之解决,不能仅凭书籍文字,而必须另有实物发现以证明之。余考地下发现之上古农具,如长方形之厚重石器[1],即石锄头也。如树叶形之厚重石器[2],即石犂头也。又如半月形之薄片石器[3],即石镰刀也。至于铜制的农具,亦屡有发现。如所谓中空之斤,即铜锄头[4]也。如所谓无胡之戈,即铜镰刀[5]也。然石犂头虽已发现,而铜犂头之发现,至今尚未见各家著录。余考西方的科学考古,已有百余年之成绩,而对此问题亦未解决,德国M. Ebert博士称[6]西方各国"至今尚未发现铜犂"[7]。然则上古的铜制犂头,至今尚为世界考古家未见之器矣。近者郭沫若先生亦言:"青铜耕具在中国不会发现。"[8]余谓中国古代的青铜耕具,如上文所言之铜锄头、铜镰刀,近时已有发现。但至今未曾发现者,只是所谓铜犂而已。铜犂之发明,既是上古农业进步之首要条件,而在西方及中国,至今尚未发现,则其在考古学上的价值之宝贵,可想而知矣。余家有旧藏古铜犂头一具,闻最初时在河南、陕西之间出土。同时尚发现其他破碎陶器、铜器,惜皆散失。此犂头作三角形,其正面铸有单简饕餮花纹,其背面菱形尤为古朴有力,而其体之长广,约合建初尺五寸而强。此与《考工记》所谓"耜广五寸"者,正相符合。此虽区区农具,而得此即足以证明吾国在铜器时代(Bronze Age)之内,确已使用铜犂耕地,而吾国上古农业文化之前进,及当时农业生产之发展,固皆信而有征矣。

铜犂之形式既如上文所述,至于此犂之年代,亦可由下列说明而定。余就此犂正面之花纹观之,似可定为周人遗制。然其时代是否西周或东周,尚须证明。两周文化固同在铜器时代之内,而春秋战国之际,已知用铁。自古铜贵而

---

① 据程氏通艺录本。

②J. G. Andersson: *Children of Yellow Earth*, p. 181.

③ 北京地质陈列所藏。

④J. G. Andersson: *Children of Yellow Earth*, p. 203. a 图。

⑤J. G. Andersson: *Children of Yellow Earth*, p. 211. 2 图。

⑥J. G. Andersson: *Children of Yellow Earth*, p. 212. 4 图。

⑦M. Ebert: *Real Lexicon Der Vorgeschichic*, Vol. X. p. 118.

⑧ 郭沫若:《十批判书》第一篇。

铁贱，既知有铁，则农器必不用铜。余考《孟子·滕文公》有"以铁耕乎"之语。《庄子·天下篇》释文引《三仓》有"耜，耒头铁也"之语。孟子是战国初期之人，而《三仓》亦是秦汉间人之书。凡考古家皆知上古用铜先于用铁。[1]战国初期之人既用铁制耕具，则战国以前之人已用铜制耕具，尚有何疑乎？故余由此断定此犁头之年代，至迟当在西周以下，及战国以上，而最晚亦是春秋时代普遍盛行牛耕之阶段矣。英人 L. G. Goodrich 谓"中国牛拉之犁可能在纪元前 600 年出现"[2]。美人 C. W. Bishop 谓"中国用牛耕始于纪元前 400 年"[3]。此二君虽未得见中国发现之古铜犁头（bronze plough-head），而其推定中国人用犁及用牛耕之年代，亦与所余所断定之年岁，约略相合。然则余说之不孤，亦可由此作证。上文已言上古铜犁本为世界考古家所未见。吾国前时既有此器出土，此不但足以显示吾国上古农业生产在历史上之前进，并且足以增高吾国上古农业文化在世界上之地位，斯则不容不加以记述者矣。北京恢复之次年，余自川陕流亡北归，暇中捡出此犁，加以研究，因为说如上，并附图于后，以备留心吾国上古农业文化发展之实证者有考焉。（小记：此文脱稿后，适有杨宗翰教授偕德国考古家 Max Loehr 来访，得观此犁，谓为稀见之物，并定为周器。后又经北平研究院考古家徐炳昶、杨光弼、黄文弼、王静如、苏秉琦五先生参观鉴别，亦无异议。余喜其意见相合，因附志于此，1948 年 2 月，草于北京。）

（《燕京学报》1949 年第 37 期）

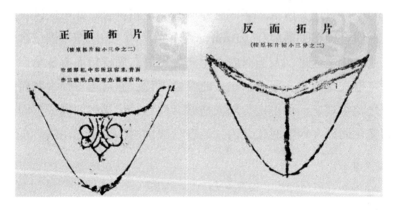

①A. G. Haddon: *History of Anthropology*，p. 137、149.

②L. G. Goodrich: *History of Chinese*，p. 27.

③C. W. Bisop: "Origin and Diffusion of Track Plow", *Smithsonian Annual Report*, 1937.

书经顾命篇侍臣所执兵器考

近时西方科学家多主张世界文化出于一原，是为一元论之意见。试考欧、亚、美、非各洲，民族所用之工具、农具及武器，凡属于上古时代者，多数形式相似，诚可为一元论之佐证。[①] 今观石器时代（Stone Age）各民族所用之石刀石斧，论其形式，大半相同。此类虽在武器之列，而上古人民用之于土木工作，则为工具；用之于耕稼工作，则为农具；固无所区别也。[②] 至于文化进于铜器时代（Bronze Age）之内，而后各种器具之类别逐渐复杂，而其形式亦日趋特异。然中空之斤，西方谓之 adze；有銎之斧，西方谓之 axe；两刃之剑，西方谓之 sword；两翼之矛，西方谓之 spear，凡此在中西二地亦无不形式相同。再观吾国《书经·顾命》篇所述各种兵器之名，则又颇多奇异。若以之与西方相较，尤觉特殊。譬如西方有干（shield）而无戈，有斧（axe）而无戉，有三叉之戟（trident），而无三隅之矛。至于若刘，若戣，若戳，尤为西方所无。然而此类兵器不仅为西人所未知，即吾国以前之注书者，亦多不能分别其形式。余特取而释之，并附图于后，以见吾国上古铜制兵器之复杂，而补前人注书者之缺略焉。

吾国上古文化，至西周而大盛。故《顾命》篇所记周康王即位之仪式，庄严富丽，甚为详尽。关于篇内所述朝廷之制，登进之礼，及陈设之实，前人考之备矣。至于当时诸武士所执之兵器，共有七种之不同。惜乎自汉以来之注书者，皆无确定之解释。凡此各种不同兵器之名称，甚为新奇。在许氏《说文解字》中，仅云"侍臣所执兵"，而不能详其形式。在郑氏《书注》中，多云"盖矛属，盖戟属"，而不能明其区别。余每读书至此，深以为疑。余尝以为汉人去古未远，而竟不能辨明周初之兵器，未知何故。又考《尚书》孔疏曰："此经所陈七兵，惟戈《考工记》有其形制，其余皆无文制。"然则唐人之所见，

---

① 英人 E. B. Tylor 谓各国"文化中甚大的同一性，是由于同一原因的同一活动之结果"（见所著 *Primitive Culture*, p. 1）。世界文化一元之说，似可由此解明。

② 详见 R. H. Lowre: *Introduction to Culture Anthropology*, p. 209.

亦不多于汉人之所知也。及余居北京久,见闻较广,又常往来于陕西、河南、山东诸省,所见地下发现之古物日多。凡此《顾命》篇所言之兵器,皆曾亲自遇见,亲自搜集,并证之近时考古诸书,所言亦相符合。余于是深喜今人之收获,足补前人之未逮。昔俞曲园作《两罍轩彝器图释序》,谓"郑、孔诸大儒所不能言者,而今得见之"。余谓此亦因地下发掘之富,及后人研讨之勤,有以使然也。余乃依据个人目见所及,并汇集诸家著作所考,而就此篇记述侍臣所执之兵器,分别解释如下。

此篇所述周康王举行即位大典之地点,《史记·周本纪》以为在先王之朝,而《尚书》郑注以为成王之殡宫。此为今文古文二说之不同,后人已无从考订。再关于举行即位大典之时间,顾亭林以为在成王葬后(见《日知录》卷三),戴东原以为在成王崩后次年(见《东原集》卷一),魏默深以为在成王未葬之前(见《书古微》卷一),然此在古人记载内,本无明文可考,后人亦无从判断。吾人今据本篇原文所记,只知当时行礼之时,是在毕门以内,庙堂之中而已。原文明言堂之左右为东堂西堂,堂之门外为东阶西阶,堂之后面为东房西房,房之后门为侧阶。吾人明乎此地之方向,即可了解当时各侍臣执兵者所立之地位。原文称康王之入,"有二干戈逆之"。又称行礼之时,有"二人雀弁,执惠,立于毕门之内。四人綦弁执戈上刃,夹两阶戺。一人冕,执刘,立于东堂。一人冕,执钺,立于西堂。一人冕,执戣,立于东垂。一人冕,执瞿立于西垂。一人冕,执锐,立于侧阶"。余前已言凡此各种兵器,汉唐经师已不能详其形状,而宋明学者亦未及加以研究。自前清至今日,地下虽然屡有发现,而尚无一人汇集众说,以补《书》注之不足者。余幸生今世,见闻较广,并有发现实物为证,故取此篇所言之各种兵器,依次考释而图解之。

一曰惠。余按:此篇以惠为兵器之名,甚为新异。郑注云:"惠状,盖斜刃,宜芟刈。"伪孔传云:"惠,三隅矛。"此二说之不同,相去甚远。盖如郑氏之说,则是《考工记》所谓"句兵"。如孔氏之说,则是《考工记》所谓"刺兵"。二说既大不统一,可知其必有一误也。余谓此惠字是后人所改,而古文当作重字。甲骨文有🔣字,从手执重(见罗氏《殷墟书契前编》卷五第十二页),由此可知重为上古之兵器无疑。更由此而知殷商时代已有此器矣。俞曲园称:"《说文解字》有🔣字,疑是惠之本字,从🔣者象三隅之形。"(见俞曲园《群经评议》卷六)余谓《说文解字》之🔣字,亦是后人所改;而古文当作🔣字。钟鼎文如《毛公鼎》作🐾，《录伯簋》作🐾，皆可谓吾说之佐证。至俞氏所谓"象三隅之形"，证之地下发现之古矛，其形式多是如此，故其说可从也。由是而知郑注之说诚为大误，而伪孔传之说犹为近是。矛字已见《周书·牧誓》篇，原是周初武器之一。所谓惠者，证之地下所出古器，当即矛头之作三隅者也。然则谓惠为三隅矛，当是可信。余又考近时地下发现之古矛，其形式甚为繁多，有两翼者，有四棱者，而以头作三隅者为众。余在河南曾得一古矛头，通体作棱锥形，但非四棱而作三棱，此或亦是三隅之又一解。如是，则知所谓三隅矛者，究竟是指其体作三棱者而言，抑或是指其头作三隅者而言，又成为不易解决之问题矣。然而地下发现之古矛，其大者仍以三隅者为最多。例如罗氏《梦郼草堂吉金图》卷中第二二页之矛，与余所藏者正同，即是此类之代表也。如后第一图。

二曰戈。余按：戈为古书内最习见之兵器，在甲骨文、钟鼎文均已有之。《左传·昭公·昭公元年》称楚令尹子围出，有二执戈者在前。或讥之曰："令尹似君矣。"今康王即位，而有四人执戈，此盖上古天子所用之礼也。戈之形式，本不难解，而不意后人又有许多不同之说法。所谓戈者，前有援，后有内，下有胡（见后附图二），已详于《周礼·考工记》。但其装置之法，自汉人武梁祠画像误作其刃向上（见画内夏桀图），遂引起许多问题。由是自汉人郑康成，至清人戴东原，皆不能确定其形。自宋人之《三礼图》，至清人之《图书集成》，皆不免误绘其状。余考《说文解字》曰："戈，平头戟也。"此解最为简明正确。自其为平头，则其刃必当向前，而其体必当横缚于柲上（即柄上）。宋人黄伯思作《铜戈辨》（见黄氏《东观余论》卷上），首先主张此说，与《说文解字》所言正合。惜乎后人于此多不注意，而竟误其装置之法。由是戈虽为古人习用之兵器，而被后人误解久矣。自此以来，直至清人阮文达《揅经室集》卷五，及程易畴《考工创物小记》卷七，始有横状于柲上之戈图。阮、程二氏皆是根据实物，重绘戈图，而后《说文解字》"平头戟"之说，由此复明于世。其后陈兰甫作《戈戟图说》（见陈氏《东塾集》卷一），其所绘之戈图，即本于阮、程二氏之书，故其说亦不误。甲骨文之戈字作🐾（见罗氏《殷墟书契前编》卷六第三一页），正象横刃装置于柲上之形，此即《说文解字》所谓"平头"也。余所藏有金字戈，其内上之铭文戈字，即作平头形，尤为明确之证。然而《顾命》篇谓之"执戈上刃"，于此又引起许多误会。大约汉人武梁祠画像作戈刃向上，其误即由于此。然刘申受谓："上刃，刃向前也。"（见刘氏《今文尚书集解》卷二五）此解甚为精确，足以补前人书注之缺，而正武梁祠画像之误。刘氏所谓"刃向前"者，仍是指戈平头横装于柲上，故其刃不向上而向前也。所谓"执戈上刃"，本意正是如此。近世出土之周公戈（见邹氏《周金文存》卷六第八页），与余之金字戈同，其形式最为正确。如后第二图。

三曰刘。余按：古兵器中之刘，不见于其他古书，故此器最为难解。郑注云："刘，盖今镵斧。"郑氏谓刘为斧头，其说本是不误。惜乎郑氏未能言明其形状，以致所谓镵斧者，后人遂无从得其认识。究竟刘为何形，自古至今，久已成为问题矣。余考刘之为物，前此指考古家著作，皆未见收录。只有刘氏《奇觚室金文述》卷十，著录数器，名之曰刘，是为前人所无。及余细考其图，而后又知刘氏所谓刘者，实皆是古人之鉴，而非古人之刘也。余按：《说文解字》无刘字，而有镏字，解曰："镏，杀也。"《尔雅·释诂》有刘字，而无镏字，解曰："刘，杀也。"刘镏二字，皆从卯从金，并同训作杀，当是一字无疑。《周书·君奭》篇曰："咸刘厥敌。"又《武成》篇曰："咸刘商王受。"（见《汉书·律历志》）然则刘字含有杀意，古人本有此训，则为古之兵器，又无可疑。王静安谓甲骨文之"卯字即刘之假借。"（见王氏《戬寿堂甲骨文字考释》上册第五页）此解甚新，而惜其为说不详。余谓卯字不是刘之假借，而时刘字之初文，且刘字又反是卯字之后起字也。考《汉书·王莽传》称"卯，刘姓所以为字也。"此即谓刘之为字，本之于卯。此说未为前人注意，而可为余说之明证。余考甲骨文内所见之卯字颇多，而作杀字用者不少。例如所谓"伐十人，卯六牢。"（见罗氏《殷墟书契前编》卷一第一八页）又如"袁三犬三羊，卯五牛。"（见郭氏《殷契粹编》第四七片）凡此卯字，皆当与杀字同义，其事甚为明显。此即与前言刘之训杀，正相符同。又考凡古人干支之原形，固多取象于器物。例如寅字之古人象矢，戊字之古文象戉，是也。甲骨文之卯字作 𯂈（见上文所引），钟鼎文之卯字亦作 𯂈（如𤔳鼎及绅簠等铭），凡此卯字，皆象图形斧对立之形。古文卯字本象数戣交插之形（见下文），然则谓古文卯字即象二斧对立之形，亦无不可。卯既是斧类，故可训为杀也。地下发掘之古斧类，本有月牙形与月圆形二种。月牙形者既谓之戉（见下文），则月圆形者当即是卯。昔桂未谷在山东曾得古铜圆形斧头，其图载在冯氏《金索》卷二。余前在西安，亦曾得古铜圆形斧头，与桂氏所见正同。由以上诸说，可知《顾命》篇之刘，则是甲骨文之卯，而卯即是月圆形之斧也。桂氏所见之圆形斧头，与余所藏者完全相似。如后第三图。

四曰钺。余按：此钺字亦是后人所改，而古文当作戉。又按：戉字已见《尚书·牧誓》篇，亦是上古习见之武器，本不难识也。郑注云："戉，大斧。"《说文解字》亦云："戉，大斧也。"此二说正同，而皆不误。然戉与斧之分别，不仅在大小之异，仍须证明之。考古文斧戉之戉，与戊己之戊，最初皆是一字。金文如虢季子白盘之戉作 ⬚，父戊觚之戊作 ⬚，戊寅鼎之戊亦作 ⬚，凡此皆象大斧之形，甚为明白。近年德人 Jannings 捐献北京故宫博物院之古兵器内，有铜戉凡十余种，大小不一。其中之一特巨，其刃竟长一英尺有余，此为余所见古戉之最大者也。黄氏《邺中片羽》二集下第十九页所载之戉图，与此大戉相似，但其形式缩小而已。然戉与斧之区别，究竟何在，仍是前人未及解决之问题。余细考古人兵器之装置法，原有用"内"与用"銎"之不同。用内之说，见于《周礼·考工记》。用銎之说，见于《毛诗·豳风传》。内（音纳）为扁平体，所以横穿入柲中。銎（音孔）为圆孔形，所以直套于柲上。古兵之用内者，其体是平面的，易于铸造。其用銎者，其体是内空的，铸造较难。故余谓古兵之初期，皆是用内，而其用銎者，即是用内之进步者也。有用内而进于用銎，当需甚久远之时间，而其名称遂因之而异。余所见地下发现之斧，皆是用銎；而地下发现之戉，皆是用内；此其不同之点所在，而为前人之所忽略。除此之外，斧与戉其用相同，但斧较小而戉较大而已。古人多举斧戉并言，如《毛诗传》所谓"诸侯赐斧戉而后征伐"，《左传》所谓"负之斧戉以徇于军"，是也。此篇称一人执剑（即斧见前）在东，一人执戉在西。二人相对，而执兵相向，即因二器之形相似，而其用又相同也。余所见地下发掘之古戉甚多，形式大小不一，而其用内而不用銎，则同。古戉在各家金文图书内，均有著录，而各有不同之形。上言 Jannings 所得之大戉，其形式最为正确。余所藏戉，器体较小而形式正同。如后第四图。

五曰戣。余按：戣字亦是后人所改，而古文当作癸。又按：此字作为兵器名，不见于其他古书。《说文解字》云："戣，侍臣所执兵也"，而未及言其形状。伪孔传云："戣，戟属。"郑注云："盖今三锋矛。"然戟是《考工记》所谓"句兵"，矛是《考工记》所谓"刺兵"，二者本不同类也。余谓郑氏为癸为三锋，甚是；而谓癸为矛，则非。考所谓癸者，自汉以来，无人知其形似，亦无人加以研究。清人张叔未曾得一古铜兵器，首作三角形，遂定为古之癸（其图载在张氏《清仪阁古器物文》第一册第一六页）。但其形式尚不正确，实是古戈头之异形，而非癸也。余谓癸当作正三角形，而其刃当与其内为直线。罗叔言《癸父乙卣跋》云，金文"癸❀字上正象三锋，下象著地之柄，与郑谊合。癸为戣之本字，后人加戈。"自此说出，而容氏《金文编》，郭氏《甲骨文研究》，皆从之，无异辞。余谓❀字本象数癸交插之形，而又变作❖（见向盉）亦变作❀（见鲦公簋）。至于变其为❀，则与《说文解字》之癸字完全相似。前已言凡干支字之古文，多取象于器物，例如寅戌卯等字，皆象兵器之形，已见上文所述。然则癸字之象兵器，又何疑焉。余又考古彝器铭识有作✦形者甚多，其刃向前，作正三角形。凡此类，前人皆误释为立戈形，其实此非立戈，而是立癸，亦不可不辨也。余所见地下之古癸，其类甚多，而前刃皆作三角形，后端皆有内，则无不同。癸既有内，则其装置于秘上，必是横装，而非真装，当与戈无异。如是，则癸为句兵，而非刺兵，其事甚明，而郑氏误以为矛，非也。余在开封曾得一古癸，与此正同，但其刃已经卷折而未断，盖是古战场之遗物。前见吴氏《两罍轩彝器图释》卷六第五页所载之癸，及周氏《梦坡室获古丛编》兵器门下第一六页所载之癸，其形式皆甚正确，与余所得者同，皆古人之癸也。如后第五图。

六曰瞿。余按：瞿亦作戵，皆是后人所改，而其古文当作瞿，《说文解字》本有此字。考伪孔传云："瞿，戟属。"郑注云："瞿，盖今三锋矛。"然"戟非矛也，矛非戟也"（见《吕氏春秋·离俗》篇）。戟之与矛，相差甚远。此因孔郑二氏皆未得见真器，故言之相背如此。又按：古人之瞿，既非戟类，亦非矛属。至于瞿之为物，自汉以来，殆无人加以注意，更无人知其形似。考瞿字在钟鼎文内，如瞿鼎作✦，瞿父丁簋作✦，正象二目形似。由此可知瞿之为器，必与具有二目形之器有关联也。余谓最初发现此类武器者，当是前清之严铁桥。严氏初得此器，其刃如戈而无胡，其体无内而有銎，且其后端两面各有一横目字形，合而观之，是即瞿字，而此器之为瞿，从可知矣。严氏因此即定为《顾命》篇之瞿，并为之题记（见邹氏《周金文存》卷六第六六页），其说已为吾国考古学家所承认。严氏所得之古瞿，当为吾国第一次见于著录之瞿。其瞿图初摹刻于《二百兰亭斋收藏金石记》，而又转载于《两罍轩彝器图释》，再后又影印于《周金文存》，世之学者翕然宗之，已无异说矣。余前在西安，亦曾得古▨一具，其体前有刃，中有銎，后端两面各有横目形，与严氏所见者正同。余又考西周古器中有大簋，其铭文内有"癸▨"二字，前人多谓为合文，因释为戣，并以为是一人之名。实则在此铭文内之"癸▨"二字，不一定是合文，亦可作为分写，而以为是二人之名。此盖铭文内记王廷之侍臣，有一人执癸，一人执▨，以卫天子者，而因以为名。此犹《尧典》篇所记王臣人名之有殳与斨也。殳与斨本是两种兵器，当时盖因二人执此已久，遂以为名也。前言▨既是无内而有銎，则其装置之法，自当时套在柲上，与癸之有内而可以穿在柲中者不同。然则癸之与▨，其外形亦大略相似，不过癸有内而▨有銎而已。内与銎之分别，已于上文详之。此篇言一人执癸在东，一人执▨在西，此二人既是对立，故所执之兵器亦必相似。严氏之古▨图，及其题记（见前），可谓古▨图之定说，与余之目字瞿正同。如后第六图。

七曰锐。余按：郑注云："锐，矛属。"《说文解字》引书作鈗，并云"侍臣所执兵。"郑许二氏皆因未见真器，故所言甚为含混。锐字不似兵器，当从《说文解字》作鈗为是。余谓此鈗字亦是后人所改，而古文又当作允也。然所谓允者，究竟是何种器械，至今尚在疑问之中，故此器最为难解。近时黄河流域地下发现之古器物多矣。然求其所谓允者，自古迄今，不可得见，故此器遂成为千古不易解决之问题。考《汉书·叙传》卷上有所谓"'中盾'者，颜注云，'盾，读曰允'。"萧氏《汉书音义》亦云："盾音允。"余按：在集韵内，允盾二字之音读，俱作庾准切。此见允盾二字古音相同，故二字可通用。宋人吴仁杰始根据此说，谓篇内之鈗为盾，并为之解曰："盾，十耳。方子钊（康王）之入，以二人干戈逆之。既入之后，不应去干不用。今七兵有戈而无干，则鈗之为干，不待言而明。"（见吴氏《两汉刊误补遗》卷八）允盾既可通用，已见上文。又按：《说文解字》云："干，盾也。"《周礼》司兵郑注云："盾，干橹之属。"然则干盾本是一物。干字已见《周书牧誓》篇，其为周初人之武器可知。然则吴氏以允为盾，又以盾为干，其说可从。盖当康王即位行礼之时，另有武士执盾，立于后门之侧阶，所以防止他人之无故进入，故不言夹侧阶，而言"立于侧阶"也。古之盾，内用木，外蒙皮革，已见《左传》。盾既是用木与革造成，故其物易于腐朽，后世不能再由地下发现矣。上古之盾，既不可见，故宋人《三礼图》所绘之盾形，皆不合古制。考古器中如执戈盾形祖丁尊，其人形是左手执戈，右手执盾，而其盾形作▯（见罗氏《贞松堂集古遗文》卷七第三页）此当是古盾形式，与后世作上宽下狭，如钝三角形者不同。前已言盾即干，而干字正象盾内之木架形，及蒙以皮革，则外形当如🔲也。如后第七图。

上文所释之各种周初兵器，除允为盾外，皆是铜造，而且此类兵器在殷商时代均已有之。凡此类兵器之名或其文字，皆曾见于甲骨卜辞；而在今河南省地下发现之实物，其属于殷商时代尤多。考周初，其民族之文化甚低，故周诗谓之"陶复陶穴，未有家室"。然则谓其各种兵器皆是学之殷商时人，当无问题。殷商民族，当周初时代，固已深入铜器时代（Bronze Age），并已明了铜与锡化合之结果。西人所谓 Bronze 者，英德法皆同。此即指铜与锡之化合质，而日人译为青铜是也。[①]安阳发现之殷商兵器，曾经英人 Sir Carpenter 为之化验，其结果是内含之铜，由百分之八十五至百分之八〇；内含之锡，由百分之二〇至百分之一五（见"中央研究院"《发掘安阳报告》第四册六七九页）。《周礼考工记》称周人所造之兵器，是内含之铜，由五分之四至三分之二；而内含之锡，由五分之一至三分之一。由此可见商周二族所用之铜锡成分，各有不同。《考工记》郑注云："多锡为下齐，少锡为上齐"，此说甚通，固可适用于一般铜器所含之定量也。《吕氏春秋·别类》篇曰："金柔、锡柔，合两柔则为刚。"今观地下发现之商周兵器，皆甚坚利，当时固已早知金锡相合之化学作用矣。[②]然而后人于此多不注意，且多不信上古"以铜为兵"之说。直至梁人江淹始信"古人用铜造剑"（见江氏《文通集》卷末附《铜剑赞》序）。宋人黄伯思始言"古人以锡杂铜造兵"（见黄氏《东观余论》卷上《铜戈辨》）。按：殷商及周初之人，尚未发现冶铁之术，故造兵器不能不取材于铜，而已知铜与锡之化合作用，则其文化水准之高可知。又按：《周诗》称"南金"，《考工记》称"吴粤之金锡"，李斯《谏逐客书》亦称"江南金锡"。然则铜与锡皆出于南方，而殷商周初已竟用之甚广，则其当时交通区域之远，又可知矣。

纵观《顾命》篇记康王之入，有二干戈逆之，及其即位行礼之时，又有四人执干戈夹东西两阶，此是每二人共守一阶也。在毕门之内，有二人执惠，此为二人对立守门也。在东堂有一人执刘，在西堂有一人执钺，此是二人东西对立，故所执之兵其形相似。在东垂有一人执戣，在西垂有一人执瞿，此是二人亦东西对立，故所执之兵其形亦相似。由以上所言，可知其四戈为两对，二惠

---

① 《荀子·强国》篇论铸剑之法曰"金锡美"，意即此而言。
② 古称"禹穴之时，以铜为兵"（见《越绝书》卷十一）。

为一对。此外刘与钺为一对，皆斧类也。戣与瞿为一对。皆句兵类也。除一人执鈗立在后门侧阶者外，以上六种兵器，皆是两两相对，其事甚明。四戈二惠之双双对立无论矣。刘与钺及戣与瞿，虽不同名，而形式同类。由此而知其凡相对者，其器形与用法皆同类也。王西庄《尚书后案》解释此篇曰："刘钺相对，当相似。戣瞿盖亦二器相似。"王氏在当时未能亲见古器，而竟能推想刘与钺相似，及戣与瞿相似，其识见固已甚精，且亦可作余说之旁证矣。篇内所言之兵器，皆是汉唐以来经师所不能解释者，而今日皆能利用地下实物为之证明。吾人生于三千年以后之时代，而能证明三千年以前之器物，并非由地下发现之多，及多人研讨之勤，何克及此。此虽区区数种兵器，而古人制造之精，与西周文物之盛，皆可由此考见。严铁桥谓"古物可以证经义"（见邹氏《周金文存》卷六第六六页引严氏题记）。余谓古物不仅可证经义，而实能表现古代民族文化之高度也。

附图如后：除第七图照摹罗氏书外，其余各图，均照本篇撰述人所藏原器缩摹，详见上文。

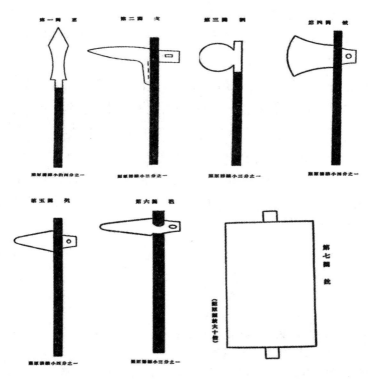

中国古文数名考原

《说文解字》谓："数，计也。"《汉书·律历志》谓："数者，一十百千万也，所以算数事物。"此即数名之定义。在上古原始社会之初，人民因生活逐渐发展，已必有计算事物之需要。数目字之发生，当即随时而起。《后汉书·律历志》又谓："隶首造数。"[①] 注称"隶首，皇帝时臣"。据后人传说，黄帝时代约在距今五千年前。实则数名之见诸实用，当是远在五千年以上，且其发生又必由于生活需要，随时滋乳而出，不能言其出于某时，更不能言其作于某人也。考数名之发现的顺序，自必是由一而二，而三，以至于十，必不能同时即能用自一而至十至百之数也。班孟坚称"数始于一"[②]，此言甚精，必是汉人所引之先秦古说，而许叔重解一字所谓"惟初太极，道生于一，造分天地，化成万物"[③]，则又未免流于穿凿附会，而失其真相矣。西方文化始于埃及、巴比伦，均较吾国为早。考埃及文中之数目字，已见于 5400 年前之记述。[④] 巴比伦文中之数目字，已见于 5000 年前之记述。[⑤] 然而此等数目字皆由于 Papyrus 及 Clay Tablet 文书中见之，而论其造字之始，则又必远在其前矣。大约此类数目字最初必先在语言中开始应用，又必经过许多年岁，而后作成符号，又必须经过许多年岁，而后写成文字，则其开始之古远又可知矣。

余考吾国最古的数目字之可知者，始见于殷墟甲骨文字，其年代约在至少距今3500年以上。山东城子崖地下发现之陶器[⑥]，其上亦有记数之字，但不完全，而且年代约在至少距今 4000 年以上。近人已知殷商民族最初是出于东方[⑦]，则殷墟及城子崖二区所用之数目字，自必属于同一统系，而其年代均在

---

① 此当时古本《世本》佚文而作志者引之。

② 见《汉书·传·叙传》，《周礼·地官·羽人》郑注曰："一者十数之始"，与此义同。《黄帝内经·素问·三部九候论》曰："数始于一，终于九。"

③《说文解字》第一篇，此说出于《易经》及《老子》。

④D. E. Smith: *History of Mathematics*, Vol. Ⅱ, pp. 36-79.

⑤D. E. Smith: *History of Mathematics*, Vol. Ⅱ, pp. 36-79.

⑥"中央研究院"发掘城子崖报告附 16 图。

⑦《史记》称商之祖为契，《世本》称"契居蕃"，即今山东曲阜。又汤都、汤陵皆在山东曹县，见《孙星衍外集》卷一，及《岱南阁集》卷一。此皆商族出于东方之证。

埃及巴比伦之后。近世讨论世界文化者，多趋于一元论学派。若自一元论的眼光观之，又可知吾国上古所用之数目字，不能不受西方埃及、巴比伦之影响。凡此皆能由其字形笔画之构造可以知之（详见下文）。如知此义，则知吾人如欲研究吾国上古数目字之来源，又必须参考亚洲西部民族之古文，加以比较，而后可能得其真相也。唐人颜师古谓"万物之数因八卦而起"[①]，此言毫无证据。余谓吾国之数目字，不但不起于八卦，而且不起于本国。许叔重作《说文解字》，只知依据小篆之笔画，以解释数名之构造，当然不能得其根源。近时如孙仲容之《名原》，罗叔蕴之《殷墟书契考释》，郭沫若之《甲骨文字研究》，丁山甫之《数名古谊》[②]，于思泊之《契文骈枝》，对于吾国之数目字，皆能根据殷周古文，多所发明，可谓度越汉唐矣。然余尚惜储君当时用力虽勤，而未及参与西方古文，作为比较研讨，仍不免千虑之一失也。余因是乃就暇中浏览所及，先述现代野蛮民族关于数名之实用，次述埃及并亚洲西部上古民族关于数名之构成，试作比较研究，以求吾国数目字之根原，而补前人之遗漏云尔。

余考在原始社会各民族之内，凡有团体生活者，虽尚无文字，虽不知算学，而已能计数，此盖由于生活需要而生。此类野蛮人民最初只能知一至三之数，而及其已知五至十之数，则必须经过长久时间之演变而后能之。试观现时家庭小儿自幼学习数目字之困难，即可作为旁证。近时英国牛津大学人类学教授 E. B. Tylor 曾经调查各洲未开化的土人对于数目字之概念，甚为详备[③]，兹录其要略如下：

巴西土人不知三以上之数，过此则谓之多。

澳洲土人所知之数至五为止，过此则不能了解。

南美洲有一部分土人只知四为止，过此则不知其数。

非洲黑人只知五为此，过此则谓之堆。

非洲西部土人已知九数，及二九相乘之数。

北美洲土人已知一手为五，及两手为十之数。

南美洲一部分土人已知半人为十，全人为二十之数。

许多土人用手指为计，举手三次即是十五。

许多土人已知两手为十，加两足为二十，而两人为四十。

---

① 《汉书·律历志》注语，然八卦内之乾坤二卦名，正同埃及古文之三六两字，惜颜氏未知。

② 在"中央研究院"《历史语言研究所集刊》一本一分内。

③ E. B. Yrlor: *Primitive Culture*, Vol, Ⅰ, pp.245-270.

由以上所引观之，可见最低级之野蛮人只知三或五为止，再进步则已知十或至二十及四十之数。凡此仍皆在未有文字之前，可见人类生活之需要数目字的实用，其起源必甚古远。然则埃及、巴比伦数目字之起源，必远在 5000 年以上，而吾国上古数目字之起源，又必远在殷墟时代以前矣。

至于余谓吾国上古数目字之写成，必会受亚洲西部上古民族文化之影响者，其亦有可以想见之理由。在上古时代，东西交通虽似困难，而原始民族因受气候地土物产之变化，及生活需要之压迫，往往游行甚远。英国人 A. C. Haddon 曾专著专书论之[1]，并为考古家所承认。吾国如汉人所谓"随畜牧转移，逐水草迁徙"[2]，其说亦同此意。考西方上古在距今 6000 年前，已有色米的族发展二大支文化，此即非洲北部及亚洲西部是也。非洲北部以埃及为主，而亚洲西部以巴比伦为主。但因巴比伦之 Clay Tablet 文字繁重，不便行远之故，于是埃及之 Papyrus 拼音文字乃流行于亚洲西部、腓尼基、叙利亚等国。[3] 埃及古文虽是象形字，而其数目字乃是指事字[4]，故在一至十之字，竟有大半与吾国古文相同，而此亦绝非偶然符合之事也。考腓尼基叙利亚二邦在 4000 年前，即以商业贸易著名于世界。[5] 此二邦商民既采用埃及式的拼音文字[6]，而又往来东西，远行服贾，则埃及数目字由腓尼基而至叙利亚，再由叙利亚而与吾国先民接触，以传于中国，则甚为可能之事也。观前引 Haddon 之书，则只上古民族游行之辽远，多非今人所能想见。然则余谓上古之数目字，由埃及而至腓尼基，由腓尼基而至叙利亚，更由叙利亚而至中国，又何可疑焉。

前引郭氏之书谓"初民数字观念仅多至四"[7]。法国人类学家 G. Renard 之书则谓"现存若干原始民族内，只知一二三"[8]。此两种意见各有不同，而实因各人所据材料之不一。例如巴西土人只知三为止[9]，而澳洲土人只知五为止[10]，

①A. C. Haddon: *The wanderings of people*, pp. 13-16.

②《史记·匈奴传》。

③J. H. Breasted: *Ancient Times*, p. 45, 146, 270.

④《说文解字》序曰："指事，一二是也。"此即谓一至三等字皆是六书内之指事字。

⑤J. H. Breasted: *Ancient Times*, p. 45, 146, 270.

⑥J. H. Breasted: *Ancient Times*, p. 45, 146, 270.

⑦郭沫若《甲骨文字研究》卷一，第十一篇。

⑧G. Renard: *Life and Work in Prehistoric Times*, p. 156.

⑨Spix ang Martius: *Rise in Brazilien*, p. 387.

⑩R. H. Lowie: *Introduction to Cultural Anthropology*, p. 330.

凡此皆未可执一而论，而必须总观一切而求其会通者也。《说文解字》述吾国数字之积画而成者，只至一、二、三、**三**为止。然殷文卜辞中之五字亦有作**三**者[1]，即是积五画而成。吾国古文数字固有皆是横书，而卜辞中之四字，亦有作**IIII**者，[2] 乃是直书而成。然吾国的数字总可谓之横书，如一、二、三、**三**是也。埃及并亚洲西部的数字，则皆是直书，如**I**、**II**、**III**、**IIII**是也。西人又谓"数字直书者本于用人手，横书者本于用木条"[3]。然考现存野蛮民族之计数，有用手者，有用足者，有用豆粒者，有用果核者，又有用石子者[4]，凡此又各随各族之环境而异其用途者也。郭氏之书，谓"数生于手故横书"[5]，此与上引西人之说不同。然鄙意以为如果用手指计算物品，则似为直书之本，而亦可为横书之本，此因人之手指横直皆可用也。

最初的原始人民因生活单简之故，对于数名的观念，当然甚为薄弱，大约彼等计算物品，只能数至一、二、三、为止；及其生活进步，又能数至四、五，则程度已高；再能数至九、十，则程度更进矣。余在美洲会见土人印第安族与美国商人交易货物，假如物品只排列三个或三堆，则土人即可一目了然。又如排列物品至三个以上或三堆以上，则土人即不能明了。彼等至此必须另用手指一一分别，而后能算清数目。余又见蒙古人及西藏人在北京市场购物，亦多同此情形。由此可知原始民族对于三数以上，即感困难，而其计算物品必以用手指为多，因其方便故也。西人谓"野蛮人多用一手指比而观之，则为五；再用两手之指比而观之，则为十"[6]，其说可信。又有许多土人中有"称五为一手，及称十为两手"[7]者，此即用手之证也。余观埃及、腓尼基、叙利亚古文数目字之积画，皆自一至九为止。然其最初或竟积画至十为止，如此方合两手之指数，而惜乎今已不可考矣。

许氏《说文解字》既知**三**为四之古文，而不知一、二、三为古文，此是自乱其例。及其又以弌、弍、弎为一、二、三之古文，则是误以后起字为原始字

① 孙海波《甲骨文编》十四，六页引，或谓此字拓本尚有可疑。

② 郭沫若《殷契粹编》1328 片。

③ *Encyclopedia Britannica*, 1947 本, Vol, 16, p.611-613.

④ E. B. Yrlor: *Primitive Culture*, Vol, Ⅰ, p.245-270.

⑤ 郭沫若《甲骨文字研究》卷一，第十一篇。

⑥ M. Deniker: *Le People etles races dela terre*, p.246.

⑦ E. B. Tylor: *Primitive Culture*, Vol, Ⅰ, p.270.

矣。吾国数目字之古文本为一、二、三，而弍、弎、弍当为后起之繁文，自不待言，而汉人认识古文者少，故有《说文解字》之误也。上文所述孙氏、丁氏、于氏之书，对于吾国之数目字，皆能利用殷周古文，疏通证明，固已远过许氏，而惜其未及参考西方上古文字作为比较研究。郭氏之书已征引罗马古文[①]，参加旁证，是又过于三氏，而惜其未及采用埃及、腓尼基、叙利亚古字，作为根源探讨。凡此皆是前人著作之有待于今人补缀者也。西人著作中如 D. E. Smith 所著 *History of Mathematics*，虽已比较西方古文，而未及东方文字。又如 A. P. Pihan 所著 *Exposed des signes demumeration usites les Peoples orient aux an ciens et moderns* 虽已参考东方文字，而未知吾国古文。此皆西人著作之有待于吾人增订者也。余谓殷周古文内之数目字完全相同，则其为同一的中原统系可知。又考埃及并亚洲西部古文内之数目字亦大多相似，则其为同一的色米的统系可知。兹为写成古文数目字表如下[②]，比而观之，庶可较其异同，而得其渊源焉。

中西古文数名比较表[③]

古文＼数名	一	二	三	四	五	六	七	八	九	十
Egyptian	I	II	III	IIII	III II	III III	IIII III	IIII IIII	IIII III II	∩
Phoenician	J	II	III	IIII	III II	IIII II	IIIIII I	II III IIIII	IIIIII IIIIII	—
Aramaic	I	II	III	III I	II III	IIII III	I IIIIII	II IIIIII III	IIII III II	—
Nabataean	\	II	III	IꞶII	UIII	ｙ	Uک	IIꝰ IIIꝰ	IꞶک	⌐
Palmyrene	I	II	III	IIII	y	Iy	IIy	IIIy	IIIIy	⌐
殷文	—	=	☰	☰	✕	∧	＋	)(	₹	|
周文	—	=	☰	☰	☒	∧	＋	)(	₹	↑
刀布文	—	=	☰	☰	✕	介	₹	)(	⅁	＋
備考	刀布文之四字已不明晰，兹据古钱"寳四货"之四字补之如上。									

---

① 罗马所用之拉丁文比中国古文约晚千余年，故不能作为比较研究。

② 此表根据伦敦博物馆印行的 *How to Observe in Archaeology*，seeedition, p.67，但表内之列亚洲西部各种古文，而缺埃及古文，兹据埃及古文字典为之补足。

③ 表内 Aramaic 即是叙利亚古文，Nabataean 及 Palmyrene 皆是巴比伦附近民族古文。殷周古文即指甲骨及钟鼎文字，刀布文即指地下发现之明字刀，见丁福宝《古钱大辞典》上编，158 至 172 页。

　　由此表观之，可知亚洲西部各邦之古文数目字，皆由埃及古文演变而出，当无问题。吾国古文内之一二三𝍬及十字，亦皆与腓尼基、叙利亚古文相同，不过其书法只有横写与直写之异而已。再加以吾国古文之五亦有作𝍭字者，[1] 则十字之中已有六字相同，此岂偶然符合之事也。统观此表内之西方古文，实皆上古色米的族之制作。色米的族文化既是异常古远，而又经过腓尼基、叙利亚之往来东西，远行服贾，则此等数目符号之传布于东方大陆，而为吾国先民所采用，此又事理之可能者也。然此事之发生，当在吾国未有文字以前，及未有铜器文化以上。近时历史学家及考古学家皆已承认吾国上古文化多受亚洲西部之影响。例如吾国范铜造器之法[2]，当出于巴比伦，而陶器之形式花纹又多出于 Anau，Susa[3]，则数目符号之接受亚洲西部影响，又有何疑。然则谓吾国古文数目字之符号，大约直接得之于叙利亚人，而间接得之于埃及人，固无不可也。至于吾国古文内六、七、八、九等字之不同形，当是经过吾人自己的改进工作而然。至于十位以上之数，亦有相同之点不少，将于下方论之。

　　郭氏之书谓吾国之古文数目字"一至四为一系，五至十为一系"。[4] 余考一、二、三、𝍬皆用积画写成，固是一系，而五至十各有不同，非同系也。于氏之书谓："一至𝍬为积画，五至九为错画。"[5] 余考五与七图是错画，而六与八各有不同，非错画也。无论如何，一、二、三、𝍬皆是用积画而成，而其最初或取象于手指，或取象于木条，皆无不可。甲骨文内亦有𝍭字[6]，而上下文缺。此字如果是五字，则又与埃及、腓尼基、叙利亚文相同。大约吾国古文最早于一至五亦皆用积画，其后觉其不便，乃用二画交错，而变为×字。在城子崖发现之陶器记数已有五字[7]，作×，则其由来已远矣。然在 Nabataean 古文内之四字，亦有作×者[8]，于此又见于中西二族古文之关系。至于 Palmyrene 古文之五字作ʏ，不用积画，亦与吾国之×字相近。凡此皆因积画成文，虽甚显明，而

① 孙海波《甲骨文编》十四，六页引，或谓此字拓本尚有可疑。

② 铜器泥范有 solid cast 及 hollow cast 二种，均在巴比伦发现，约在5000年前的时代，见 L. W. King：*Histore of Sumer and Akkad*，p.74.

③ J. G. Arne：*Painted Stone Age Pottery from Honan*，p.32，33.

④ 郭沫若《卜辞通纂考释》卷一，第七页。

⑤ 在"中央研究院"《历史语言研究所集刊》一本一分内。

⑥ 郭沫若《殷契粹编》第159片，古器如馀尊之𝍭，吴大澂释作五，不可信。

⑦ "中央研究院"发掘城子崖报告附16图。

⑧ 伦敦博物馆印行 *How to Observe in Archaeology*，2nd，edition，p.67.

积画太多，终觉不便，故必须加以改良也。吾国古文自四以上沿用积画，而自五以下即酌加改变，凡此又见吾国古文内之数目字虽是因袭亚洲西部古文，而仍不为亚洲西部古文所囿也。然此在古人不过是偶然用二画交插，以作记号，而后人以为有错忤及交互之义，则又是后起之附会矣。

吾国古文之六七两字，最初或亦是沿用积画，而因其繁难，故改为 ∧ 及十也。城子崖陶器上已有 ∧ 字①，则已在殷文之前。殷文之七字作十，则与殷文之甲字相混。殷文之六字作 ∧，则又与殷文之入字相混。此则古人改字之未能尽善者，然比之亚洲西部古文内之六七，则简便多矣。再观埃及并亚洲西部古文内之八字，皆是积八画而成，其书写自必繁难已极。吾国古人改为 Ж 字，则已化繁难而为简易，较亚西古文尤为进步。丁氏之书谓："六入是古双声字。"②然城子崖时代与殷墟时代之文字的声音，今已失传，吾人已无能断其为是否双声矣。至其由 ∧ 而变为 介，又变为 坖，又变为 坴，又变为 陆，此则期是后起字迹之可推见者也。古文七字作十，原与古文甲字相同，故列国文已改作 七③，秦文又改作七，则比古文为优。古文八字作 Ж，《说文解字》谓此字"象分别之形"。然上古之人只知用两画配合，作为符号，未必知有分别之意义。至其后出之北字、背字，又其后起字迹之可推见者也。总之吾国古文之六、七、八等字，皆较埃及并亚西古文之作积画者又进步多矣。

埃及并亚西古文之九字，肯用积九画而成，其繁复难写可以想见。至于Nabatacan 及 Palmyrene 古文所改变者，亦不见其简易。吾国殷文改作 乙，只用两画构成，视彼等更为简便，故周文及列国文皆从其制而少变。④汉人谓"九之为言究也"⑤。然古人造字之初，不过只用二画互相配合，偶然作成符号，未必能知后人所谓究极之义也。前引于氏之书谓 乙 字"象虫形之上曲其尾"⑥。然在十个数目字之中，何以仅此九字忽用象形，恐亦未必然也。再观西方古文数字中至第十字，忽皆发生极大变化。此因各用十画积成，则更觉繁难，故不可以不加改良也。《黄帝内经·素问·三部九候论》曰："天地之至数，始于

---

① "中央研究院"发掘城子崖报告附 16 图。
② 在"中央研究院"《历史语言研究所集刊》一本一分内。
③ 地下发现之明字刀钱背面有记数字如此，据丁福宝《古钱大辞典》上编，170 页。
④ 丁福宝《古钱大辞典》上编，173 页。
⑤ 班固《白虎通礼乐》篇。
⑥ 于省吾《殷契骈枝》三篇 32 页。

一，终于九"，故数至此而变化。由是十字在埃及古文变作⋂，腓尼基、叙利亚古文皆变作一，可谓简便极矣。吾国殷周古文皆改作丨，则与腓尼基、叙利亚两种古文完全相同，不过彼用横画，而吾用直画而已。此固有关于行文习惯而然，未足为异。再观彼等之一字作丨，而十字作一，犹如吾国之一字作一，而十字作丨。此两种古文恰是互相颠倒，谓非有彼此关系而能相似若是乎？然殷文卜辞内之十字，亦有时忽作横画，为一者①，亦不可不知。《说文解字》谓"十，数之具也，一为东西，丨为南北"。盖自周末古文已改丨为十，用横竖二画相穿而成字，而秦文因之。许氏之说，只是就秦文望文生义，而未可通之于古文也。

由以上诸说，可知吾国之古文数目字，必是接受西方古文之影响，而又自出独见，加以改良者也。观其自一至四，皆用积画，固与西方无别。自五至九之变化，则与西方大异，而其便利书写，则又非西方所及。最可异者，吾国古文自五至九，皆能只用两画构成，此实为突过其他民族之发明。例如吾人以两画相错为✕（五），以两画相接为∧（六），以两画相贯为十（七），以两画相背为）（（八），以两画相纠为乙（九），变化错综，而始终不过两画，非常便于书写，此真为其他古代民族所不能及也。凡一二三三（四）及丨（十），固皆与西方相同，而只有横书直书之不同而已。前言叙利亚民族以经商远行著名于上古②，而吾国之殷商民族亦以"牵牛羊，远服贾"，见称于上古③，则此等简便之数目字，当然易于仿效传播。然西方文字本用旁行，而其数目字却用直画；吾国文字本用直行，而其数目字反用横画；此皆由于当时之习惯，而又非后人所能解释者矣。

至于十位以上之数目字，中西相似之点，尤可惊异。例如埃及④古文之十作⋂，腓尼基古文之二十作N，叙利亚古文之二十作≤，此则与吾国古文之∪（廿）相似。又如埃及古文之二十作⋒⋒，三十作⋒⋒⋒，四十作⋒⋒⋒⋒⑤，则又与吾国古文之∪（廿），山（卅），山（卌）相似，而只有正画与倒画之不同。⑥ 又

① 郭沫若《殷契粹编》第1328片。

② J. H. Breasted: *Ancient Times*, p. 145, 146, 148.

③《书经·酒诰》篇谓殷商民族如此。

④ 参考《中西古文数名比较表》。

⑤ 参考《中西古文数名比较表》。

⑥ 罗振玉《殷墟书契前编》卷一、卷二、卷三，钟鼎文同。

如埃及古文之十一、十二、十三作 **Ⅰⁿ**、**Ⅱⁿ**、**Ⅲⁿ**。[1] 再如腓尼基、叙利亚古文之十一、十二、十三作 **Ⅰ⊢**、**Ⅱ⊢**、**Ⅲ⊢**。[2] 则此又与吾国古文作 **Ⅰ⊢**、**Ⅰ=**、**Ⅰ≡** 者[3]，尤为相合，而只有横画与直画之别异。由以上各字之共同点观之，谓非吾国上古接受色米的族文化之影响，恐不可能。此因埃及、腓尼基、叙利亚之开化，皆较吾国为早，故吾国先民遂能采用其数字，而加以改良。然古人于此亦不过变更笔画，作成符号，以便实用，而后之解字者反谓内含各种高深之意义，则又穿凿之甚矣。

美洲之土人，即所谓印第安族者，原是蒙古人种，而自上古已由亚洲流入美洲者[4]，故其所用之数目字，亦颇与吾国古文有关。余考美洲有所谓 Maya 族者，亦土人之一种，其文化已甚可观，且亦有完全可用之数目字。[5] 彼等之一、二、三、四，乃作 **•**、**••**、**•••**、**••••**，此则改积画为积点而已。彼等又以五作一，故六、七、八、九，乃作 **•**、**••**、**•••**、**••••**，此则改积画为线加点而已。彼等既以五作一，故又以十作 **==**，此又见其与腓尼基、叙利亚古文数目字之关系。彼等在美洲本有结绳记事之习俗[6]，与吾国所谓"上古结绳而治"[7]者正同。彼等既用结绳，故有点线之作用。彼等所用之数目字，虽已较埃及并亚西各族之数目字为简易，而仍不及吾国古文数目字之方便。余故谓吾国古文之数目字，虽是源于埃及、腓尼基、叙利亚，而又自能改良进步者也。凡余所谓吾国古文数目字之直接受叙利亚的影响，而间接受腓尼基及埃及之影响者，大略如此。

（《燕京学报》第 40 期）

---

① 参考《中西古文数名比较表》。

② 参考《中西古文数名比较表》。

③ 罗振玉《殷墟书契前编》卷一、卷二、卷三，钟鼎文同。

④ Flenley and Weech: *Word's History*, p.456.

⑤ E.B. Yrlor: *Primitive Culture*, Vol. Ⅰ, pp.245–270.

⑥ W.J. Haffman: *Beginning of Writing*, p.136, 138.

⑦ 《易经·系辞》曰："上古结绳而治，后世圣人易之以书契。"郑注谓"大事作大结，小事作小结"，此或即记数之用。

虢季子白盘研究

吾国上古文化的发展，颇为奇特。论其刻石造像的技能，远不及埃及与希腊，而其铸铜工艺的精美，又远非埃及与希腊所及。又考西方古国如 Ur 及 Aegea，皆在 4000 年前已以铜器著名于上古，而惜其铜制重器至今已无一存在。[①] 吾国上古铸铜的技术，虽或远自 Ur 或 Aegea 输入，而其花纹之精美，及铭词之庄重，又是自成一派，远过于西方。综计吾国现存伟大重器之有花纹与铭词者，例如大盂鼎、大克鼎（皆吴县潘氏藏），宗周钟、散氏盘（皆北京故宫旧藏），毛公鼎（洛阳端氏旧藏），皆已是世界知名。然比较其形体之重大，及历史之价值，仍当以虢季子白盘为巨擘。惜此盘僻藏合肥刘氏多年，一般人士能见其真形者甚少，故多不能了解其伟大。及北京解放后之次年，始由合肥刘氏献于中央人民政府[②]，并陈列于故宫博物院，而后北方学者始得见其真形，于是无不叹其制作之伟大，铭词之优美，及其历史之价值，而非其他重器所能及矣。

前此，一般人士虽多指虢季子白盘之重要，而仅见其拓片或照片者，终不能想象其伟大优美之程度。现有人曾用汉建武尺量之，据说此盘共长五尺九寸一分，宽三尺七寸二分，高一尺八寸，全体重量 480 余斤，斯可见其原物之重大矣。此盘周身铸有粗大精美的蟠虺花纹，前后左右共有八兽头，各衔一环。其花纹及兽头皆甚庄严生动，由此亦可推见当时艺术之精美。盘底中央共铸铭词 112 字，全体四言，每句用韵，与《诗经》内《小雅》各篇词句相似，由此又可证明当时文学之进步。至其铭词所记，又是纪念战胜古时西北外族猃狁之功绩，则其在上古民族历史上价值之重要性，自不待言矣。然据个人研究之结果，又发现问题数个，有可以解决的，也有不可以解决的，兹以次说明如下：

关于此盘之出土地点，及出土年代，其说不一。据吴氏《采古录金文》卷

---

① Ur 铜器有鼎盂等，皆无花纹，Aegean 铜器有刀剑酒杯等，花纹皆甚精美，欧美博物馆尚多有之，J. A. Hammerton: *Wonder of the Past*, Vol，Ⅱ，亦载其图片。

② 合肥刘君肃曾在 1950 年献于中央人民政府，刘君即清将刘铭传之后人。

三所载，陈寿卿谓在宝鸡出土，而张石瓠谓在眉县出土。考合肥刘氏最初取得此盘之后，曾在家中建筑特别凉亭一座，以藏此盘，并请文人代作《盘亭小录》一册，以记其流传之经过。后人如刘氏《奇觚室金文述》，及邹氏《周金文存附说》，均从其说。依据此说，可知此盘发现的年代约在前清道光年间，而其出土的地点是在陕西宝鸡虢川司附近。^①据说当时是一农人由地下掘出，随后即用以盛水饮马。有一徐姓县令因公下乡，见其花纹其异，只出制钱数千的代价，即将此盘据为己有。由是此件富有历史价值之古物，即随徐姓而运至江苏常州。此后太平天国取得常州，又归某王所有。又其后清将刘铭传攻破常州，即归刘氏所有。当此辗转易主之时，必然又经过杀人夺货之事，所幸此盘体大质厚，全身未受损失，斯亦难得而可贵矣。

所谓虢者当是虢季子之封地，自不待言。然西周时代之虢，共有三处。据《汉书·地理志》自注称："北虢在大阳（在今山西平陆），西虢在雍（在今陕西省凤翔至宝鸡），东虢在荥阳（在今河南荥阳）。"^②上文既言此盘是在宝鸡虢川司地下发现，自然不是东虢、北虢之作品，而必是西虢之重器，可以无疑矣。余考西周时代，除王朝之外，各诸侯国之文化尚低，而能制造重器者甚少，故当时侯国作品自古至今地下发现者几稀。虢地距王朝甚近，故虢国之亲贵多在王朝居官，例如周厉王时代之虢公长父^③，周幽王时代之虢公石父^④，皆在王朝执政，此其证也。此虢季子白者，虽不见于其他古籍，而其仕于王朝，当无问题。试观此盘花纹之华贵，铸字之优美，亦必是王朝工匠所造，而非侯国之人所能为也。大约此盘旧藏于西虢，至周灭亡，而始埋没于地中；又至前清中叶，而始发现于土内。统计其自埋入地中^⑤，至经人发现之年岁，恐至少已历2500余年以上矣。

盘铭首句即是"隹（惟）十又二年"，而此句内并未有王字，于此即有问题发生。盖此"十又二年"者，吾人谓为周王之年，固可；此因各国诸侯应奉周王之正朔，例如盂鼎之"惟王廿又三祀"是也。然吾人谓此年为虢公之年，亦未始不可；此因诸侯在本国内仍有自己之纪年，例如《春秋》之"元年

---

① 地在宝鸡东南百余里，本虢国地，见《嘉庆一统志》，亦与眉县接近。

② 旧刊误为雍州，兹据王念孙《读书杂志》校改。

③ 见《吕氏春秋·当染》篇，尚有虢公鼓，亦见此篇。

④ 见《晋语》及《郑语》。

⑤ 大约即幽王十一年，即770B.C.。

春王正月公即位"是也。然则此盘铭内之年，究竟是周王之年，抑或是虢侯之年，亦不易决定矣。假定此年是指周王之年，而此王究竟所指何王，亦未易率尔肯定。余考西周与猃狁之战争，在历史上已不止一次，而见于《诗经》者亦不止一次。其由后人指明是某王时代者，例如周懿王之用兵，见《汉书·匈奴传》①；周夷王之用兵，见古本《竹书纪年》②；周宣王之用兵，见《诗经·小雅》传。其余古器铭文中，如兮伯盘及不其簋皆记伐猃狁之事。又如小盂鼎及梁伯戈皆纪伐鬼方之事。所谓鬼方③，亦即是猃狁也。虢季子白盘铭文内，既同记征伐猃狁之事，而其文内之王，究竟是指何王，又岂仅据单词孤证所能决定者乎？

西周时代有虢仲、虢叔之名，已见于《左传》④，而古器中有虢仲盨及虢叔钟，亦见于各家著录。但虢季之名不见于记载，故此子白究是何人，亦不易决定。大约如谓其人是曾仕王朝之虢国贵族，当是可信也。然其名字仍有问题。譬如所谓虢季子白者，如谓此人是"虢季"而字"子白"亦可；例如晋国有贾季字射姑⑤是也。又如谓此人是"虢季子"而名"白"，亦未始不可；例如吴国有吴季子名札是也。铭文内又有"王曰白父"之句，于此亦有不同的解释。譬如以"白"为黑白之白，则白当是此人之字；此称"白父"犹鲁君称孔子为"尼父"⑥是也。又如以"白"为伯叔之伯，则伯当是此人之尊称；此称"伯父"，犹周王称齐侯为"伯舅"是也。此因黑白之白，与伯叔之伯，在钟鼎文内本是一字也。又如不其簋铭文内之"白氏"或以为即是虢季子白；此周人以字为氏之例，如郑大夫子孔之后为孔氏是也。如此，则不其簋之"白氏"，可能与虢季子白是一人。然"白氏"亦可作伯氏，周人于贵族大臣有称伯氏之例，如晋世子称狐突为"伯氏"⑦是也。如此则不其簋之伯氏与子白又可能不是一人。然则虢季子白之是名，是字，及白父之是字，是尊称，亦不易定矣。余闻北京颐和园乐寿堂旧藏有虢宣公子白定（今已不存），如果是真器，亦非

---

① 大约是根据汉初《三家诗说》，但班固多宗鲁诗。

② 见《后汉书·西羌传》，根据古本《竹书纪年》，见李注。

③ 见王国维《观堂集林》卷13，《鬼方昆夷猃狁考》。

④ 虢仲虢叔，王季之穆，见《左传·僖公·僖公五年》。

⑤ 贾季即贾佗，亦即狐射姑，见《晋语》韦注，但洪亮吉《左传诂》以为贾季、贾佗是二人。

⑥ 见《左传·哀公·哀公十六年》。

⑦ 见《礼记·檀弓》篇下。

宣公名白，而必是宣公之子名白，或即与虢季子白为一人，亦未可知也。

所谓猃狁者，究竟是何民族，亦有研究之需要。余考《孟子·梁惠王》篇称"太王事狄"，又称"太王事獯鬻"，然则狄与獯鬻本同是一族可知。《史记·匈奴传》称"山戎、猃狁、荤粥，居于北蛮"。本传索隐引晋灼曰："尧时曰荤粥，周时曰猃狁，秦时曰匈奴。"然则猃狁与匈奴又同是一族可知。商周人又称此族为鬼方，并见于甲骨文、钟鼎文及《易经》《诗经》。王静安根据以上诸说，曾断定鬼方、昆夷、獯鬻、猃狁、匈奴，"乃其本名"①。然则古人所谓狄、獯鬻、猃狁、鬼方、匈奴，同是一族，已无问题矣。然鬼方又称"鬼戎"，见古本《竹书纪年》②；亦称"鬼方蛮"，见《梁伯戈铭文》③；此又皆中国人所加于此族之名称也。考此族在古本《竹书纪年》④称为"西落"，在《史记·匈奴传》称为"北蛮"，在干宝《易注》又称为"北方国"⑤。盖吾国古人本不知此族之根据地所在，而因其内侵多来自西方或北方，故遂以西北二方向概之。惠定宇谓鬼方在南⑥，其说固误。王静安谓"鬼方之地在汧陇之间"⑦，其说亦非。盖昔时之学者皆只知在中国四境求之，而不知鬼方（即猃狁）之根据地，又远在中国之外也。

前已言在上古时代，周太王所事之狄即是獯鬻，亦即是猃狁，又即是匈奴。西人则谓此狄族即是 Scythian 族者⑧，在西方古史亦发现甚早；而其最初的来源及历史，即西方的古史专家亦皆不知其详。据 R. Flenley 所作之地图⑨，可知 Scythian 族是在黑海之北，此即为其根据地所在。再据 J. H. Breasted 所作之地图⑩，又知 Scythian 族之东邻即是匈奴，此当为猃狁的根据地所在。此二人皆是古史专家，而其地图又是根据 *Cambridge Ancient History* 之附图而加

---

① 见王国维《观堂集林》卷 13，《鬼方昆夷猃狁考》。

②《后汉书·西羌传》李注。

③ 见邹安《周金文存》戈戟类，潍县陈氏旧藏。

④《后汉书·西羌传》李注。

⑤ 李鼎祚《周易集解》引。

⑥ 惠栋《九经古谊》卷二，此是惠氏据今本《竹书纪年》而误。

⑦ 见王国维《观堂集林》卷 13，《鬼方昆夷猃狁考》。

⑧ E. T. Willians: *Short History of China*, p. 638.

⑨ R. Flenley and W. N. Weech: *World History*, p. 90, 91.

⑩ J. H. Breasted: *Ancient Times*, （New York, 1935）, p. 770.

以订正[1]，故其说当为可信也。然猃狁（即匈奴）与 Scythian 族是否同族，至今仍多异说。英国考古大家 F. Petrie 在 Memphis 地下曾发现 Scythian 人石刻[2]。据图而知其面如中国人而多须，其帽如牛角式而尖向前，凡此皆同中国人相传匈奴之形状。不过 Scythian 语言是属于 Argan 语系，故英人 E. H. Minns 谓其种别"为世界最难解决之问题"[3]。现时关于此族，已有波斯种、蒙古种、斯拉夫种等说[4]，而莫衷一是。然 Scythian 族既与匈奴同在黑海之北，而又同时往来于东西二方游牧侵掠（均见上文），则此二族至少必有血统之混合，甚是可能。上古希腊人描写 Scythian 族的社会生活[5]，皆与匈奴相似，故西方自罗马以来相传之旧说，皆谓 Scythian 族即匈奴。苏联历史家 A. M. Pankratova 叙述 Scythian 族的生活习惯[6]，颇与《汉书·匈奴传》相同，又称"此族甚为凶暴，凡杀死敌人，即以其头为饮器，以其皮为箭囊，每年大会，则以杀人最多者为上客"。上古猃狁之勇猛残暴，由此可以想见也。

荤粥、猃狁、鬼方、匈奴同是一族，而匈奴与 Scythian 族又有混合的可能，均见上文。《史记·五帝纪》称"黄帝北逐荤粥"。《匈奴传》称"唐虞以上有猃狁、荤粥"。凡此诸说虽无实证，而在殷墟甲骨文中已见此族，谓之鬼方。至于 Scythian 族在上古为最强悍之民族，即西方之古史家亦无不知之。总之，此族久已盘踞黑海北部，又善于骑马射猎，追逐水草而居。由黑海东行，则入中国及西伯利亚；由黑海西行，则入波斯及巴比伦；故东西二方无不受其侵略。在远古虽不可详，而据德人 C. Cloets 所考，谓在 600B. C. 时代前后[7]，如埃及、巴比伦、犹太、波斯、大夏，皆曾受此族的侵掠。其后此族又威胁希腊，并窜入印度。又据希腊古史家 Herodotus 所记载 513B. C. 之间[8]，波斯王 Darius 曾以 700000 之众，为 Seythian 族所败，而波斯王仅以身免。然则在上古时代此族之强悍，可以概见。《易经》称"高宗伐鬼方，三年而克之"。汉淮南王谏伐匈奴谓"高宗圣天子，鬼方小蛮夷；以圣天子而伐小蛮夷，必待三

①*Cambridge Ancient History* 附地图一册。

②F. Petrie: *Memphis*, VOL, Ⅱ, p.17, 附图。

③E. H. Minns: *The Scythians and Greeks*, p.35.

④E. H. Minns: *The Scythians and Greeks*, p.38-46.

⑤E. H. Minns: *The Scythians and Greeks*, p.38-46.

⑥A. M. Pankratova: *History of U. S. S. R.* Vol, p.25-32.

⑦C. Cloets: *Universal History*, p.16, 25, 27, 31.

⑧Herodotus: *History*, Vol, iv. p.130, 131.

年而后克，此言用兵之不可不慎也"。此谓鬼方为"小蛮夷"，此乃不知鬼方即是猃狁，亦即是匈奴，亦即是 Scythian 族，并且不知其势力之强大如此也。《孟子》称"太王事獯鬻"，又称"文王事昆夷"（亦即是猃狁），可见此族自周初已能威胁西北，而虢季子白能战胜此族，此其作盘纪功之原因也。

此盘因体大质重，故久埋地中，未受损失破坏。至其铭词百余言完全无缺，在文学及历史上尤为可幸。然而内有"执讯五十"句中之"五十"二字合文，却有可疑之点甚大。惟此二字在铭词中只是字体似乎较小，而笔力又似乎较弱。不过多数人仅见照片或拓片，而未见真器原文，故此二字易为人所忽略而未加注意。吾闻数十年前，山东许印林先生首先发现此二字的缺点①，可惜当时未曾加以详说。及此次余在北京亲见原器及原文，而加以研究，始断定此二字决不是原铸如此，而是后人补凿而成。余又断此二字不但是后人所凿之字，而且是后人误补之字。吾家旧藏有光绪初年拓片，而已是如此，可见后人补凿此二字之时代亦久矣。余考西周铜器铭文凡数目字之十字多作直画如︱，此与甲骨文正同。然亦作✦，见盂鼎，又作✦，见不其簋。至于𤔲鼎之十字作十，恐已在东周时代矣。关于"五十"的合文，在西周人皆作𠀁，见盂鼎及召尊，从无作𠀁者。今此盘铭文竟作𠀁②，则其非西周原文而为后人补凿可知；此乃虢盘之缺点而为前人所忽略者矣。

余所谓"五十"二字合文是后人误补者，即谓其原文必是另一数目字，而未必是"五十"也。大抵此盘出土之初，其铭文内"执讯"二字以下已经残缺。当时竟有一知半解之人，揣摩上下文义，遂补凿"五十"二字合文，而不知此二字又不合当时之事理矣。譬如吾人假想铭文内"折首五百，执讯五十"，如真是当初古人的原文，则此言甚为可笑。所谓"折首"当然是指斩首，而所谓"执讯"当然是指俘虏。按之通常战事，凡俘虏的人数应当多于斩杀的人数（见下文）。此次既然斩杀五百，何至于只能俘虏五十。且此贵族大将如虢季子白者，奉命出征，而只能俘虏敌人区区五十名，献于周王，而周王反加以褒奖，并赏赐弓矢斧钺，又在"宣榭爰飨"，岂非历史上的一段滑稽之故事乎。且虢季子白以堂堂贵族大将，而只能俘虏五十个敌人，竟因此作盘纪功，此真如贾谊《治安策》所谓"轻朝廷而羞当世之士"，故余恐其未必然也。

---

① 许印林说见虢季子白盘旧拓片许氏题记。

② 吴大澂《说文古籀补》内未收此字，或是已疑其误。

《王制》曰："诸侯赐弓矢然后征，赐斧钺然后杀。"吾人须知凡周王以弓矢斧钺赏赐诸侯，乃是王室之大典，在周时惟有周公、太公、晋文侯、齐桓公、晋文公一流人方能得此光荣，又岂俘虏五十个人之功绩所能想望。余故因此怀疑此铭文内"执讯"以下之原文，本来不少"五十"二字，而必是另一数目字也。

上文所谓在通常战事中，俘虏的人数常常多于斩杀的人数。余在小盂鼎铭文内已可得一实证。此鼎所记事周王（成康时代）命盂伐鬼方之纪功器[①]（宣城李氏旧藏，亡于太平天国之乱）。鬼方即是猃狁，已见上文。据其铭文拓本可识者[②]，此次"只（获）戜（馘）四千八百口二馘，孚（俘）人万三千八十一人"。又称"只（获）戜（馘）百卅七馘，孚（俘）人□□□□人"。考馘字旧训为割耳。如是则首言所俘之数，适当于割耳之数三倍有余。次言所俘人数虽已残缺，而残字已占四格，至少亦当在千位以上。如是，则次言所俘之数比于割耳之数，必有十倍有余。此二次所俘人数，既皆多于割耳之人数，由三倍至十倍以上，则虢季子白盘铭文内所俘之人，亦当多于斩首之人，至少有数倍以上。由是言之，虢季子白既然"折首五百"，则可能"执讯五千"；故余以为"执讯"二字以下之缺文，当是"五千"而必不是"五十"也。余因此谓后人所凿补之"五十"，实乃"五千"之误字。此位贵族大将既能俘虏5000人献于天子，即等于为王室增加一大批生产奴隶。由是天子见喜，在宣榭设宴庆功，并赐以弓矢斧钺，此则事理之合乎逻辑矣。此前人之所忽略而今人不可不加以是正者也。

关于讨论此盘之铸造年代，兹举其确有根据者，已有两派之不同。孙仲容先生定为周宣王时代作器[③]，此是根据《诗经》《毛传》。郭沫若先生又定为周夷王时代作器[④]，此是根据古本《竹书纪年》。凡此二说不同，至今尚难决定。余考西周伐猃狁之役，共有数次。其见于《诗经》者，有《采薇》《出车》《六月》《采芑》，共四篇。去见于古器者，有小盂鼎、不其簋、兮伯盘、虢季子白盘，共四器。若取各诗各器之人物及词句，加以比较的研究，则虢盘之年

---

① 王国维《观堂集林》卷13，谓为成王时代，郭沫若《两周金文辞大系》卷上谓为康王时代。
② 各家释文详略不同。此据于省吾《吉金文选》本。
③ 孙诒让《籀膏述林》卷七，虢季子白盘跋。
④ 郭沫若《两周金文辞大系》卷上。

代，即不难确定矣。至于周文王时之昆夷[①]（即猃狁），其时代太早，周懿王、夷王时之戎狄，其时代亦早。周平王、襄王时之戎狄[②]，其时代又太后。此数者皆不合虢季子白之时代，故皆不在讨论之列矣。兹取《诗经》及古器所记征伐猃狁之战事，试作比较研究，以求造器之时代如下：

前言《诗经》内记述周人征伐猃狁之事，共有《采薇》《出车》《六月》《采芑》四篇。余考《出车》及《六月》二诗，汉人皆以为宣王时诗，当时汉初三家诗说如此，已见《盐铁论》《徭役篇》及《汉书·匈奴传》，均有定论矣。《采芑》诗，《毛传》及《郑笺》皆以为宣王时诗，亦似无他问题。惟《采薇》诗，《毛诗序》以为文王时诗，《汉书·匈奴传》以为懿王时诗，则二说相差太远。余考《采薇》与《出车》二诗之词句甚为相似，其时代亦必甚为相近。至于《采薇》诗之"昔我往矣"四句，与《出车》诗之"昔我往矣"四句，尤为语意全同。如既定《出车》为宣王时诗，则《采薇》亦必为宣王时诗无疑。崔氏《丰镐考信录》，及魏氏《诗古微》，皆以《采薇》为宣王时诗，其说可信也。再以四篇诗内所言之人名推之，亦可定其同是宣王时诗无疑。《汉书·古今人表》于方叔、南仲、尹吉甫，皆列在宣王时代，当是汉人旧说如此。今考《出车》诗内有南仲，《六月》诗内有吉甫，《采芑》诗内有方叔，则其同为宣王时诗，已无问题。惟《采薇》诗内本无人名可见，而上文以诗内词句比较研究，亦可定为宣王时诗。由以上诸说观之，可知宣王征伐猃狁之诗，已有四篇可信矣。

前言古器内记述周人征伐猃狁之事，共有小盂鼎、不其簋、兮伯盘、虢季子白盘四器。前言小盂鼎的时代，或以为在周成王时，而或以为在周康王时，于此已有二种不同之主张。[③]然根据其铭文有"用牲啻禘周王、□王、成王"之语，则以康王时代作器为合理。铭文既称此次战争共俘万余人以上，可谓周初征伐猃狁之大战也。然此战自始康王时事，却与宣王无涉。至于兮伯盘铭文内之"吉父"，即是上文所引《六月》诗内之"吉甫"，当无可疑。诗内之吉甫，既是宣王时人，则吉父之作盘，即是宣王时器，亦无问题。盘铭称"惟五年三月"，此即宣王征伐猃狁之年代也。不其簋铭文内之"白氏"，是否即为

---

① 《大雅绵诗》曰"昆夷駾矣"，此指文王时事，昆夷即猃狁。见王国维《观堂集林》卷13，《鬼方昆夷猃狁考》。

② 平王、襄王时代戎狄内侵甚急，均见《左传》。

③ 王国维《观堂集林》卷13，谓为成王时代，郭沫若《两周金文辞大系》卷上谓为康王时代。

虢季子白盘铭内之"子白"，现时尚无旁证。然不其簋铭之"折首执讯"，与兮伯盘铭之"折首执讯"，其句法正同。不其簋铭之"宕伐猃狁于高陵"，与兮伯盘铭之"格伐猃狁于𩂣盧"，其句法亦正同。不其簋之"眉寿无疆"，与兮伯盘之"眉寿无疆"，其句法又同。兮伯盘既定为宣王时器，则谓不其簋为宣王时器，亦非无理。簋铭称"惟九月初吉"，当即宣王征伐猃狁之月日也。假如此二器之时代确定，则虢季子白盘之年代，亦可由此确定矣。

《诗经》内既有《采薇》《出车》《六月》《采芑》，确是宣王时诗，而古器内又有兮伯盘、不其簋，确是宣王时器，则虢季子白盘之是否造于宣王时代，即可由比较而定。例如《出车》之"薄伐"，《采芑》之"执讯"，《六月》之"先行"，其用字与虢盘相同。又如《六月》之"肤公"，与虢盘之"戎工"，同训大功。《出车》之"赫赫"，与虢盘之"趄趄"，同训英伟。《出车》之"央央"，与虢盘之"其央"，同训鲜明。[1]字法如此相似，则其时代之接近可知。再以古器比较之，例如兮伯盘之猃狁作"𤞤𤞤"，与虢盘之用字正同。又如兮伯盘之"折首执讯"与兮伯盘之造句亦同。又如兮伯盘之"万年无疆"，与虢盘之造句又同。再以不其簋比较之，例如猃之作"𤞤"，与兮伯盘同。"折首执讯"，与兮盘、虢盘又同。又如不其簋之"宕伐，献禽，于𥌼，肇诲于戎工"，亦与虢盘之"𤼹伐，献馘，于洛，庸武于戎工"相似。在此三器中，字法句法如此相似，则其时代之接近又可知。考《史记·周本纪》，夷王即位，接以夷王崩，而厉王共 37 年，共和共 14 年，宣王共 46 年。然则夷王与宣王之间，共差 51 年之久。假如此三器一属于夷王，一属于宣王，则其词句，何以相似如此之甚也。关于虢盘之年代，本有夷王时器与宣王时器之二种推测。[2]然夷王在位甚短，而宣王在位甚长。再加以虢盘文词与宣王时诗及宣王时器，文词之相似，则定虢盘为宣王时代作品，固无不可。又观虢盘铭文之词句平易，声韵铿锵，固是西周末期甚为进步之文学也。

世人多信夷王在位共 16 年，故以虢盘之 12 年归之夷王。然所谓夷王在位共 16 年者，果何所据乎？余按：此说不见于《史记·周本纪》及古本《竹书纪年》，而只见于晋人皇甫谧之《帝王世纪》。[3]皇氏之书多无根据，本不可信，前人评之甚详，固不可作为实证也。所谓夷王在位 16 年者，既无其他古籍可

---

[1] 敦煌本《诗经》"央央"作英英，传训鲜明。

[2] 参见孙诒让《籀廎述林》卷七，《虢季子白盘跋》；郭沫若《两周金文辞大系》卷上。

[3] 《史记》卷四《正义》引《帝王世纪》，《太平御览》卷 86 引同。

证，则吾人安知夷王不是即位不足十年而死乎？《史记·周本纪》于厉王、宣王，皆明著其在位之年，而于夷王只称孝王崩，夷王崩，厉王立，实未言其享国年数。古本《竹书纪年》只有"夷王三年，致诸侯，烹齐哀公"之事。[①]据此则只有夷王三年见于古书，而所谓"十六年"者，非有确证，原无可信之价值也。夷王既无在位十余年之实证，吾人若将虢季子白盘铭文内之"十又二年"，置于夷王之名下，于理亦有未合。然则虢盘之"十又二年"者，置之懿王则过早，置之夷王则无据；如是，则非属于宣王时代不可矣。《史记·年表》始于共和元年，最为可信。西人以为此年即是841B. C.。[②]而由841B. C.，推至宣王十二年，即是815B. C.。张石洲又推定铭文"正月初吉丁亥"，为正月初三日[③]，似亦可信。此即宣王战胜猃狁之年代，亦即虢季子白作盘之年月日，亦即距今2765年以前之史事。然则以虢盘定为宣王时代之造器，又有何疑乎？

前言殷高宗时代之鬼方，周太王时代之荤粥，文王时代之昆夷，皆是后来所谓猃狁，又即西人所谓Scythian族。此后此族自周康王、懿王、夷王，至宣王时代与周人屡有战争；而至宣王以后，此族遂灭西周[④]，杀幽王，掠褒姒，而焚镐京。盖此族时常往来于亚洲西部及北部，西至巴比伦，东至西伯利亚，而自秦汉以来，又谓之匈奴。吾人如回想匈奴与秦汉之战争，即可明了此族之强悍及与中国之关系矣。宣王时代之诗曰："靡室靡家，猃狁之故。"又曰："岂敢不戒，猃狁孔棘。"[⑤]此见当时猃狁内侵之猛烈。又曰："薄伐猃狁，至于太原。"又曰："薄伐猃狁，以奏肤公。"此见当时周人讨伐猃狁之勇敢。宣王之战胜猃狁，及虢季子白之作盘纪功，诚可为吾国民族之光荣，而其在吾国历史上之价值，亦于斯可见矣。

虢盘运京之次月，即 1950 年 8 月，草于北京寓舍
（《燕京学报》1950 年第 39 期）

---

① 《史记》卷四《正义》引《竹书纪年》。

② M. Granet: *Chinese Civilization*, p.53.

③ 吴式芬《攈古录金文》卷三之二引，日人新城新藏《东洋天文学史》采用其说。

④ 犬戎即昆夷，亦即猃狁。

⑤ 从敦煌本改正。

虢季子白盤圖

此器長漢建武尺五尺九寸一分，寬三尺七寸二分，
高一尺八寸

试答杨君绍萱的殷周殉人问题

一九五〇年三月十九日，北京《光明日报》本刊登载郭宝钧先生的《殷周殉人史实》一篇，三月二十一日，又登载郭沫若先生的《读了殷周殉人史实》一篇，这都是近来动人听闻的论述。这两篇文字，很引起学术界的注意研究。后来杨绍萱先生对于这段殷周史实，又提出五点疑问，登载在一九五〇年四月二十六日《光明日报》本刊，也都值得专家讨论。鄙人以为用人殉葬的习惯，在世界各地民族中，都曾经盛行过一时，本来就是上古人类社会研究中的重大问题之一。但是这个问题，吾国人士从前未加注意。外国研究上古社会的专门著作中，也少有详细讨论。现在只就个人管见，对于杨先生的疑问，聊作试探的解释如下：

关于河南安阳附近发现的殷商用人殉葬的事实，大约是在一九三四年及一九三五年的事。当时主持发掘工作的人员，就是郭宝钧先生，及其他学者。虽然这是一件殷商社会历史的大事，但是那时的北京报纸甚少记载。但据郭先生说明的大概，可知他的发掘报告都已运往台湾，所以不能记清当时的详细状况。鄙人当时也曾由北京去参观，记得同时参观者尚有陇海铁路局秘书李子刚先生，但吾二人都没有记录。不过当时西人前去参观的颇多，在 Greel 的 *The Brith of China* 书内，尚有记录数条可查（据 1936 年伦敦本）。现在特译如下，以备参考：

在一九三四年秋季，在安阳后冈发现一座大商墓，约方二十二英尺，深三十五英尺。其墓道宽七尺，是在南方，距墓尚有六十五英尺之远。在北方约距三十英尺之远，有宽六英尺之台阶，由此直达墓穴。这墓自北而南，共有一百二十英尺之距离。这墓中的死人必定是个重要人物，或就是国王。在墓内深约二尺之坚土内，共发现三十多个人头骨，但未发现尸身骨。在墓的中央约有一百多个人头，而似当时斫断专为殉葬之人头。（原书 p.110、111）

在另一大商墓的一角内，又发现三个女人头骨，头上尚有绿松石的精美装饰，大约她们就是殉葬的嫔妃之类。在一九三五年春季，又见约有一千多个有身无头的人骨之发现，当然都是殉葬的牺牲品了。这样的尸骨多在黄河以北的商墓发现，并且都是埋在特别坑内，大约都是每十人同埋一坑。这样的尸身都是埋在长方形的坑内，并有若干人是双手在背后，好像生前被缚的情形。但他们的头骨又都是埋在附近正方形的坑内。另见一坑共有十个人头骨，都是横立向北，排列成行。此外又有许多类似这样的头骨及尸骨，曾经发掘出现。至于随尸骨同坑发现的器物，也是颇饶趣味。这类器物共包括铜刀、铜斧及磨石，也是每十件在同在一坑。从此可知他们在殉葬时，似乎生前每人各着祭服，并每人各给器具一件，而后杀死为殉。（原书 p. 212、213）

以上西人记录，似乎比郭宝钧先生记忆得详细些。这虽然比不上现存台湾的发掘报告之正确，也是聊胜于无，可以提供吾们的参考了。根据这些记录所说的，吾们就可以断定殷商时代确有用人殉葬的习惯。他们用的人数，或者数人，或者数十人，或者数百人，或者千余人，也不是一律的。大约这样的习惯也就继续到周秦不止，现在的《左传》《礼记》《战国策》《史记》等书，可以作为证明。不过后来殉葬用人已不如殷商之多，且只有王侯卿相的地位方得用人为殉。在河南濬县，共发现八十六个周墓，未曾看见殉人的踪迹（Greel, *The Brith of China*, p. 211）。又据郭宝钧先生所言，辛村西周二墓各有殉葬一人，汲县战国墓有殉葬四人。又据《西京杂记》卷六，晋灵公墓中曾发现四十人（明本做石人，《太平御览》引无石字）。幽王墓中曾发现百余尸骨，只有一男子，余皆女子。至于吴王阖闾葬女，诱市人殉葬，大约有数千人至多，见《吴越春秋》。秦始皇死后，凡后宫无子者，皆令殉葬，大约也有万余人之多，见《史记·秦本纪》。这样众多的用人为殉，当然也就是个例外的情形。自此以后，历代帝王仍旧享用人殉葬的特别权利，直到宋明以来，始行完全废止（蒙古帝王除外）。这也足以表现帝王专政时代之残酷了。

据西方专家的意见，用人为殉的习惯，在古代希腊人、罗马人、高卢人、斯堪地尼维亚人、日耳曼人、斯拉夫人、印度人以及非洲、美洲各土人，皆已有之。凡为殉的人，或者是妻妾，或者是奴隶，或者是朋友，或者是旧敌，或者是武士，其种类甚是不同。这些为殉的人，或者出于自愿，或者被人逼迫，或者接受亲友劝告，或者恐怕别人讥评，或者是被僧侣恐吓，其动机亦不一致。此类习惯，在各地存在，而情形不一（详见 Tylor, *Pritimitive Culture*, Vol, 1, Ch. xl.）。至于这样习惯所以成为普遍性的原因，都是由于上古民族迷信鬼魂的存在之故。譬如族中有一高贵人员死去，他们以为他的鬼魂必定另到自己的地域居住。由此他们就成立了一种合理的哲学，凡是死者的随从、奴隶及妻妾，必须在葬时杀死，以便继续伴随死者同行路程，并继续侍奉死者同作生活（同上 VOL.1, p. 458）。大约古人都迷信鬼魂的存在，这是普遍的事实。凡高贵人员的鬼魂，自然必须有人服侍陪伴，同生前一样，这就是他们殉葬哲学的原理。

再问及殉葬时的办法经过如何，西人书中亦有记述如下：在南洋群岛内，有一族，凡大人物死去，他的奴仆必须用以为殉。在这些人未被杀死以前，他们的亲友都来围着他们，并且加以最末的劝告。例如劝他们死后必须小心侍奉主人。如主人有病，必须常在近旁。如主人有事，必须服从命令。此后，他们的女性亲友就用矛对他们微微加以刺伤。再后，他们的男性亲友就用矛结果他们的性命。在太平洋岛内，有一族，凡大人物死去，他们的主要丧礼，就是把死者的妻妾、朋友及奴隶，一同绞死，以便使他们在地下陪伴死者，及服侍死者。在此时的首先被牺牲的，必定是他的妻妾。这些妇女到时必须浓妆艳服，即刻被绞，同死者并卧而死。此后他的朋友及奴隶，也就此继续被绞，随死者同路而去（均见前书 Vol, 1, p. 458, 459）。在非洲土人中，有活埋死者之妻，用为殉葬的习惯（同上，p. 462）。在印度土人中，有烧杀死者之妻，用为殉葬的习惯（同上，p. 465）。在美洲的土人有一族，凡主人死去，吊者即将所能得到之主人的奴隶在坟前杀死（Rochefort Lles Antilles, p. 129）。从此可知中国的吊字，从人持弓（见《说文解字》），也许就是这个意思。中国用人殉葬的习惯，或者是自杀，或者是被杀，或者是活埋，历史上都曾有过，都见于《左传》《礼记》《战国策》《史记》等书内。

从上文所述的情形观之，可知用人殉葬的历史，起源在原始社会，并延续到奴隶社会及封建社会，它的继续存在力，是很强而很久。最初是因为上古民族迷信鬼魂的存在，并迷信死后的鬼魂又需要有人侍奉、陪伴及保护，所以必须用人为殉。用之已久，就成为习俗的信条，并变为宗教的仪式。然而任何信条、任何仪式，无不受经济条件的支配。所以用人殉葬，有多有少，就是被这个原因决定。至于道德的裁制，及智识的觉悟，在殉人多少上，也有甚大的力量。吾国在奴隶社会终了以后，用人殉葬的习惯，也就逐渐减少。周末已经开始用土木俑，但仍用人（见《礼记·檀弓》篇）。汉以后，皆用土俑替代活人。宋以后，又用纸人替代土俑。这都是表现人类的进步。《礼记·檀弓》篇称孔子讥评"为咏者不仁"，《孟子·梁惠王》篇讥评殉葬，并且痛恨用俑殉葬的习俗了。《战国策·秦策》内，载秦宣太后私爱一个魏姓男子，及太后病重，又想令魏姓殉葬。魏姓怕死，就请一位说客替他疏通，他的大意就说："如果死者有知，去世的先王必不允许太后的私爱。如果死者无知，病死的太后又何必枉杀一个爱人。"太后由此觉悟，就废止了殉葬，这段史事也是非常有趣的。根据上文所述各种事理，或者可以解答杨先生的问题，也或者可以不用答而自解了。

（1）上古民族都是迷信鬼魂的存在，鬼魂须鬼侍奉，故发生用人殉葬的制度。在原始社会，凡在已有共同团体生活的石器时代内，就已经盛行以人为殉了（均见上文）。吾们须知，这是在人类社会发展的过程中，必定经过的阶段，似乎不必称他们是"残暴社会"的人物，也不可说他们与"金石并用时代"有关。吾们须知所谓殷周殉葬制度，不是自始的，本来就是从原始社会传下来的。

（2）原始社会的人类，早已使用奴隶，大约是捕捉来者，在野蛮民族内部有明证（均见上文）。但这时的奴隶为数不多，而且多是供主人驱使的。主人死去，用以为殉，就同用财物犬马殉葬一样。到了奴隶社会，就是商周时代，已有多数的生产奴隶，也有少数的家庭奴隶。牺牲一部分不生产的奴隶，供给要人死后使用，他们不以为是"毁灭财产"，而以为是能尽孝道。郭沫若先生认为殉葬的人是奴隶，是有理的。但他们也不全是奴隶，见下文。

（3）上古民族用活人殉葬，除用奴隶外，也有用妻妾的，也有用朋友的，也有用敌人的（均见上文）。殷周人既是在奴隶社会时代，他们用为殉葬的活人，可能是一部分奴隶，或是全部家庭奴隶。这时的奴隶甚多，牺牲少数奴隶，于他们全国的生产力也没很大的影响。但殷人的甲骨文中说到祭祀，常有"用羌，敉羌，伐羌，燎羌"等语，这分明是把俘虏的羌人杀死，作为祭品了。他们既用敌人祭神，也可能用敌人殉葬，所以殷人的殉葬，也不必完全"断为奴隶"。

（4）上古民族用人殉葬，当然要受经济条件的支配，或道德及智识进步的裁制（均见上文）。秦汉以下，逐渐减少，也就是循着这个规律。吾们秦汉以下的中国，虽然使用奴隶，然已经脱离了奴隶社会的经济时代，他们的奴隶人数已大大减少了。这时的少数贵族富豪，当然也比从前的人们聪明得多。他们既然驱使用钱买来的奴隶工作及生产，也就不肯把他们的奴隶白白地牺牲。这样作风也就是"懂得怎样使用奴隶"了。

（5）上古民族用人殉葬，除用奴隶外，也用亲友，也用敌人，也就是外人（均见上文）。凡他们战争俘虏的人，当然就是降敌，就是外族，也就是"异类"。吾记得殷墟甲骨文中有一条，说是"于唐宗（即是汤的庙），七羌，卯廿牛"，这就是说杀死七个羌人及二十只牛，作为汤王庙内的祭品。前已说及用羌人祭神，也可能用羌人殉葬。殷墟的殉人，或者是羌人，或者是"属于同种"，本来可用西人测量头骨的方法断定无误。这事本不甚难，可惜当时的发掘人员未暇做到，只有等待将来了。

杨先生提出的五个问题，颇为深刻细密，很值得学术研究的探讨。鄙人为答复他的盛意起见，只就管见所及，分别解释如上。然而这类的专门问题，本来很难使人答复得满意。不过假如借此引起学界研究的兴趣，这也是值得的。

（《新华月报》1950年第2卷第3期）

三

杂感与书评

评梁任公国学入门书目

前此胡适之为清华开一"驴唇不对马嘴"之书目，而《清华周刊》反登一专论曰："有如此好的书目，吾们还不发愤读吗？"余谓此论如能代表全体，则清华可谓无人，无怪为北大学生所笑。余既不愿打消周刊之狂热，又认胡氏书目无批评之价值，故默而不言。及梁任公书目发表后，同人多为满意。高等科彭君文应马君杰询余有何意见？余对于任公书目，亦多生赞成，然有难表同意者；兹为评语数则如下，以备参考：

为他人开一书目，非先就其地位代为设想不可。如有人以此问余，余必先问所需之书目是为学生赴美以前之用？抑为赴美以后之用？是为习文科者之用？抑为习实科者之用？平心论之，习实科者除读中等国文中等历史外，并无研究国学之必要。即习文科者出洋以后，亦绝无读华文之时间。然则此书目殆专为出洋以前之有志文科者而设。其虽习实科而兼嗜文艺者自然亦在此列。

现时清华出洋以前虽有六年之预备，而课程繁重，无人不知。除每日讲堂听讲及预备功课外，余暇固已无几，而任公书目中乃有两通鉴（约六百卷）、三通考（约八百卷）、二十四史（约三千卷），此适足使学生望而却步。

余忆及晋时大旱，五谷不收，人多饿死，惠帝闻之，谓人曰："何不食肉？"当时传为笑柄。任公以两通鉴、三通考、二十四史为教，有似于此。盖彼为政界前辈，未曾身历学校之困苦，宜其未能虑及。

任公书目大体余亦满意，其所谓甲类实即哲学书；乙类实即史学书；丙、丁二类实即文学书。不过其立名琐碎，不如直言哲学、史学、文学三门为便。而三门内之书，与余意见亦略有异同，兹分门说明如下：

甲类（拟改为哲学书）

任公列焦循《孟子正义》，而不列刘宝楠《论语正义》，此为余所未解。二书同为清代治论孟之精作，同为卷帙繁重。余谓学生只宜读朱熹《论语》《孟子》集注，而以两《正义》备参考即可。戴氏《孟子字义疏证》、焦氏《论语通释》可缓读，因其精处已多采入《正义》。

程颐《易传》太空疏，焦循《易通释》太博大，余谓均不宜于初学。近人马其昶《周易费氏学》汉宋兼采，训释简明，学生读此已足。李鼎祚《周易集解》多存古说，可作参考。

任公谓《礼记》宜看注疏，余甚不赞成，余谓郑注太简，孔疏太繁。且清儒对于此书，用力最深，岂可不知。朱彬《礼记训纂》既存郑注，又备载清儒经说，且卷帙不多，学生最宜读此。不知梁氏何故遗此而取彼。此书中如《曲礼》《檀弓》《学记》《礼器》《坊记》等篇亦宜熟读，不止如梁氏所指四篇。《大学》《中庸》二篇仍可用朱熹《章句》。

《老子》应读何本梁氏未言。余谓近人马其昶《老子故训》简明，读此已足。焦竑《老子翼》多存古说，可作参考。梁氏谓《庄子》宜用郭庆藩注，余谓王先谦《庄子集解》较郭注为约。其余如《墨子》用孙诒让注，《荀子》用王先谦注，《韩非子》用王先慎注，余均为赞成。

《管子》无好注，然洪颐煊《管子义证》可供参考。《吕氏春秋》《淮南子》均可用高诱注。《列子》虽非原书，然必为门弟子或后学所辑，且中有精粹，张湛注或卢重元注均可用。《尹文子》《公孙龙子》《慎子》皆出于后人补辑，且精论无多，不必读。

汉以后子书，如董仲舒，余谓读其《天人三策》（在《汉书》本传内）即足。《春秋繁露》繁而寡要，不必读。《盐铁论》问题太狭，《抱朴子》多言丹方不必读。《论衡》可浏览，周秦子书亦不必全读。如庄、荀、管、韩、吕，择一种读熟已受用不少，余可涉猎。如欲于汉以后子书再加入一二种，则王符《潜夫论》通达政治，谭峭《化书》深明道德，均可浏览。

宋儒书用《近思录》，余亦赞成。然其中无朱子，余谓与其用《朱子年谱》，不如用陈澧《朱子语类日钞》。此书乃语类之节本仅一册，读之于朱学可见大概。明儒中读王阳明《传习录》已足。宋儒中，尚宜加陆象山《语录》，为书仅二册。如是则程朱陆王两大派之学，可以一目了然。

任公列入《宋元学案》，此书一百六十卷，教学生从何读起？余谓如已读前列之程朱陆王学说，即不读《宋元学案》，亦不为陋。欲知清儒经学家法概略，读江藩《国朝汉学师承记》已足。又须知清儒于宋学无甚贡献，即不必再读《国朝宋学渊源记》。颜元之学，读《颜氏学记》知其大略即可。既读《汉学师承记》，亦无再读戴震、焦循专集之必要。

顾炎武《日知录》，黄宗羲《明夷待访录》可浏览。然王夫之著述太多，《思问录》何能为代表？不如去之。余谓唐甄实为清代第一哲学家，且其《潜书》道德政治无所不有，不知任公何以遗之。二章之《文史通义》《国故论衡》，二梁之《东西文化及其哲学》及《先秦政治思想史》自可浏览。胡氏《中国哲学史大纲》挂一漏万，不能见中国哲学之真相，读之无益。余所著《周秦哲学史》体裁较精，今年可出版。任公《清代学术概论》甚佳，惜叙他人太略，叙自己太详。

关于诸经诸子之参考书，如王引之《经义述闻》、王念孙《读书杂志》、俞樾《群经平议》《诸子平议》、洪颐煊《读书丛录》、武忆《经读考异》、朱彬《经传考证》、臧琳《经义杂记》、孙诒让《札迻》，皆甚重要，且可由此以得治学之方法，未知任公何以不列。

乙类（拟改为史学类）

孙星衍《尚书今古文注疏》出版已久，其后又有新说不少。且尚书真伪已有定论，不必全读。吾师姚先生永朴只取其二十八篇，折中众说，作为《尚书约注》，极便初学。其版闻存合肥李氏，坊间恐不易得。

王先谦《尚书孔传参正》征引极博，可作参考。《逸周书》《竹书纪年》二书可缓读。

《左传》可用杜注，不必全读。《国语》用韦注，《战国策》有近人吴增祺补注，虽甚浅陋，而便于初学。二书篇幅不多，可全读。在古史内，尚须加读《史记》《汉书》。二书包罗万象，于国学最关重要，然不必全读。崔氏《考信录》只可作为古史参考书。

任公列《资治通鉴》《续资治通鉴》，二书约六百卷，学生何暇读此，且既列两通鉴，又何不加入夏燮之《明通鉴》，以完统系。如谓《明通鉴》可以不读，而《宋元通鉴》（即《续通鉴》）又何以必读，此又为余所不解。余谓三书太繁，学生即欲浏览，亦恐无此日力。如欲代之纪事本末，余又谓不必高言九种，只取《通鉴纪事本末》（由战国至五代）及宋元明纪事本末共四种，即已足用，然亦不必全读。

清代史如《圣武记》，仅叙武功，枯燥无味，不必读。余谓汪荣宝《清朝史》颇简要，《先正事略》可作参考，二书已足用。《读史方舆纪要》太繁重，不必读。《史通》《二十二史劄记》《中国历史研究法》，均可作为读史参考之用。

任公列入二十四史（约三千卷）且示以读书方法，为"就事就人分类摘录"，用心甚佳，而不知势不可行。盖学生非但无暇读此巨制，抑且无地以储此大书。如由学校备置数部，何能足用。必不得已，不如加入朱轼之《名儒传》《循吏传》《名臣传》（总名《史传三编》），此书不过二十余册，亦系就二十四史摘出，足备学生参考之用。

典制书内，任公列入《三通考》（约八百卷），余亦不赞成。余谓学生如能用汤寿潜之《三通考辑要》（约三十册）作为参考，即已足用。郑樵口气甚大，而学力不足以副之，所作《通志·二十略》疏漏甚多，可不必读。《周礼》代表古代政治制度，不可不浏览，自可用孙氏正义作为参考。

丙、丁类（拟改为文学书）

昔时作文，非用文言不可；然非读书熟，记诵多，不能下笔成章。近年白话文已通行，不必用古字古典，即可成文。如此，即无熟读古史之必要，只取姚氏《古文辞类纂》，选读数十篇，知其体裁及句法章法，即已足用。《楚辞》精篇已采入姚氏书内，不必另读。《文选》古赋太多，令人生厌，亦不必读。且《文选》中如杨、马、班、张之名赋，亦多收入姚氏书内。

《诗经》为韵文之祖，且可考见古代社会生活，不可不读。然自古至今，苦无佳本。且此书不能不兼采毛传、郑笺。既兼采毛、郑，与其读陈氏《诗毛氏传疏》，何如读马氏《毛诗传笺通释》。然此书卷帙与陈氏书同一繁重，只可备参考。余《诗集释》折中众说，颇便初学，尚未定稿。

古诗内余谓与其用《乐府诗集》不如用沈德潜《古诗源》。任公又列魏晋六朝集凡六家，唐宋诗文集凡十四家。余均谓其繁重不适用。如学生欲专读一家，以便仿效亦无不可。然如白香山、王临川、苏东坡、陆放翁等集，皆至数十册，即一家亦不能全读。

唐宋诗选本，与其用《唐百家诗选》（此书于李杜诗篇，均未选入，去取太偏）、《宋诗钞》，不如用沈德潜《唐诗别裁》及周之麟《宋四家诗钞》（苏黄范陆）。词类任公共列十一家。余谓不如用张惠言《词选》，何必分家研究。曲本任公共列五种，余谓可先读《桃花扇》一种，余可缓读。其余如《骈体文钞》《经史百家杂钞》及吴伟业、黄遵宪之诗集，皆可不读。

《说文解字》用段氏注，及朱氏《通训定声》，王氏《说文释例》，余亦赞成。然《说文解字》乃一家之字学，并非周秦通用之解说。如有难通之处，仍需考钟鼎文、甲骨文，以求其是，近人林义光有《文源》，罗振玉有《殷墟文字考释》数种，可供参考。

王氏《经传释词》，俞氏有《古书疑义举例》，均为治古学必读之书。阮氏《经籍籑诂》乃读古书之大字典，自当时时参考。《马氏文通》不甚完备，不读亦可，然至今当无较好之文法书。

戊（随意涉览书类）

任公此类，用意甚佳。盖学生虽忙，而休假之期，舟车之上，亦无非读书之好时间。任公凡列三十种书，余亦多半赞成，不过如《朱舜水集》，无甚可观，《龚定庵集》令人生厌，均不必列入。《曾文正全集》只可读其书牍一种。《胡文忠全集》内批牍最精，可见其治事精神。

此类书随人所好，开卷有益，实难代定书目。然就任公所列者言之，既有《困学纪闻》，何以不列《容斋随笔》，且《苕溪渔隐丛话》系上继《诗话总龟》而作；任公既不列《诗话总龟》，而列《苕溪渔隐丛话》，则此书何所衔接，此又余所不解。余谓二书用则并用，去则并去，不能专读一种。如欲只读一种，则不如加入《诗人玉屑》。

此类既有《语石》及《广艺舟双楫》，是于碑帖书法，已知注重。然既重书法，又何以不重画法，此又余所不解。余谓应加入《历代名画记》《图画见闻志》《图绘实录》等书。此等书欧美人皆知其重要，读之可见古代画学程度之高尚，且可养成爱美术之嗜好。

关于文化美术书籍，亦学生所愿知，而任公未言。余谓如关于建筑，可读《三辅黄图》；关于制作，可读《三礼图》《尔雅图》；关于铜器，可读《历代钟鼎彝器款识法帖》《愙斋集古录》；玉类有《古玉图考》；磁类有《说磁》；石类有《石雅》；陶类有《陶说》。又如古代雕刻甚精，余所见牙类、木类、石类、竹类，雕刻器颇多，惜无书以记之。西人所著关于此类书不少，然亦不精确。

关于最低限度之必读书目，任公列为四书、《易》《书》《诗》《礼》《左传》《战国策》《史记》《汉书》《后汉书》《三国志》《通鉴》、宋元明纪事本末。老、庄、墨、荀、韩及《楚辞》《文选》、李、杜、韩、柳、白专集，凡二十七种，余亦颇有异同，为说明如下。

既名最低限度，除四书、《易》《诗》外，《尚书》只可读二十八篇。《礼记》《左传》《战国策》及诸子均不必全读。且《墨子》除《兼爱》一篇外，无甚可读。《荀子》为儒家支派不读亦可。《史记》《汉书》不必全看；《后汉书》《三国志》《资治通鉴》及宋元明纪事本末可完全删去，而代以李泰汾《中国史纲》（尚未出全）。《楚辞》《文选》及李、杜、韩、柳、白集亦可完全删去，而代以吴汝伦《古文读本》及通行本《古诗源》《唐诗三百首》。

余所以反对《楚辞》《文选》者，其亦有故。二书固为昔时文学上最要之著作，故宋人有语曰"《文选》烂，秀才半"。然今日通行之文学，久非昔比。凡《楚辞》《文选》之字眼笔调，殆已全不适用。况《楚辞》中屈、宋之精篇，《文选》中班扬之名赋，皆已收入《古今读本》内。而曹、刘、陶、谢之古诗，又多收入《古诗源》内。最低限度知此已足。

任公又言：此二十七种书"无论学工学矿，皆须一读；若并此未读，不能认为中国之学人"。此语亦余所未解。所谓学人，即西文之 learned man，此名称甚不易当。如谓凡人能读此二十七种书，即谓之为学人，余实未敢信。又有人于此或医理高深，或法学精通，而因未读此二十七种书，即不谓之学人，余亦未敢言。程伊川自谓生平不读《老子》《庄子》，是于二十七种中已少读两种。（通鉴及纪事本末，均出在程氏之后更不待言。）然则谓程氏为非学人可乎不可？质之任公以为何如？

此评语乃应彭君、马君之托而作，不觉言之过长。因懒于执笔，随止于此。余亦清华老学生之一，故不务高论，而切实际。"老马知途"，诸君或有取乎此。

（《清华周刊》1923 年 6 月）

国学之分析

近年北京大学设国学门，东南大学设国学院，世人对国学二字，盖认为已成立之名词矣。余则以为国学二字，终不成为名词。此名词如译为英文，则为

National Learning，其义实为笼统已极。欧美各国有所谓希腊哲学，印度哲学者；有所谓英国文学，法国文学者；未有对于本国之各种学术，而总谓之国学者也。西人对于东方学术，谓之东方学（Oriental Study）；对于研究东方学术之人，谓之东方学者（Orientalist）。夫西人对于东方学术，不知其详，故立此笼统之名词。本国之人，素悉本国学术门类众多，岂可不知区别乎？

近人亦知国学二字之欠妥，于是有主张改国学为国故者；殊不知国学固为欠妥，而国故则为不通矣。盖国故二字如译为英文，则为 National Antiquity；其事与古物古玩无异，而其意岂谓是乎？中国之哲学文学，至今仍为活的，仍为继续的，与希腊、罗马哲学文学之为死的，为断止的，迥然不同。是则希腊、罗马哲学文学可谓之故，中国哲学文学则不可谓之故也。英人称研究埃及之学为 Egyptology，称研究中国之学为 Sinology；此则视研究埃及、中国为一种考古之学，此即视为国故。夫中国虽弱，而至今尚存。中国之哲学、文学、史学，虽有分期的区别，而仍为继续的蜕化，岂可自谓之故，以同于希腊、罗马之列也？

余谓欲言中国学术，当用中国文学、中国哲学、中国史学等名，分别言之，不当用极笼统之国学二字。盖今人绝无一人能尽通中国各种学术，而学校亦绝不可期望学生尽通中国各种学术也。今人通中国哲学者，未必通中国文学。通中国哲学者，又未必通中国史学。如有人敢言能尽通中国哲学、文学、史学等，而以国学家自命，是则西人所谓"jack of all trades"之类矣。今人因好用极笼统之国学名词，于是青年学子不知其内容为何物，或畏难而苟安，或望洋而兴叹。如真知其内容如何，即知中国学术亦是分门别类，通其大略，即足以应用；通其一门，亦足以立身；欲入而不得其门之忧，吾知免矣。

中国旧有之学可分五门：中国文学、中国哲学、中国史学、中国考古学、中国美术学。中国文学既包括古今体诗文及词曲而言。此类自当以识字为要，于是又分字形、字义、字音三门。三者故为文学之根本，而古今之大文学家不明字形、字义、字音之学者，亦颇不乏其人。诗词有天才的关系；性质不近，毋庸强学，然讽诵古人诗歌以为陶冶性情之方法，亦自有莫大之利益。文有骈文、散文之分。骈文为专门之学，今不适用。散文为应用之文，不可不习。自北宋以来，又分文言、白话二种。欲求文笔通顺，无论文言白话，舍多读书，多作文外，别无他法。

中国哲学可分周秦及宋明二门。汉唐哲学均为儒家、道家之支流，无独立之价值。周秦哲学包括旧有之经、子二部。清儒多有校注善本，读之不难。宋明哲学仅分程朱及陆王二派；其书虽多，而文字浅显易读。前清所谓汉学，不过为周秦哲学之注释家。前清所谓宋学，不过为宋明哲学之说明家。六朝隋唐之译本的佛学，其书甚多，而实为中国化的佛学。现因印度原本多亡，西人研究佛学者，多取材于中文译本，是中国化的佛学亦有研究之价值。

中国史学书籍繁重，所谓"一部二十四史从何处说起"，在世界各国殆无其比。然材料虽多，而组织之方法太旧。惜至今尚无一人，为之整理。在史书未整理以前，实无从下手。通鉴及纪事本末二类，虽为前人已经整理之成绩，然青年学子浏览一遍，亦必用数年之力。余谓学者宜先读最单简之通史，以知古今治乱之大概。然后再取各代专史一二种，以为详细之研究。或专门《汉书》，或专门《史记》，古人有行之者矣。地理学旧附于史学之内，因现时尚缺精确之测绘，此学亦未易言。

中国考古学当占重要之地位，因吾国文化之远古，为世界所公认故也。旧有之考古学，分为金、石、玉三门，惜前人多注意于美术的方面，而不注意于历史的方面，而不注意于历史的方面。自今以后之考古学，宜以历史的价值为重。西人之研究埃及、巴比伦，皆凭考古学以改造其古代史。吾国古代史事，至为简略；盖当时尚无文字之记载，非取证于古器物之遗迹不可也。然此事仅取材于已发现之古物，尚不足用；必如英人之于埃及，美人之于巴比伦，速从事于大规模之发掘，方足以阐发吾国历史前之文化。

中国美术学旧分字、书、音乐、雕刻、铸造、建筑等门。晋唐之字，宋元之画，在美术上已至绝顶之地位。古乐虽亡，然琴箫笛管之遗音尚存。雕刻有刻器物、刻印章之别，铸造有铸铜像、造石像之别。宋末清初之刻工，六朝隋唐之造像，至今尚可考见。吾国建筑多用木材，不易经久，然试观北京三殿天坛之结构，无人不认为美术上之巨制。惜古代美术品日就亡失，然此实古人精神之所寄，非有大规模之美术馆以保存之，不足以引起私人之研究矣。

吾国旧有之学，不过如是，盖即近人所谓国学欤？然就余上所列者言之，其内容之博大，亦实可惊异。分门以求，尚恐力有不及，岂可概以极笼统之国学名词，以迷方向？近人又言某某国学不通，此实误解。如不分门类，而泛言国学，吾敢断言全国尚无一人可称能通国学。故对于青年学子之不通者，只可言国文不通，不当言国学不通。

青年学子之好学者，亦只可言求通中国文学，或中国哲学，或中国史学，不当言求通国学。余之所以为之分析者，所以免多数青年之误解，亦所以示多数青年之途径也。

（《清华周刊》1924 年 6 月第 318 期）

个人对于泰戈尔之感想

余久知有泰戈尔之人，泰戈尔之诗，与泰戈尔之思想。余于其著作，虽已浏览数种，而实无暇细读，不过知其个人之意见如是如是而已。泰戈尔氏来清华学校小住数日，余仅与其谈话一次，并听其演讲一次。今北京欢迎泰氏者有人，反对泰氏者有人。余只就个人对于泰氏之感想，略述以下，以供社会之参考。

一、泰氏之人物

当泰氏在京，为之"捧场"者大有人在。或呼之为大哲学家，或呼之为大革命家，或呼之为诗圣，或直呼之为圣人。泰氏对余言："余非哲学家，亦非宗教家，亦非政治家，不过为诗人而已。"余观泰氏之谈话及其态度，均有诗（poetic）的表现，谓之诗人，诚不为过。吾人于外国诗，无甚研究，是否诗圣，无从判断。泰氏自言未习佛学，而幼年受婆罗门教之熏陶。泰氏又好称上帝及灵魂，则其长年受基督教之影响，又可知也。然则吾人以诗人待遇泰氏，以诗人之言论待遇泰氏之言论，最为合宜。若视之如大哲学家，如大圣人，而就之以解决道德政治各种问题，亦适足引起诗人之"不耐烦"而已。

二、泰氏之思想

泰氏厌恶物质文明，无可讳言。然此类思想亦东方人固有之思想，在欧美人以为新奇，而在东方人则不必惊异。二千年前之老子已先言之，19 世纪之托尔斯泰已先言之。余意吾国人当引泰氏为同调，而不意吾国人之反对泰氏者，正在此点也！试问吾国之物质文明，有何可言？吾国之主张物质文明者，

— 191 —

其成绩又如何？今不知自己本非物质文明之国家，而反诟骂厌恶物质文明之人士，不知感受东方人之同情，而反崇拜欧美人之余论。譬如贫穷之士，高谈富贵之门，自己虽欲"高攀"，其如"高攀不上"何也！

三、泰氏之美感

泰氏最富于审美的感情，此亦诗人之公共的性质。泰氏言"西人有意造美术品，中国人能于无意中使日用之物皆美"。此亦精论，惜为多数人所未解。泰氏又言："中国无处不美，唯西洋势力所及之地，皆变美为丑。"吾国人试观北京电车公司已拆去旧有之东西牌楼，而将代以西式之西门汀牌坊，则对于泰氏之说，尚有不表同情者乎？泰氏又爱妇女的友伴。彼言："凡至某处，必受妇女欢迎，方为真受欢迎。"又言："惜年已老，女界中无人愿为友伴。"夫以泰氏之土面雪发，欲得吾国妇女之欢迎，盖非容易。吾闻以"千金丽质"而与泰氏周旋者，仅有林女士而已。

四、泰氏之品格

泰氏之品格，可由其外貌见之。彼着印度小帽，服印度长袍，足踏中国之双脸缎鞋，一见而知其为东方之老学者。清华教授王文显描写其形容，曰："其状高矍，其发灰白，而其体从容而尊严，其音和平而甜美，其举动不用矫揉造作。"凡此皆为其修养功深之表现。余观泰氏实有一种感人之态度，令人一见而知其性情之冲淡，胸怀之坦白，心地之光明，人格之高尚。与吾因时流政客学者之满口仁爱，而心术阴险，满面热诚，而手段狡诈者，其态度迥乎不同。或又谓泰氏此来，亦自有一种目的，不过为印度作宣传而已。试问不受他人一钱之助，不惮万里重洋之险，而为本国宣传，在中国能有几人？此亦见其人格不可及也。

五、欢迎派之误解

或谓某派闻泰氏为印度革命首领，因欲利用彼鼓吹革命主义。为此说者虽过于滑稽，而颇不乏人。不知泰氏之主张，极为和平，与印度之甘地本非同调。盖甘氏为实行的民党，而泰氏为理想的诗人；甘氏主张与英国不合作，而泰氏主张与英国合作，此其不同之要点。惜泰氏不幸为中国社会所误解，此实泰氏暮年"无妄之灾"也。

六、反对派之误解

泰氏厌恶物质文明，因厌恶物质文明而反对物质文明，亦自然之理。今之反对泰氏者，即因其反对物质文明。夫当今之世，吾人固不能不采用物质文明之贡献，然所谓物质文明者，亦岂绝对的无可反对之理由？善乎清华教授美人哈杂特之言曰："吾美人固生长于西方文明之内，然西方文明又岂人类独一无二之路乎？"夫泰氏亦非劝人绝对地不用物质文明，不过指出物质文明之弱点，使人知物质文明之外，尚有精神文明之重要而已。前数年，英人罗素在北京，亦常指谪西方文明之弱点，赞美东方文明之优点。今人不反对罗氏而反对泰氏，或谓为"势利之见"使然，"其然，岂其然乎？"

七、批　评

泰氏为诗人，惜余不习英国诗，更不解印度诗，无以测其高深之所在。就其思想言之，如厌恶物质文明，重视精神文明，实亦醉心欧美文化者之"一剂清凉散"，英人之谚有之曰："得一天下而失自己之灵魂，何利之有？"语此实可总括泰氏之学说，然此固不可用狭小的眼光、短期的时间与现在的效果，而评议其高下也。若论其爱国之热诚、高尚之人格、坦白之胸怀、真实之态度，正如刘先生所谓"当求之于古耳，仓卒未得其比也"。吾甚愧吾国思想界尚无其人。余又忆及泰氏在清华有言曰："余恐今生不能再来。"此语尽流露印度学者之率真口气。使欧美人处此，虽明知不能再来，亦必曰"希望再到此地"矣。

（《晨报副镌》，1924 年 6 月 3 日）

个人对于王静安先生之感想

余闻王静安教授之自杀，未尝不叹我清华学校之不幸，并叹我全国学界之不幸也。余常谓中国之治古学者，当以王君为独一无二之选，他人非其比伦。盖王君深通钟鼎、甲骨之文，并能用科学方法，穷究古音韵、古礼制及古器物之学，此其所以度越前人也。西人谓 sinologist 及 orintalist 者，王君诚可当之无愧，余方望其继续有贡献于古学，孰知其竟与世长辞耶！

吾国昔之治文字学者，只知遵守许氏《说文解字》而已。然许氏之书，多据晚周及秦汉人说，并非真得文字之源，前清吴清卿始用钟鼎文以正《说文解字》，孙仲容始用甲骨文以补钟鼎，王君于钟鼎、甲骨文字用力甚深，故其解释古字，往往发前人所未发。章太炎虽以文字学著名，然语及钟鼎、甲骨之文，则非太炎所能也。

钟鼎、甲骨之学，非多见上古实物，不足以资研究，世之寒儒，焉能办此？王君虽亦起家寒微，然与收藏家上虞罗叔言为至（挚）友，因得时常摩挲罗氏所有之钟鼎、甲骨诸古物。王君所见之古物既多，故考订古制，极为精确，具见所著《观堂集林》中。余常谓戴东原作《考工记图》，考古多误，因其所见古器少也。程易畴作《通艺录》，考古少误，因其所见古器多也。王君所见又多于程氏，宜其精确又过程氏也。

王君既深通古文字、古音韵、古器物之学，故于古经古史之滞义，无不迎刃而解。余常劝其注《诗》《书》《仪礼》三经，及编周末以前古史，以惠后学，王君谦让未遑。然观其集内已释之经义数篇，及已考之殷周史事数篇，已非他人所能企及，故余深惜其未能编成专书也。去年王君以所作《古史新证》见示，盖欲用地下发现之器物，以证上古传说之史事，余既称其深合科学之方法，而又惜其仅成数章而止。岂其精力已衰，遂止于此欤？

王君之解释古文字，若有宿悟，此不但因其深通古音古字之故，实亦其脑筋细密，思想灵敏，凡读其遗书者，无不知之，无待余言。余尚记民国十三年，新郑发现古器，世界注目，然其中只一器有铭文六字，作"王子某某之簠"（或曰筥），内某某二字，余不得其解，而海内通人亦未有能解之者，此二字虽不清晰，而其形略如畏次，后见王君释为"婴齐"，即楚之令尹子重，未尝不叹其说之无以易也。夫畏为婴省，次与齐通，此治古文字者皆能知之，然他人不能联想及之，而王君能联想及之，此其所以过人也。

王君之学，长于考证，而善用演绎、归纳、比较之法，其所作《明堂寝庙通考》一篇，尤可为其考证方法之代表。王君少时游学日本，又识英法文，能读其书，故其治学深得科学方法，非旧派之国学家所能及。其著作，除《观堂集林》外，多散见于《雪堂丛刻》及《广仓学窘丛书》。甲骨文之学，虽集成于罗氏，而得王君之助亦多。罗氏之《殷墟文字考释》，即王君所写定者也。王君之文，虽证据充足而词气和平，去年《学衡》杂志登其评辜汤生所译《中庸》，颇有矜才使气之语，此其少年旧作，未足以代表王君也。

王君虽精于考古，而昧于察今，故于世界政治潮流，不甚了解。王君谈及吾国时局，常言"没办法"，而不知现时民众之自觉，即解决时局之好办法也。盖王君之意以为君主推翻之后，必有军阀之专政，而一军阀既倒，他军阀又起，以暴易暴，不知何时为止，此误以一时间之现状，而概诸永久者也。王君语及北京现状，常曰："吾辈居此，不过苟安。"盖彼既不信北军之能成功，而又不信南军之有结果。其态度之消极如此。

王君居清华，仅一年有余，同人无不知其为诚笃高尚之君子。此次之自杀，虽近因复杂，然其远因固为不能忘情于前清也。盖文士受贵人之恩，往往感激不忘。古之蔡伯喈闻董卓被杀而叹息，今之胡适之见溥仪被逐而愤，皆由其故也。王君在前清之末，受学部之征辟，清亡之后，又受溥仪之知遇，因之不剪辫发，不用民国纪年，此其对于清室感激之深可知矣。虽然君子之出仕，为国，不为一家；为民，不为一姓，惜乎王君不达此义也。

吾又闻王君好德人萧本华（Schopenhauer）之哲学，萧本华有言曰："人为生存而竞争，故生存终不能久。"又曰："生命如吹肥皂水泡，虽能吹大，而知其必破。"王君之自杀，或亦了悟萧本华之生死观而然欤。

（《晨报》1927 年 6 月 12 日）

评近人研究中国古代先用铁兵之地点

自去夏朱希祖先生发表论文，谓中国古代铁兵先行于南方，载于《清华学报》。其后《大公报》记者则谓中国古代铁兵先行于北方，载于《大公报·文学副刊》。又其后章鸿钊先生乃变易其论调，而谓吴楚始用铁兵，载于《晨报副刊》。发表意见者虽有三人，而其实只分南北方二派，此为近来极有关系、极有趣味之考古学问题，而诸君之大文亦均持之有故，言之成理，遂成为一时不能解决之问题矣。

兹先将二派之意见及证据分记于下：

朱君主张中国古代铁兵先行于南方，其证据如下：

（一）《荀子·议兵》篇楚之铁池

（二）《史记·范雎传》楚之铁剑

（三）《艺文类聚》引《战国策》楚之铁矢

（四）《墨子·备城门》诸篇之铁兵（认为宋制）

（五）《吴越春秋》《越绝书》吴楚之铁剑

《大公报》记者主张铁兵先行于北方，其证据如下：

（一）《战国策》韩之铁幕

（二）《墨子·备城门》诸篇之铁兵（认为鲁制）

（三）《逸周书》周之玄戈。

余谓在讨论此问题之前，当先立定条件，以资遵守，然后能继续讨论。不然，则旁途歧出，无从发言。余所欲先立定之条件，即为第一步，必须限制论题；如既以兵器为论题，则不当滥入他项器具是也。第二步，又必须限制证据；如既于周末求证据，则不当引用周末以后之材料是也。余由此而先定二种条件如下：

甲条件，论题以铁兵为限。

乙条件，证据以同时代之材料为限。

试以朱君所引用之五证据言之，余以为尚有未合乙条件之限制者，故朱君已自动取消《墨子·备城门》诸篇，及《吴越春秋》《越绝书》之证据，朱君此举极合论理。此因《墨子·备城门》诸篇本是后人伪造，而《吴越春秋》《越绝书》又皆汉人之著作，皆非周末同时代之材料也。再进一步言之，朱君所引用《史记·范雎传》之证据，亦当取消，盖范雎是周末人物，而《范雎传》则非周末著作。《范雎传》之不能代表范雎时代，犹《吴越春秋》之不能代表吴越时代也。

试以《大公报》记者所引用之三证据言之，《墨子·备城门》诸篇已被朱君取消，无俟讨论；而所引用《战国策》韩之铁幕，似非兵器，此与甲条件之限制未合。又如所引用《逸周书》中之玄戈，亦有讨论之余地。盖玄虽黑色，而不能定为铁器。余所藏古铜刀剑，有纯黑如漆者，古玩商谓之黑漆古，沈括《梦溪笔谈》则谓之湛卢之剑，而其质固是铜造，故玄戈不能认为铁兵也。惟上文所引之铁幕，虽非兵器，或亦甲铠甲之类，是亦军备之品而已。

由以上二则观之，朱君之五证，虽取消其三，而尚存其二；即《荀子》内楚之铁池，即《战国策》内楚之铁矢是也。《大公报》记者在尚未举出其他反证之前，即不能推倒朱君铁兵先行于南方之论矣。虽然，余尚得二证，即《吕氏春秋·贵卒》篇中山之铁杖，及《韩非子·南面》篇，商君之铁殳，是也。凡兵之用，或用以击，或用以刺。杖、殳，皆击兵也。此战国时代北方亦用铁兵之二证，与朱君之南方二证，适成对立之势矣。

由是言之，章君"吴楚始用铁兵"之说，亦似不易成立。盖据前所引战国时代之材料，南方北方均有已用铁兵之证，而章君又未举出战国时代以上之材料，以为吴楚先用铁兵之证也。凡《吴越春秋》《越绝书》二种材料内之吴楚铁剑，均与前定之乙条限制未合。故在未举出战国时代以上同时代之材料，尚不能谓吴楚用铁兵先于其他各国也。由是而得断定如下：

（一）战国时代中国南方北方均有用铁兵之证

（二）战国时代以前中国尚未发现用铁兵之证

铁兵之使用，在历史上关系重要。盖铁兵之坚利，远过于铜兵。上古所以先用铜兵后用铁兵者，实因铁矿难采难冶之故。如某民族果能先用铁兵，必能战胜其他民族。西方亚西利亚（Assyrians）族之崛起，即由于首用铁兵之故。西人在沙贡故宫（Palace of Sargen）已掘出铁兵重二百吨之多。此亚西利亚族在二千六百年前已用铁兵之证。中国用铁兵之证据，求之战国时代以前之著作中，吾敢断其必无所得，故此问题仍当俟地下之发掘而后能定也。

西方上古民族如埃及、巴比伦、亚西利亚之用铁，皆自夏太族（Hittiter）得来，在西国已成定论。夏太之地，即在亚洲西部。余又考中国之铁字从夷，此为铁之古文，自《说文解字》至《集韵》，均有此说，余常疑中国上古之用铁，抑或自外族学来，故此字之古文从金从夷，犹言外夷之金也。

（《晨报》1929 年 2 月 27 日）

五四运动之经过及其意义

　　吾国之五四运动，为青年学生参加政治活动之第一次，自然具有伟大之意义。本区青年团组织刊物，定于一九四一年五月四日出版，盖所以纪念此日而为青年之策励也。现由政府规定五月四日为青年节，此次本大学团部举行纪念，并约鄙人报告五四运动之经过，甚为荣幸。鄙人当时正在北京，并亲见各大学同学在天安门开会情形，然回顾此时，已将及二十余年矣，只可就个人所能记忆者报告如下：

　　当时鄙人正在北京政界服务，此时适在欧洲大战之后，并在巴黎会议之际，因此日本要求永远占据山东青岛及胶济铁路，同时并以借给吾国巨款为引诱。当时政府最高当局，颇为所动，而政界要人曹汝霖、陆宗舆、章宗祥三人参与其事。是时北京各大学学生皆极力反对，于是有天安门开会之举动。诸君须知天安门为午朝门之外门，此门共有横形门五，上有高楼，门外有白石桥三，左右有二白石华表，各高数丈，皆雕刻龙形，此为最庄严之地点。在前清时代，例不许平民在此通行，民国以来，亦不许平民在此聚集，而青年学子数千人突然在此大开会议，此实为自有北京以来之第一次，故而当时政府尤为重视。

　　是日为礼拜日，午前十时许，鄙人忽接到教育部长傅增湘先生（非后来之傅治襄）电话，告知政府已派鄙人速到天安门，担任劝导，并有其他人员分路同去。鄙人到天安门后，约在上午十一时，已见天安门二大白石华表之间，聚集各大学学生约二千余人，而军警亦在四周监视。鄙人下车后，即宣布政府重视之意，并劝其代表转达大众，谨守秩序，及如有意见，可以代达政府等语。其代表数人均甚能言，并与余谈论此事颇详，惜余今皆不能忆及其姓名矣。余见诸人似召集各代表，不久，即开会议决数项，然人数众多，声浪沸腾，不知所言为何事。是时鄙人正站在天安门右边中央公园之门外，实因此时园有后门，假如秩序已乱，即可由后门他去也。

　　过数十分钟，但见万人攒动，人声杂乱，忽有代表数人问鄙人说道："大众决议赴东交民巷各国使馆游行一次。"鄙人乃告以此区自庚子以来，不准大众结队通过，不过可以用电话询问。旋即入公园打电话，向公使馆警察办事处询问是否可由学生游行通过，结果回电不许。当时大众及诸代表之急迫情形，真非笔墨所能描写，此时似有人动议，既不能入使馆区，仍可结队在大街游行一遍。此时已至下午二时，旋见大众向南移动，而天安门外不久即不见一人。鄙人此时因说话太多，颇感疲乏，遂入天安门外之公园休息，且以为自此可以无事，因此入公园休息，并用电话报告傅总长，告以大会已散，不致有他举动。然后来之事实竟不如是！

鄙人在公园休息，直至下午四时，忽有人入园，告以天安门以后之经过如下：盖当大众出天安门时，向南移动之后，行至正阳门里，忽有人动议，冲入东交民巷，彼等当然被警察拒绝。又派代表入使馆请求，亦未得允许。是时群众愤怒之情，无法宣泄，忽有动议赴外交部，而部中因星期日无人办公。又有动议赴曹汝霖住宅，而大众皆不知其住宅所在。不得已，乃雇人引导至赵家楼曹宅。至则大门已闭，乃破门而入。此时曹、陆、章三氏果在此会议要务，而学生入门后，皆不能认识。结果曹、陆皆逃，而章氏因服装异常，遂被击倒，并火焚其宅而散。此事之经过如此。盖击奸焚宅，皆是过程中转变所致，非最初之计划也。

此后政府震怒，本欲严办祸首，解散大学。然当天安门开会以后，各省响应，东南大城且有罢工罢市之举动。由是政府软化，对于日本要求，不敢签字。中国既不签字，巴黎会议遂无结果。次年，美总统哈尔定遂召集华府会议，以解决中日问题，而青岛及胶济铁路遂许由中国赎回。曹、陆、章三氏亦由此断送其政治生活。盖此三氏尚不如现时政客面皮之厚，经此攻击，遂不愿再出现于政治舞台也。此时北大校长蔡元培，及教育部长傅增湘，亦同引咎辞职，以谢三氏。五四运动由此告一结束。然五四运动之意义，及其所留之印象，尚不止此。在讨论此事之前，试述一西国故事如下：

希腊古代雕刻，有一精美作品，是为二青年的造像。曾到欧美者多已见之。此像是作裸体形，右手执剑，下部作树叶一枚遮之。此像之真品，闻尚存希腊，而各国博物院、美术馆，多有其仿造模型。昔有某小学教师，率领男女学童参观此像，并告以此是古代雅典二青年，因能刺杀擅权卖国之贵族，故后人造为此像，流传后世。学童因问何以裸体执剑？教师即告以持剑是表示"勇敢"，裸体是表示"纯洁"。学童又问何以下部是一树叶？教师竟无言以答，一时传为笑话。今吾辈亦无讨论树叶问题之必要，而其"勇敢"及"纯洁"二义，实可以代表五四运动之精神。

在东汉、北宋及晚明，皆有大学生聚众打倒卖国贼之故事。然近三百年来，学界青年敢在天安门开会聚众，并打倒卖国贼，此为北京所见之第一次。此实为"勇敢"。当其游行未遂，因折而入外交部，又折而入赵家楼，皆是激于一时义愤，并非受某派指使，亦非有某种作用。此实为"纯洁"。其所以能得民众赞助，及各省响应者，全在于此。然卖国有直接、间接之分。直接卖国，固然是贼。然在中央或地方之政客及军阀，营私贪利，贻误国家及地者所在多有，此亦等于间接卖国。凡此皆是社会上甚可痛恨之一种恶势力，而在吾国各界中无处不见其存在。诸青年本此五四精神，如遇此等恶势力，不但不可屈服，而且必须奋斗，必须打倒，即不负五四所留遗之教训矣。

（《城固青年》第 1 卷第 2 期，1941 年）

谒定军山武侯祠墓记

诸葛武侯一生事业，见于正史，后人又演为小说，虽妇孺闻之，无不起敬。然当时人士已有二种批评。陈寿比之"管萧亚匹"。彭羕比之"当世伊吕"。究竟武侯之才学功绩，是否可跻伊吕之列，抑或可置管萧之下，后人自有公论。然其治国，能使蜀"道不拾遗"；出兵，能使魏"畏蜀如虎"，诚不愧为吾国第一流之政治家及军事家也。《蜀志》本传称武侯"遗命葬汉中定军山"。又称蜀后主为武侯"立庙于沔阳"。今武侯祠墓，均在汉中沔县城外。余于民国二十七年至汉中，甫下车，即以武侯祠墓为问。偶忆王渔洋谒武侯庙诗云："天汉遥遥指剑关，逢人先问定军山。"然则定军山者，固为昔贤伤心怀古之地矣。今考沔县即后汉之沔阳，今有新旧二城，而定军山在旧城东南十里。山下即武侯墓，墓外有祠，此即所谓武侯墓也。旧城东五里又有庙，背临沔水，面向大路，此即所谓武侯庙也。余于民国二十七年、二十八年，两游沔县，知之较详，因记其概略如下：

由新城内出发，路过沔水，则定军山在望，及至山坡下，则武侯墓在焉。《蜀志》本传称武侯"遗命葬定军山，因山为坟，冢足容棺"。《水经·沔水注》称武侯墓"因即地势，不起坟垄，惟深松茂柏……莫知墓茔所在"。然则武侯葬时规制甚俭，至北魏郦道元注《水经》时，已无坟墓可见矣。今祠院中央有墓一，后有二桂树甚高大，前有雍正年间碑。院墙右角又有墓一，旁有万历年间碑。此二碑皆称为武侯墓，然未知孰为真墓也。又考梁章钜《三国志旁证》卷二十，引谭君炳之说，即以旁有万历年间碑者为真墓处，余亦不能定也。

余谓据前引《水经注》之说，可知在北魏时，已不知坟茔所在，可见武侯葬处久已难考。然其必在定军山，则有本传为证，无可疑也。又按《魏志·钟会传》称会伐蜀，"遣人祭诸葛亮之墓"，由此又可知当时本有坟墓，非如《水经注》所谓"不起坟垄"也。土人多称定军山下，时有铜马刺及铜箭头出土，而夜中又时有金鼓战斗声发现。《汉中府志》及《沔县志》亦载此说。余又考王渔洋过定军山时云："耕余拾遗镞，夜黑闻军鼓。"此即咏此二事而言也。余于夜中即宿武侯庙，固未闻金鼓之声。然问之守庙道人，果得铜马刺及铜箭头各一。道人谓此物多在定军山下出土，往时甚多，近已渐少。余因酬以国币五元之代价，而彼尚以为未足也。所谓铜马刺者，其物约高寸余，而有四刺。吾人任何置之地下，必有一刺向上。盖战时布之地面，所以为刺敌人马足之用也。箭头之形式不一，而皆为铜制。由此又可知三国时箭镞仍多用铜，而《蜀志》本传裴注引《魏氏春秋》，谓武侯"以铁为矢"，仍未得其真相。墓院中无他古刻，而多清人题字，无足观也。

武侯庙在新城与旧城之间，背临沔水，面向大路，然去定军山已十里余矣。《蜀志》本传称此庙立于后主景耀六年，此为最早之武侯庙，而成都之庙远在其后。距旧城东五里许，大路旁有石碑，高丈余，上刻汉丞相诸葛忠武侯庙九字。向碑后行，则有庙在焉。入大门，见二门上有匾，刻"丞相祠堂"四字，用杜子美语也，见之令人肃然起敬。门内有砖刻二联，分列如下："日月高悬出师表，风云维护定军山。"此联不著题者姓名，而词意典雅可诵。至大殿，上有"山高水长"四字匾。入殿中，有武侯塑像，饰以戏装中之丞相冠服，不知戏衣为唐以后之服制，非汉代衣冠之真相也。武侯像固为近人所塑，而颇有古贤士大夫之风度，未知比杜子美在成都所见之忠臣遗像何如也。像前设琴桌，上置石琴一张，刻有"章武元年"四字。此琴虽载于《汉中府志》，而显是后人伪制。守庙道人，年七十矣，谓此琴为武侯空城计在城楼上所弹之琴，其可笑如此。

武侯庙虽成立于蜀后主时代，而内存古代碑刻甚少。余考《唐文粹》所载，有《唐人尚驰武侯庙碑》《裴度武侯祠堂碑》《吕温武侯庙记》，惜今皆不存。今在大殿右廊下，只存唐贞元十一年碑一座，惜文字已半磨灭，而笔画清劲可观。此碑文亦载于《全唐文》内，盖严武修庙，而沈迥作记者也。惜文内"武"字久已不清，释者或作氏字。然《唐书》本传称严武卒于永泰元年，则不应贞元年间尚在。或者修庙在前，而落成在后欤？

贞元十一年碑之阴，隐隐有绍兴年间宋人题名，惜不可读。此外有元至元六年碑，明永乐四年碑，明成化十九年碑，各一。余为清代题刻，无足观者。此外又有明人题诗数石，诗不甚工，而草书飞舞可观。诗内用"六出祁山"故事。然六出之说，只见于宋明人小说，而非正史所有也。守庙道人又出石刻武侯《琴吟自叙》拓片赠人，字体作近时隶书，其为伪作，又不值一笑矣。距旧城□里许，在大路附近，有土丘甚高，谓之武侯读书台，今人有碑记之。余忆宋人陆放翁咏此台，有诗云："出师二表千载无，高台当日读何书？"由此可知所谓武侯读书台者，久已有之。余登其上，见土有汉砖数方，砖之侧面，皆有几何花纹，则其上在汉时本有建筑物，又可知矣。余在武侯庙中，所见汉砖尤多，故余断定今之庙址，当为三国时代之旧址，惜无其他石刻物可证也。前引放翁诗，疑及武侯所读何书。余考《蜀志》本传裴注引《魏略》，只称武侯读书"观其大略"。又引《诸葛氏集》，称武侯会为后主"写申韩管子六韬"，则其所读之书或即此乎？

空城计的故事，虽不见于正史，而已见于晋人郭冲所著《诸葛亮隐没五事》之内。郭氏谓此事在阳平。明人演义谓此事在西城。余考阳平在今沔县，见《蜀志·黄忠传》。西城在今安康，见《大清一统志》。其实当时魏兵未至沔县，武侯亦未至安康，故知二地均非古之西城也。余又考街亭在今甘肃秦安县，详见顾祖禹《读史方舆纪要》。武侯自街亭退下，正过西县，见《蜀志》本传。汉之西县，属陇西郡，在今甘肃天水县，见《大清一统志》。然则武侯实自街亭退至西县，其地皆在甘肃境内。自明人误以西县为西城，近人又误以西城为今沔县，皆非其实，而沔县者实即武侯祠墓所在之地也。

（《责善》半月刊 1940 年 17 期）

观古杂咏

（一）

郑鹤声先生出示所藏五璧，河南出土，共五枚，纯白无暇（瑕），宝光焕发。两面皆刻谷纹，《周礼》所谓谷璧是也。

月样团团争皎洁，谷纹粒粒费琢磨。无暇（瑕）美玉传千古，价比连城也未多。

（二）

徐褐夫先生在城固郊外得元凤三年砖，西汉昭帝时物。昭帝初年，正霍子孟、傅介子立功之时代也。

请考霍光安海内，开边传介道楼兰。徐君好古思□事，留取此砖作纪年。

（三）

徐褐夫先生得新莽钱范，内有大泉五十钱形四个，背有隶书"大利"二字，通体录锈，城固新出土者也。

大利分明古意厚，大泉凝碧古光真。新朝钱范归君手，从此君家不患贫。

（四）

易均施先生得舞阳画像拓片，盖石樽刻文，上有一人坐而弹琴，又数人聚博，俗称为汉画，余定为六朝人石刻也。

跌坐弹琴存道性，科头对博见天真。衣冠不似东都样，知是风流六代人。

（五）

何乐夫先生得岐山出土铜器拓片，内有"征淮夷，执训折直，俘戎器作旅篁，及百男百女千孙永宝"等文，西周铭词之妙句也。

执讯淮夷锡命日，献俘宜榭铭功时。百男百女千孙子，已是金文幼妇词。

（六）

何乐夫先生得宝鸡出土镜铭拓片，内有王氏作镜四夷服，多贺新家人民息，胡虏殄灭天下复等句。余定为新莽时代物也。

西汉遗铭已少见，新家造镜亦堪珍。殄歼胡虏复天下，记取词人爱国心。

（七）

李心庄先生寄示所藏敦煌唐画照片，内作阿罗汉骑异兽像，状貌奇古，彩色鲜明，敦煌石室旧藏之精品也。

庄严梵相起心敬，鲜艳法衣照眼寒。古画千年藏石室，张吴妙笔此中传。

（《西北学术》1943 年第 2 期）

汉中古迹杂咏

（一）

诸葛武侯北征，常驻南郑，今南郑县南门外有武侯祠，惜已荒废，有康熙十九年碑尚存。石质颇粗，已剥落不可读。

废瓦颓垣风飒飒，淡云斜日雨丝丝。丰碑剥落沦秋草，谁识当年丞相祠。

（二）

南郑城南门外东行，有土丘，高三丈许，俗称为韩信拜将台，相传为韩信登坛之所，今已重修一新矣。

乞食王孙一世轻，登坛大将万人惊。项刘成败何关己，赢得血淋长乐钟。

（三）

方孝孺祠在南郑城内文庙街，有万历年间碑，庙颇大，今改为小学校。

管仲请囚成伯业，魏征不死佐贞观。一家争夺关何事，十族冤沉更可怜。

（四）

褒城县北十里在褒斜道中，有褒姒铺，相传为周幽王妃褒姒生地。褒地，周时侯国名；褒姒，即褒国之女也。

生长褒姒竟有村，龙漦往事总难论。宗周日蹙国百里，何必倾城怨美人。

（五）

古石门在褒城北六里，在褒斜道中，为东汉杨孟文所开，内有石刻汉石门颂，魏石门铭，巨制也。东西相对，甚为完整。

204

石门天险依山在，开道遗痕傍水存。汉颂石铭张两壁，淋漓大笔昭烟云。

（六）

距褒姒石门北数里，山谷中，有汉人郑子真隐处，但其姓名不见于《汉书》《汉纪》，相传郑氏曾辞大将军王凤之聘也。

却聘长安轻贵幸，潜居褒谷傲公卿。从来大隐如君少，青史不曾留姓名。

（七）

城固县原公镇有汉仙人唐公昉碑，唐氏在王莽时为郡吏，遇仙人食以药，全家飞升，此为陕南第一汉碑，惜已剥落。

全家弃世古来稀，同日升天事亦奇。想是汉家忠烈士，为逃莽粟避人知。

（八）

樊哙墓在城固县北十里，高一丈许，广十余丈，《旧志》作樊哙台，是也。前有毕秋帆题碑，作樊将军墓，从俗之误也。

闻屠狗肉何贫也？生食彘肩亦勇哉！救主鸿门传汉史，祇今犹上点兵台。

（九）

城固县西六里博望乡，有张骞墓。墓前有二石兽甚古朴，西汉物也。又西十余里，有胡城，相传即张氏胡妻所居之地。

寂寂麒麟锁墓门，青松深处是侯坟。力通大夏穷四海，艳说胡姬尚有村。

（十）

李固墓在城固县西二十里，沙河营，有宋人题碑，墓前并有石兽甚古。其东北，即张骞胡妻所居之胡城也。

太学清明高党锢，汉廷抗疏震谀臣。谁知碧血还乡后，穿冢居然近美人。

（十一）

沔县武侯镇有武侯庙，背临沔水，建于后主景耀六年，庙内□汉砖颇多，庙门题丞相祠堂四字，并有唐贞元十一年碑。

日月高悬出师表，风云维护定军山。迄今故老□遗爱，丞相祠堂万古传。

（十二）

定军山在沔县东南十里，有武侯墓，山下庙内，武侯北伐，卒于武功五丈原，遂遗命葬定军山，有明万历年间碑尚存。

鞠躬尽力抗司马，抱膝长吟号卧龙。辛苦半生成底事，江山一角小朝廷。

（十三）

沔县旧城东北角土丘，高丈，今立碑于此，题曰"武侯读书台"，宋人陆放翁有《咏武侯读书台》诗，可知由来久矣。

出师一表抒胸臆，梁父一吟见性情。写定申韩传后主，万古留此读书名。

（十四）

阳平关在沔县定军山西北十里，下临沔水，向黄忠斩夏侯渊处，相传山上有兵书岩，夜中时闻金鼓声，地下多有铜镞出土。

岩贮兵书太渺茫，夜闻军鼓亦荒唐。耕人垄畔拾遗镞，知是当年古战场。

（十五）

南郑南三十里，有小南海，山洼出巨泉澎湃如雷，庙内有匾，曰，南海洞天，有洞甚深，内多石钟乳，形状怪异，殿内有乾隆六十年铁香炉。

干戈遍地满胡尘，南海洞天别有春。愿取菩提一滴水，消除争战扫烟氛。

（十六）

南郑城内最高处，曰汉台，有亭台花木之胜，相传汉高祖在此即位，或又书刘先主即位□比，今皆不可考矣。

求贤垄亩思先主，起义平民忆汉土。刘氏兴亡称往事，高台依旧枕寒江。

（十七）

城固县城西北杨填堰，有宋乾道五年《杨从仪将军碑》。内述杨氏抗金战功甚详，惜宋史不载。

残碑落落埋荒草，颓冢凄凄对暮云。为问汉儿征战事，元修宋史本难真。

（《西北学术》1943 年 第 4 期）

汉中区的史前文化

史前的文化，其时期甚古，而为吾国前人所不及知。此项文化，实包括石器时代的文化，而所谓石器时代文化者，在欧洲自一八六〇年后，始为学术界所承认。西人所谓石器时代文化者，又包括旧石器及新石器二期。吾国十余年前，北平房山县周口店已发现旧石器文化，西人定为周口店后期文化，约为六万年前之文化。二十年前，河南渑池县仰韶村已发现新石器文化，西人定为仰韶期文化，约为五千年以前之文化。

余初到汉中区后，即留意调查本区之史前文化。近数年内，各学院学生留心考古者渐多，有暇每到各县城郊外旅行调查，时常捡得破碎石器及陶片，及经余考订，而后知所得之石器，皆是普通石质，而皆是用磨治法做成。其所得之陶片，虽有绳文花样，而皆是素陶，而非彩陶。凡此所见，固皆是新石器时代之遗物也。余因此假定汉中区已有新石器时代之文化，而未必有旧石器文化。虽有新石器时代之素色陶器，而未必有仰韶时代之彩色陶器也。

本年春假，由城固县出发，至南郑县南之小南海旅行。由南郑县城至小南海，约为二十公里。沿路傍山而行，循溪而走，风景甚佳，行至中途，为牟家坝。在附近山坡上，发现玄古岩石甚多。颜色似铁，而作云母片状，此为一万万年以上之岩石，由此而知汉中区之地盘不为不古矣。将至小南海，所见山壁上石层，凡火成岩，水成岩，皆有之。且有时水成岩在上层，而火成岩在下层，更由此以知今之小南海山顶，当为古时之海底矣，山壁之上，又常发现冲击层大石块。此类石块甚大，而如水中之椭圆石子形。又可知上古时代大水泛滥，当过山顶矣。小南海之高处，约为海拔五百四十尺。

小南海在山之凹处，有巨泉由此流出，直奔山下，水声湍急，有如雷鸣。泉上有庙，即观音堂也。庙里有乾隆六十年铁香炉一座，此外无他古物，庙内有洞，深而无底，执烛而入，阴森有水，不敢穷其究竟。然余所注意者，不在此下洞，而在庙外山壁上之上洞，上洞有三，一大二小，皆甚深而高，余考究石器时代之人类，皆好居洞，此洞距地颇高，为狼虫虎豹所不能至，而下有水泉可饮，最适于上古人类之居住，余以为在此洞内，大有发现旧石器文化之可能，此洞内之地层甚厚，其地层之最下层，或有旧石器人类之遗迹，惜从事发掘，尚需相当的人力及财力。故现时只可假定此洞内，有发现旧石器文化之可能而已。

次日，由小南海回南郑。次日，又至南郑城西十余里之外调查。城西十五里有梁山。即著名出虫类蚌类化石之地也。此皆寒武纪水中动物，约在数千万年以前。梁山下，土丘多，去年有人在此土丘，发现上古破碎石器及陶片。余前以为皆是普通新石器时代遗物，未足为异也。及余此次来此土丘，忽见雨水冲断土沟一处。内有火石颇多，颇觉其异。及细加搜寻，果然发现火石造成之石刀石斧数具，皆是用敲治法做成，余定为旧石器时代中期之物，约在五万年以上。盖此土丘出产火石，故上古人类居此，即利用火石以造刀斧。丘内土中又发现蚌壳甚多，亦即此人类食余所弃之物也。

在此类土丘内虽只发现少数旧石器，而地层内埋没者当必不少，此所以待于他日之发掘者也。此外又发现新石器颇多，皆是用磨治法做成。同时又发现彩色陶片不少，皆是红色陶片，而上有用黑色所画之花纹，甚为美观。此为中国新石器时代晚期最高之文化，即所谓仰韶期文化之特点也。大约在上古时代，在此土丘上，凡旧石器人类，及新石器人类，皆曾经先后在此居住，故各有残破器物留遗此地。又考此类土丘现距汉水二三里，而在上古时代，当在水内。此地有水可饮，有山上之禽兽可猎，有水内之蚌壳鱼龟可食，又有火石及其他石质可作刀斧之用，故最适于原始人类之居住。然欲考其地下遗迹之先后的层次及埋藏的文化，则非有待于发掘的探讨不可矣。

由以上所得，虽材料不多，而可见汉中区虽为盆地，而地盘则甚古，因已发现玄古岩石之故也。小南海附近山上，既多有水成岩石，可见在上古时代，此山尚在海底，山壁上之三洞，距地颇高，下有水源，最适于旧石器时代人类之居住，可知其洞内地层下，或有发现旧石器文化之可能。然非发掘地层，不能决定。梁山下各土丘，既发现少数火石敲治的石刀石斧，可说明汉中区已有旧石器文化。又各土丘既又发现磨治的石器，及红胎黑花之陶片，可证明汉中区已有新石器晚期的仰韶文化。此次所得虽不多，然旧石器文化之发现，及仰韶期文化之发现，在汉中区内，不可不谓为自古以来之第一次发现也。

此项文化，是否由秦岭传来，抑或顺汉水传来，尚为未能解决之问题。在未发掘以前，及未考订以前，如假定此项文化，或由汉水传来，亦无不可。盖此项文化，当出于黄河流域，而后散布各地。大约上古人类由河南沿汉水两岸而至汉中，其事较易。然发掘考订，仍须待之他日，此为余个人假定之说而已。

（编者注：此文为陆懋德在西北大学讲演稿，发表于《说文月刊》1943年第3卷第11期。同时，该文亦发表于《西北学术》1943年第1期，文字表述上稍有润色。）

汉中各县诸葛武侯遗迹考

民国二十七年春，国立西北联合大学由西安迁至汉中各县。其初，教职员住南郑，学生住褒城。其后文、理、教、法、工各院设在城固，农学院设在勉县，医学院设在南郑。余考《三国志·蜀志》各传，屡言诸葛武侯伐魏，"北驻汉中"。故以上四县，皆有武侯遗迹。然古今地名不同，郡县分合不一，以今证古，每多谬误。故非实地观览，详细勾稽，不能指定其地点也。当时武侯出兵，由成都伐魏，盖以汉中为总兵站。故由此向北，则攻散关，由此向东北，则攻武功。由此向西北，则攻祁山。先明此路线，则于武侯用兵经过之处所，可以了如指掌矣。武侯遗事见于正史，演为小说，虽妇孺皆知。蜀人彭羕称武侯为"当世伊吕"，而晋陈寿乃谓武侯为"管萧亚匹"，可见在当时已有二种评论。武侯之才学事业，是否可跻身伊吕之列，抑或可置管萧之亚，后世自有公论。然内而治国，能使蜀"道不拾遗"（本传裴注引《袁子》），出而用兵，能使"畏蜀如虎"（本传裴注引《汉晋春秋》），斯固可为吾国第一流之政治家及军事家，而无愧矣。杜子美咏武侯诗云：

伯仲之间见伊吕，指挥若定失萧曹。

斯言正对陈氏之评论，加以纠正，而其推崇武侯，亦可谓至矣。自本校迁居汉中以来，校中同人每询问汉中各县武侯踪迹，以备探寻。余既历游各县，实地调查，又杂考传志，订正谬误，故为述其概略如下：

汉中在古代本楚地，后入于秦。在秦汉为郡，至前清为府，民国为特别区。其首县为南郑，东为城固，西为沔县，西北为褒城，诚秦蜀交通之咽喉也。考当时武侯由四川成都出兵，当先至沔县。《蜀志》本传称武侯"北驻汉中，屯于沔阳"。汉之沔阳，即今之沔县也。《水经·沔水注》引武侯与人笺曰："朝发南郑，暮宿黑水。"汉之南郑，即今之南郑也。《蜀志·后主传》称曹真等"欲攻汉中，亮待之于成固"，汉之成固，即今之城固也。《蜀志·魏延传》裴松之注引《魏略》，称延"请亮假兵五千，从褒中出"。汉之褒中，即今之褒城也。然则吾校同人所在之四县，固皆昔日武侯用武之地也。又各县城内外，多发现现代砖瓦，则汉代在此各县，皆有建筑物，甚可信也。

南郑城为秦人所筑，见《史记·秦本纪》。其故城在今城东二里，见《大清一统志》。今城为宋嘉定年间筑，见《汉中府志》。余又考《三国志》各传，屡称武侯伐魏，"北驻汉中"。此所谓汉中，大约多指南郑而言。此因汉之汉中郡，亦治南郑也。《水经·沔水注》引武侯与人笺曰"朝发南郑"；《魏志·孙资传》裴注引《孙资别传》，称"亮出在南郑"；《蜀志·魏延传》裴注引《魏略》，称"亮于南郑与群下计议"。此武侯屡驻南郑之证也。《蜀志·后主传》称"建兴六年（西历二二八年）冬，亮还汉中。七年冬，从营府南山下西，乐城在南郑东"。然则此时武侯亦当在南郑，而其营府，或即在今南郑城外之南山下也。据《汉中府志·古迹门》："汉城在沔县东关，乐城在城固县西十八里。"其后蜀人果以不守汉乐二城，而致魏之深入，见《蜀志·姜维传》，则知武侯之谋远矣。今南郑城内有古汉台，其地甚高，或云武侯所驻，或云韩信所驻，皆不可考。武侯既屡驻南郑，此城宜有其庙，以为纪念。今南郑南门外大街路西，有武侯祠，惜已残破，今改为训练所。内有前清顺治二年、康熙十四年碑，各一，字半剥落，徒供路上行人之凭吊而已。

沔县为汉之沔阳，其故城在今县城东十里，见《大清一统志》。故城为萧何所筑，见《水经·沔水注》。余又考《华阳国志》，"蜀以沔阳为汉城"，盖蜀制如此。汉城为武侯所筑，已见上文。据《蜀志·后主传》，武侯以"建兴五年（西历二二七年）春，出屯汉中，营沔北、阳平、石马"。此武侯第一次出兵，而所营，皆今沔县地也。《水经·沔水注》称"沔水至汉中为汉水"。此所谓沔北，即沔水之北也。阳平之所在，古今颇多异说。《通典·州郡门》谓阳平关在褒城西北。《大明一统志》谓阳平关在宁羌州西。其说皆误。考魏将夏侯渊之死处，《蜀志·黄忠传》谓在定军山。《魏志·武帝传》谓在阳平。由此可知阳平、定军，相距必不甚远。《水经·沔水注》称"沔阳旧城南对定军山"。孙渊如校注谓"定军山在今沔县东南十里"。定军山距沔县城不远，则阳平亦当距沔县城不远，而宁羌及褒城之阳平关，乃后起之地矣。又考《蜀志·先主传》称先主"自阳平关南渡沔水，缘山稍前，于定军山势作营"。据此可知，阳平关在沔水之北，而定军山在沔水之南。《读史方舆纪要》谓"阳平在今沔县西四十里"。今沔县旧城之东，约一里许，有阁，刻"古阳平关"四字。盖阳平与阳平关，本是二地。《魏志·曹操传》称曹公"进至阳平，张鲁使弟卫等据阳平关"，此其证也。《水经·沔水注》称："白马山，山石似马，望之逼真"，盖即石马也。《汉中府志》谓之石马城，谓是"武侯屯兵之所"，即是此地。《读史方舆纪要》谓"石马在今沔县东二十里"，《太平寰宇记》称沔县"有诸葛城，隋置白马镇"。大约石马、石马城、白马山、白马城、白马镇，均是一处。由上文所考，可知阳平在西，而白马在东。《水经·沔水注》称"白马城一名阳平"，非也。《沔水注》又称"沔水东经诸葛垒"，又称"沔水南有亮垒，背山向水"，又称"定军山东名高平，是亮营宿处"，今皆不可见矣。民国以来，沔县又分为新旧二城，相去不远，旧城北一里，有武侯读书台，今人有碑记之。宋时陆放翁过此，作诗云：

出师二表千载无，远比管乐信有余。

世上俗儒宁辨此，高台当日读何书？

此即咏武侯读书台之诗也。此台为土堆，高十数丈，而其上发现汉砖瓦，可见汉时其上必有建筑也。放翁诗中问武侯所读何书，今已无考。据《蜀志》本传裴注所引《魏略》，只知武侯读书，"观其大略"。又据《先主传》裴注所引《诸葛氏集》，复知武侯曾为后主写申、韩、管子、六韬，则其所读，或在是乎？本传裴注引《袁子》谓武侯"刑法严而人民悦服"，此亦用申韩之效也。

褒城为汉之褒中县。《读史方舆纪要》谓汉褒中在今县城北十里褒谷中。余又考古褒国在县东三里，今县城为明洪武十年间筑，均见《汉中府志》。褒城为古褒姒所出，见《元和郡县志》，此褒城之名所自始也。《蜀志》本传称武侯于建兴六年春，"扬声由斜谷道取郿，使赵云、邓芝为疑兵，据箕谷"。此皆褒城北境之地也。考斜谷以斜水得名，箕谷以箕得名。谢钟英《三国疆域表》谓斜水在今郿县西南三十里。《通鉴·魏纪》谓箕山在褒城县北十五里。二谷之得名由此。所谓斜谷道者，本为极长之山谷，有南谷口及北谷口，见《蜀志·魏延传》。余按：此谷亦称褒斜道，见《汉书·沟洫志》，亦称褒斜谷。南曰褒，北曰斜，见《后汉书·郡国志注》。又考此谷共长四百七十里，见《通鉴·魏纪》胡注。由此可知斜谷、褒谷，只是一谷。《读史方舆纪要》谓褒谷在今褒城北十里，斜谷在今郿县西南三十里。《后汉郙君碑》谓之褒余道。余字即古斜字，所谓褒余道，亦即褒斜道，亦即斜谷道。《魏志·孙资传》裴注引《孙资别传》，称曹谓"斜谷道为五百里石穴"，即谓此道也。《明史·地理志》曰："郿县有卫领山，褒水出其南，流入沔，斜水出其北，流入渭。"然则褒斜二谷之得名，皆以水也。箕山在褒城北十五里，已见上文。箕谷即箕山之谷，《水经·沔水注》谓"箕谷在小石门之北"，其说不误，而《汉中府志·山川门》谓"在褒城西南二十五里"，则误甚矣。《读史方舆纪要》谓"汉郿县在今郿县东北十五里"。此因汉郿县在渭水之北，今郿县在渭水之南也。

武侯既布疑阵于斜谷箕谷，乃"身率诸军攻祁山。是时马谡督诸军在前，与张郃战于街亭，大为郃所破"。均见武侯本传。街亭之所在，世人颇有异说。然如先明祁山之所在，则街亭之所在自明。所谓攻祁山者，乃攻其城，非攻其山也。唐人《元和郡县志》，及《通典·州郡门》，均称"祁山城在长道县东十里"。余考唐之长道县，即今天水也。又考《蜀志》所谓"攻祁山"者，《魏志》多作"寇天水"。是知祁山城当在天水附近，而天水，即今甘肃天水县也。《读史方舆纪要》谓"祁山在今甘肃西和县北七里"，此说可信。《水经·沔水注》称"祁山有城极为严固"。"祁山城南三里，有亮故垒"。此或其遗迹也。祁山既在甘肃，则街亭亦当于甘肃求之。《通典·州郡门》称"天水陇城县街泉亭马谡为张郃败处"，考此地在前汉为街泉县，后汉为街泉亭，盖其简称也。《太平寰宇记》谓"街泉在陇城县东北六十里"，《读史方舆纪要》谓"在今甘肃秦安县东北"，皆是。据此，则祁山在甘肃天水之南，街亭在甘肃天水之北，而与《蜀志》所谓亮"身率诸军攻祁山，使马谡督军在前"等语，正相符合。杨守敬《隋书地理志考证》谓沔县"有街亭山"，实不可信。毕秋帆《关中胜迹图志》亦同此误。须知此时武侯是出攻甘肃之祁山，而马谡在前。果如毕氏杨氏之说，以街亭为在沔县，则是马谡在后，而与《蜀志》"马谡督军在前"之语，不合矣。且终武侯之世，魏兵未能进至沔县也。

秦腔及旧京剧，皆有《空城计》曲本，流布甚广，内述马谡兵败街亭及武侯用空城计退司马之事。考其本事，是采自宋人《三国平话》及明人《三国演义》。余考此事，虽不见于正史，而晋人郭冲所著之《诸葛亮隐没五事》内，已有其说。然郭氏谓此事发生"在阳平"，实不可信。余按：阳平在今汉中沔县，已见上文。魏兵如进沔县，则蜀人早已震动。余前已言终武侯之世，魏兵未能进至沔县也。曲本及《演义》谓此事发生"在西城"，更为谬误。祁山街亭均在今甘肃，已见上文。据《汉书·地理志》，西城在前汉属汉中郡。据《续汉书·郡国志》，西城在后汉改为西城郡。《大清一统志》谓后汉西城郡在今陕西安康县西北，其说可信。由此可知汉之西城，即今之安康也，《蜀志·后主传》所谓"司马懿由西城欲攻汉中",正是此地。如是,则西城即今安康,远在城固之东南,而祁山在今甘肃,远在沔县之西北,武侯此时正由甘肃之祁山退下,而还汉中,已见《蜀志》本传。如此,万无过汉中而至安康之理也。又考汉时本有西县,在前汉属陇西郡,在后汉属汉阳郡,见《汉书·地理志》及《续汉书·郡国志》。西县在今甘肃天水西南百二十里,见《大清一统志》。余考《蜀志》本传称武侯由祁山退下,"拔西县千余家还汉中",即谓此地也。此时武侯退自祁山,正过西县。或小说家误以西县在西城,亦未可知。又据《晋书·地理志》,汉之西县,在晋为始昌县。《太平寰宇记》谓"始昌一名西城"。然则西县在昔时亦有西城之称,不过此为后起之名,非三国时代所有也。旧《清水县志》谓西城在上邽之西。余考上邽亦即在今天水西南地也。

　　武侯之攻祁山是由何路,尚为问题。考《魏志·卫臻传》称"亮寇天水,臻奏宜遣奇兵入散关,绝其粮道"。武侯用兵之粮道,既在散关,由此可知武侯之出兵攻祁山,是由褒城西北,经过散关,再由宝鸡向西,以入甘肃,此即后世由汉中赴天水之公路也。武侯既由祁山退回汉中,是年冬,复"出散关,围陈仓"。后因粮道而退,并"斩魏之追将王双",均见《蜀志》武侯本传。散关今称大散关,并称散关岭,在今宝鸡西南五十二里,陈仓在今宝鸡东二十里,均见《大清一统志》。此见武侯之攻祁山,及攻陈仓,皆由汉中经过散关之路也。王双死处,史未明言。然此次武侯依然退还汉中,而斩王双之地点,当然仍在褒斜道内。旧有传说,称武侯"斩王双,还汉中,造一鼎铭曰'定军'","沈之汉中",见《汉中府志拾遗》。汉中土人又称民国十余年间,城固汉水中有古鼎发现,后为军阀攫去,未知是否此鼎也。

　　《蜀志·赵云传》称建兴五年,"云失利于箕谷,敛众固守,不至大败"。裴松之注引《赵云别传》,称云"辞赏物,谓悉入赤岸府库"。箕谷之役,已见上文。赤岸在何处,前人多不能详。余考《通鉴·魏纪》胡注谓"赤岸即赤崖,蜀置府军于此,资储军资"。《水经·沔水注》引武侯与兄瑾书曰:"前赵子龙退军,烧坏赤崖以北阁道。"即谓此地也。赤崖当在今褒城石门以北,其地至为险要。石门即汉《石门颂》、魏《石门铭》所在之地也,此处山崖上,至今尚有横列之方形凿孔甚多,此即阁道架木之遗迹。盖因此处山崖临山,无路可通,故沿崖修造栈道,以便行旅。《战国策·秦策》所云"栈道千里于蜀汉",可知其由来久矣。《水经·沔水注》称其"阁梁一头入山腹,一头柱于水中"。后亮死,魏延"先退而焚之"即谓是道也。此所谓阁道,即《魏志·曹真传》所谓栈道,前者赵云之所烧,后者魏延之所焚,皆是此道。此即后人所谓"北栈",而入蜀境内之道,谓之"南栈"也。

城固即汉之成固,古城在今城东六里,见《汉中府志》。由成固变为城固,自隋唐以来始然。故城为张良所筑,见《水经·□水注》。土人谓为赵云所筑,非也。《蜀志·后主传》称建兴八年,"魏司马懿由西城,张郃由子午,曹真由斜谷,欲攻汉中,亮待之于成固赤阪,大雨道绝,真等皆还"。西城斜谷已见上文,成固即今成固也。《华阳国志》谓"蜀以成固为乐城",乐城为武侯所筑,在本城西十八里,已见上文。《通鉴·魏纪》胡注谓子午在洋州(今洋县)东百六十里。赤阪在洋州东二十里。洋州即今洋县,在汉时属成固也。《汉中府志·山川门》称城固"城北二十五里,庆山上,有烽堠古迹。西南即赤土坡,武侯屯军处"。今庆山俗称青山,其西南三里为赤土坡,土色皆赤,《城固县志》谓即古赤阪也。余考此时魏兵自长安出发,司马懿自东来,曹真自北来,张郃自东北来。而武侯在成固赤阪待之,正当三方进攻之交集点。此如武侯在九十度之正角,而魏兵自勾股弦三方进攻,亦云险矣,据称此时魏诸将"当会南郑",盖欲断武侯之后路。幸诸军以八月发长安,正当雨季,故"会大霖雨三十余日,栈道断绝"。均见《魏志·曹真传》。此次魏人出兵,其大臣如华歆、杨阜、王肃等,皆上书极谏,故魏明帝遂命退师。均见《魏志》各本传。《水经·沔水注》引武侯与兄瑾书曰"朝发南郑,暮宿黑水"。孙渊如校注谓"黑水在城固县西北五里"。此亦武侯在城固之遗闻也。今有此水,但不黑耳。又据《曹真传》,此次司马懿是"泝汉水"而来。重兵既能由汉水西来,则昔时之汉水,当较今时为深广。然汉水向东流,而司马氏之兵,逆流而西,其进行固已难矣。

《蜀志·后主传》称"建兴九年春,亮复出军,围祁山。司马懿张郃救祁山。夏,亮粮尽,退军。郃追至青封,被箭死。十年,亮休士劝农于黄沙"。祁山城在甘肃天水,已见上文。张郃死处,《蜀志》作青封,《魏志》本传作木门,当是一地。据《通鉴·魏纪》胡注,其地当在今甘肃天水之南。《读史方舆纪要》谓"木门在秦州西南八十里"。秦州即今天水县也。余前考见武侯在时,魏兵未能入汉中地。既未至汉中,尤不能入四川境。而明人《三国演义》谓武侯射杀张郃于四川之剑阁,则为谬误之甚。然《演义》亦非无□,实是抄袭晋人郭冲之说而失之。郭氏之误，裴松之亦辨之矣。此次张之死，实死于武侯之伏弩，见郃本传裴注引《魏略》。此次武侯退兵，当然仍在汉中。黄沙本水名，《水经·沔水注》称"汉水又东，黄沙水左注之。水出远山，溪曰五丈溪，水侧有黄沙屯，亮所开也"。孙渊如校注谓"今黄沙河在沔县东南四十里"。今褒城沔县之间，有地名黄沙驿，为公路所经过，《读史方舆纪要》谓"在褒城南五十里"。余按：此或即武侯休士劝农之地也。

《水经·沔水注》称"成固城北二十里，有兴势阪。亮出洛谷，戍兴势，置烽火楼，通照溪水"。成固即城固，已见上文。兴势本山名，《汉中府志》谓"在今洋县北四十里"。洋县本属成固旧地也。《水经注》所谓洛谷，《魏志·钟会传》作骆谷，当是一地。《读史方舆纪要》谓"南谷曰傥，在洋县北三十里。北谷曰骆，在今周至县西南一百二十里"。今所谓傥骆道是也。又考《蜀志·魏延传》称"延欲请兵万人，与亮异道会于潼关"。裴注引《魏略》，载其计划，为"后褒中出，循秦岭而东。当子午而北，不过十日，可到长安"。褒中即今褒城，子午在洋县东百六十里，均见上文。秦岭即东西横断陕西南部之山带。由此而知魏延所主张之路，即自褒城而出发，过城固之北，洋县之东，经子午谷，再穿秦岭，以达长安。此是由子午谷之路，而为长安之东路。其后唐人之进荔枝路，即由此行。此外由骆谷出发，为入长安之中路。由斜谷出发，为入长安之西路。武侯出兵不由中路、东路，只由西路，且不数路并进。此其故又与当时兵势有关，而非后所能推知者也。其后钟会伐蜀，则三路并进，即是由子午谷、骆谷、斜谷，见《魏志》本传。再后桓温伐蜀，即由子午道，见《晋书》本传。再后明皇幸蜀，即由傥骆道，见唐人窦弘馀的《广谪仙怨词序》。今有子午镇，在西乡县东北一百六十里子午谷，在洋县东一百八十里。又有诸葛岭，在洋县西北三十里，相传武侯屯兵于此。均见《汉中府志·关隘及山川门》。今之洋县，皆旧属城固。然则子午各地，皆古城固地也。又据《读史方舆纪要》，子午谷"共长六百六十里"，此可谓最长之谷道矣。

《蜀志·后主传》称"建兴十一年冬，亮使诸军运米，集于斜谷口"。武侯本传称"建兴十二年春，亮悉大众由斜谷出，据武功五丈原，与司马懿对于渭南"。余按：褒谷、斜谷，本是一谷，南曰褒，北曰斜，已见上文。此"斜谷口"，当即《蜀志·魏延传》所谓"北谷口"，此即斜谷北端之尽处。余考北谷曰斜，在今郿县西南三十里，见《读史方舆纪要》。又考后汉之武功故城，在今郿县东三十里，见《大清一统志》。此因古武功城在渭水之南，而今武功城在渭水之北也。古武功既在渭水之南，故武侯一出斜谷，即据武功，而与司马懿相对于渭南矣。此所谓"渭南"，乃指渭水之南岸，非今之渭南县也。古武功与今武功地点不同，不可不知。《水经·渭水注》引武侯与步骘书，谓"五丈原在武功西十余里"。《大明一统志》谓"五丈原在今郿县西三十里"。此亦因古武功与今武功地点不同之故也。《水经·渭水注》称"渭水经五丈原北"，即谓五丈原在渭水之南也。今按：五丈原之北，经渭水，有古城。城北有土山，其上有葫芦峪，乃诸葛庙。此庙不古，而比沔县之武侯祠为大也，武侯火烧葫芦峪，亦见明人《演义》，非史传所有也。

《蜀志》武侯本传称"建兴十二年八月，亮疾病，卒于军"。裴注引《汉晋春秋》谓"亮卒于郭氏坞"。此坞今不可考，盖仍在五丈原内也。本传武侯"遗命葬汉中定军山，因山为坟，冢足容棺"。《华阳国志》称"定军山北临沔水"。孙渊如校《水经》注"定军山在今沔县东南十里"。今按：定军山山势蜿蜒，并无深秀伟大之观，不知武侯何以取为葬地。或有取于定军二字之名义，或曾久驻兵于此，均不可知。清初王渔洋过此作诗云：

> 天汉遥遥指剑关，逢人先问定军山。

然则定军山者，固昔人伤心怀古之地矣。由沔县旧城向东南，行数里，过沔水，则定军山入望。又行数里，至山下，则武侯墓在焉。《水经·沔水注》称武侯墓"因即地势，不起坟垄，惟深松茂柏，攒蔚川阜，莫知墓茔所在"。然则武侯墓地之不可考久矣。北魏郦道元注《水经》时，是否亲自到定军山调查，今不能知。然其所谓"不起坟垄"恐不可信。考《蜀志》只言"因山为坟"，未言不起坟也。钟会伐蜀，"遣人祭武侯墓"，见《魏志·钟会传》。又令军士"不得于武侯墓所左右刍牧樵采"，见《蜀志·武侯传》。既称祭墓，则当时非无坟墓可知。又考《魏志》原称钟会"遣人"祭墓，而《水经注》谓为"枉驾"祭墓，则又误矣。今定军山坡下之武侯墓，已无古碑可考。墓前只有前清雍正年间果硕亲王所立之碑。墓前有祭堂，墓后有祠，祠前有桂树二株，甚为高大。其右角又有一墓，两旁有明万历、清嘉庆年碑各一，土人亦称为武侯墓。余又考梁章钜《三国志旁证》引谭君炳之说，以有万历年碑者为真墓。余考谭氏之说，亦无确证。二墓并存，孰真孰伪，余亦不能明也。土人又称"定军山下，时有铜马刺及铜箭头出土，夜中或闻金鼓战斗声发现"。《汉中府志》及《沔县志》亦均载此说。余考王渔洋过定军山诗云：

耕余拾遗镞，夜黑闻军鼓。

此即咏此二事而言也。余于夜中，即宿于武侯庙，固未闻所谓金鼓之声。然问之守庙道人，果得铜马刺及铜箭镞。据云"昔年此物在定军山坡下地面出土者甚多，今渐稀少"。箭镞多作四棱形，而大小不一。马刺约高存许，每具共有四刺，吾人随意抛之地面，必有一刺向上。盖战时布之地面，所以刺敌人马足之用也。《汉中府志拾遗》又称"定军山有诸葛岩，上有兵书匣，其下有督军坛"。此皆后之好事者为之，而今亦无可考见矣。守庙道人出售明万历甲申燕山樊克昌谒武侯墓诗拓片。此石现存武侯庙西廊。诗不甚工，而草书飞舞可观，兹录其诗于此，而辨其误如下：

汉江警护定军山，汉相英灵此借攒。

莫谩雄图勤六出，正缘王业愧偏安。

人和曾拟乾旋易，国步其如蜀道难？

千载祠林俱北向，分明遗恨薄中原。

此诗草书颇似祝枝山，盖明人所尚之体也。诗仅八句，而用字已包先、删、寒、元四韵。先、删、寒，韵古人通用，而元韵与余三韵通用者，尚少也。诗中又用攒字，亦颇难解。诗中又用"六出"二字，盖指"六出祁山"也。然此语实出于《演义》小说，而不见于正史。余考梁章钜《三国志旁证》谓武侯"北伐者四，凡再出祁山，一出散关，一出斜谷"。俞曲园《小浮梅闲话》谓武侯"自出伐魏，止有五次，且惟第一次、第二次，至祁山"。余证以《蜀志》，而知武侯北伐，实是五次，则俞氏说是，而梁氏非。然谓武侯只二次至祁山，则俞氏梁氏之说皆是。然则"六出"二字，于古人无征。今引二家之说于此，所以正小说之误，而见明人之陋也。

由沔县新县城向西北行，约六里，在公路南，有石碑高丈许，上刻"汉丞相诸葛忠武侯庙"九字。由此向东南行里许，则武侯庙门只牌楼见焉。此庙背枕沔水，面向大路。至大门，有匾，刻"丞相祠堂"四字，用杜子美语也。见之，令人肃然起敬。门内有碑刻一联曰：

日月高悬出师表，风雨维护定军山。

此联不著撰者姓名，而词意典重可诵。考此庙为我国最古之武侯庙也。

《蜀志》武侯本传裴注引《襄阳记》，称"亮初亡，所在各求为立庙。朝议以礼秩不听，百姓遂因时节祭于道陌上。其后步兵校尉习隆等上表，请因近其墓，立之于沔阳"。据本传，至后主景耀六年春，始下诏为武侯立庙于沔阳。又考《水经·沔水注》称"定军山东名高平，是亮宿营处，有亮庙"，此盖即指沔阳之庙也。今此庙是否即景耀六年立庙之旧址，已不可知。然余在庙中发现汉砖颇多，此砖皆面作麻绳纹，侧作几何纹。如据此谓为汉代遗址，亦未为不可也。正殿有横匾曰"天下奇才"，用司马懿语也。又一横匾曰"山高水长"，用范仲淹语也。殿中塑武侯冠服像，虽是近人所造，而颇有古贤士大夫风度，但未知比杜子美在成都所见之"宗臣遗像"为何如也。殿中陈石琴一张，作苍碧色。上刻"章武元年"四字，显是后人伪造，而《汉中府志》不辨其伪，且曰"其声清越"，甚为可笑也。清初王渔洋谒武侯庙，见此琴，且为之赋诗曰：

遗恨成卫壁，元声有故琴。

此虽诗人即景之词，而亦贤者信古之过矣。殿前有楼一，原名琴台，闻为旧时藏琴之处也。守庙道人年七十矣，谓余曰："此即空城计中，武侯在城楼所弹之琴。"其可笑如此。此庙当为最古之武侯庙，而成都武功之庙，皆在其后。《蜀志》本传称"钟会征蜀，至汉川，祭亮之庙"，盖即此庙也。距此庙之东，三里许，又有马超祠及墓，前有毕秋帆题碑，墓旁亦发现汉砖及破碎陶器。马氏亦武侯同时之蜀将也。

武侯庙虽建立于后主时代，而现存古刻甚少，余考《唐文粹》所录，有《唐人尚驰武侯庙碑》《裴度武侯祠堂碑》《吕温武侯庙碑》，惜今皆不存。今大殿右廊下，只存唐贞元十一年碑一座，文字已半磨灭，而笔画清劲可观。考此碑记亦载于《全唐文》内，盖严武修庙，而沈迥作记者也。此为庙中现存石刻之最古者，因录其全文如下：

皇帝御极，贞元之祀（之字《全唐文》作三），时乘盛秋，府主（主字《全唐文》作王）左仆射冯翊严武（武字《陕西通志》作氏）总帅文武将佐，洎蒙输（《陕西通志》作轮）突归（《全唐文》作蹄）之旅，疆理西鄙，营军沔阳。先声驰于种落，谋代息其狂狡，于是威武震叠，敌骑收迹，塞垣萧条，烽燧灭焰，士无保障之役，马无服辕之劳，重关弛柝，边谷栖野。我师为扬，则有余力。乃升高访古，周览原隰，敬修兹庙，式荐馨香，光灵若存，年祀浸远。虽萧鼓所奏，邑里祈禳，而风雨飘飘，祠堂构落，土阶莫数尺之崇，庭除无袤丈之隙；登降不能成礼，牲玉不能备陈。颓墉露肩，灌木翳景，樵苏满径，麋鹿走集。冯翊曰："丞相以命世全德，功存季汉。遗风余烈，显赫南方；丘垅南山，实在兹地。荒祠偏倚，庙貌诡全（《全唐文》作傀裂），非所以式先贤，崇祀典也。"乃发泉府，征役徒，撤编营，芟薙丛薄；是营是葺，众工群至。缭以高垣，隔关刍牧，增以峻宇，昭示威灵。英英昔贤，像设如在；翼翼新庙，日至而毕。愿小子扬榷前烈，铭于庙门。曰：在昔君臣合德，兴造功业，有若伊尹相汤，吕望兴周，夷吾霸齐，乐毅昌燕。是数君子皆风云相感，垂佑来世。尝以为阿衡则尊立圣主，天下乐推；尚父则上儳独夫，诸侯同举。管氏籍强齐之力，以宗周为令王；乐生因建国之资，赞燕昭为兴主，君臣同道，仅能成功。惟武侯遭时昏乱，群雄竞起，高光之泽已竭，桓灵之虐在人。遇先主之短促，值曹魏之雄富，能以区区一州，介在山谷，驱羸卒，辅幼主，衡击中原，撑拒强敌，论时则辛癸恶稔；语地则燕齐强胜。迁夏、殷者，未可校功；霸桓、昭者，不足侔力。向使天假之年，理兵渭汭，其将席卷西邑，底绥东周，祀汉配天，不失旧物矣。洪伐彰彰，宜冠今古，倬轶前烈，其谁曰不然？武侯名迹，存乎《国志》，今之群书，姑务统论大略，叙我新意。至于备载爵位，追叙史传，非作者至德（《全唐文》作之意）也，今在不书。其铭曰：桓、灵济虐，云海横流。群雄蝟起，毒蠚九州。天既厌汉，人思代刘。沸渭交争，存亡之秋。其谁存之，时惟武侯。伊昔武侯，跧足南阳。退藏于密，不耀其光。有时有君，将排垢氛。鱼脱溪泉，龙跃风云，先主缵绪，天下三分。馥馥德馨，悠悠清尘。前哲后贤（《全唐文》作俊），心迹暗沦。建兹新庙，式是梁岷（《陕西通志》误作岷字，今从《全唐文》改为岷）。

此碑文内武字，久已不清。或作民字。《金石萃编》谓"疑是武字"。然《唐书》本传称严武卒于代宗永泰元年，则不应德宗贞元十一年尚在。或者修庙在前，落成在后，而追述其事欤？《关中金石记》疑"府王"为"府主"，谓即舒王谟。然舒王未尝为左仆射也。碑阴又有绍兴年间宋人题名，惜不可辨。此外又有元至正六年碑，明永乐四年碑，明成化十九年碑，各一。余为前清人题字，亦只有黎庶昌祭文一篇可读而已。守庙道人又出武侯《琴吟自叙》拓片，见示。此文作近时隶书，显是后人伪刻，而道人视之，甚为宝贵，尤可笑也。殿前左角碑阴，刻有明嘉靖辛亥川南甘茹题诗一首。明人多行草，故书法秀润可观，诗曰：

> 丞相祠堂不可寻，古祠含雨气阴森。
>
> 空山影外陨星处，流水声中抱膝吟。
>
> 八陈总归筹笔略，三分未遂托孤心。
>
> 平生梦寐丹青貌，一拜人龙豁素襟。

此诗书法颇类似董香光，盖亦明人时尚之体。诗中用"陨星处"，实则陨星在武功不在沔县也。诗中亦用"八陈"之语。余按：《蜀志》本传称武侯"推演兵法作八阵图"。《华阳国志》称武侯自言"八阵图既成，自今行师，庶不覆败矣"。古书于此，既未详其情况，于是八阵图究为何物，遂使古今言论纷如聚讼。余考班孟坚《燕然山铭》曰"勒以八阵"，可见古人久有八阵之法。然后人皆以此法归之于武侯。杜子美咏八阵图诗云：

> 功盖三分国，名成八阵图。

此见昔人推重之至也。《水经·沔水注》称"定军山亮茔东，即八阵图，遗址略在，崩褫难识"。《汉中府志·古迹门》称"定军山下，图列入阵，聚细石头为之，各六十四聚"。余考《通鉴地理通释》引荆州图，谓"八阵图聚细石为之，各高五丈，广十图，中间相去各九尺，正中间南北巷，悉广五尺，凡六十四聚。或为夏水所没，冬水退，依然如故"。此当府志之说所本。余按：沔县之八阵图，今已不可考见。此外四川之新都鱼复，昔时亦有八阵图，今亦不存。高似孙《子略》以八阵图为宋时尚在，且曰："磊磊斯石，戴蟲戴椿，知几何年，曾不一仄。"余亦不之信也。余谓武侯所谓八阵者，盖谓其行军进退之布置。本传裴注引《袁子》，称其用兵"出入如宾""进退如风"，由此可以想见。本传又称武侯死后退军，司马懿"案行其营垒处所，叹曰'天下奇才也'"。当亦指此而言。大约所谓八阵图者，实即行军之阵法。后人不察，皆以聚石数堆当之。且谓"江水又涨落，而石堆有转动"，何其陋也。

宋人《三国平话》及明人《三国演义》均有武侯禳星之说，为正史所不载。然晋人孙圣所著之《晋阳秋》，已言"有星赤而芒角，自东北西南流，投于亮营，俄而亮卒"。具见本传裴注所引。由是可知此说之由来久矣。温飞卿、苏子瞻过五丈原诗，各有一联如下：

> 天青杀气屯关右，夜半妖星照渭滨。
>
> 一朝长星坠，竟使蜀妇鳌。

此皆咏陨星之事也。古人往往谓星象与人命有关，此术出于古之巴比伦，而在上古已流入中国，故《庄子》已有传说"死而为流星"之说。余谓夜星落而武侯卒，此见天象与人事相应，盖亦事之偶然者，无足怪也。《晋阳秋》又谓此星"投于亮营，三再还，往大还小"，则又是附会之谈，而为不可能之事矣。

《蜀志》本传称后主建兴元年"封亮为武乡侯"。《汉中府志·建置门》称"武乡谷在南郑县城东北三十里"，谓即"武乡之封地"。余考此说，初见于宋人《通鉴地理通释》及《太平寰宇记》，当为《汉中府志》所本。究竟武侯之封地何在，前人尚无详考。元人胡三省号称博洽，而其注《通鉴》，关于武乡，亦无说明。然前人谓"南郑之武乡谷，即是武乡侯之封地"，实为可疑。余考南郑即旧汉中府治。又考魏延在蜀，曾为汉中太守，又封南郑侯，均见《蜀志》本传。武侯之功，百倍于魏延。魏延侯于南郑，而武侯反侯于南郑之一区，实无此理。谢钟英《补三国疆域志补注》谓"武乡县名，前汉属琅琊郡"。又谓"三国封爵之制，多以本土为封邑。武侯琅琊人，故以琅琊之武乡县封之"，余考此说已见梁章钜《三国志旁证》卷二十，不知谢氏何以未见。余又考武乡在前汉本为琅琊郡之侯国名，见《汉书·地理志》。而谢氏谓为"县名"，亦非也。《蜀志》本传称武侯为"琅琊阳都人"，汉之阳都，即今山东沂水县西南地，见《大清一统志》。武侯为琅琊人，而武乡既为琅琊郡之国，则武乡侯之封地，当在此而不在南郑明矣。武乡之所在，前人久已无考。北平昔有女伶演《空城计》一曲，唱至"官封到武乡侯"句，而伸其五指作势，是又误武为五矣。

本传又称武侯"出斜谷以流马运"，"出祁山以木牛运"。斜谷、祁山已见上文，木牛流马之制，人多疑之，近人至谓为手车之异名，实不尽然。考陈寿所辑之诸葛氏集内，有作木牛流马法，且详载其制作尺寸大小。《蜀志》裴注具载其说。余按：陈氏去武侯不远，所言必无稽之比也。本传裴注引《魏氏春秋》，又称武侯"损益连弩，以铁为矢，矢长八寸，十矢具发"，前言张郃在木门之死，实即死于武侯之伏弩，见《魏志·张郃传》裴注所引之《魏略》。此见武侯之连弩，在当时确为战时之利器也。据前清冯云鹏《金石索》，记所得武侯弩机为铜制，上铸有章武年号，余在沔县所得定军山下出土之箭镞，亦是铜制。由此而知《魏氏春秋》所谓武侯"以铁为矢"仍未得其真相也。晋人李兴所作隆中（今湖北襄阳城西二十里）武侯故宅碣文曰："木牛之奇，则亦般模。神弩之功，一何微妙"。本传称武侯"长于巧思"，信不虚矣。

武侯卒于五丈原，已见上文。本传裴注引《汉晋春秋》，称"入谷然后发丧"，又引《魏书》称"遁走入谷，道发病死"。盖前者本蜀人之称述，而后者本魏人之传闻，故其不同如此也。据《蜀志》本传，武侯"自比管乐"，司马懿称武侯为"天下奇才"，而其成就，只至于此，考武侯死时只五十四，盖谓年寿所限而然也。或谓陈寿不得志于蜀，故作史于武侯事迹，多所隐没。余按：《史通·曲笔》篇曰："陆机晋史，虚张拒葛之锋。"又曰："蜀老犹存，知诸葛之多枉。"然则武侯事迹，多被隐没，其信然欤！杜子美咏武侯诗云：

> 出师未捷身先死，长使英雄泪满襟。

斯固昔人所为叹息痛恨者矣。前已言武侯由斜谷出据五丈原，然则《汉晋春秋》所谓死后"入谷然后发丧"者，当然仍指入斜谷而言。《通鉴·魏纪》胡注谓入谷为"入斜谷"，其说不误。余考斜谷、褒谷同是一谷，而北谷曰斜，南谷曰褒，已见上文。又考《蜀志·魏延传》裴注引《魏略》，称武侯死后，"行至褒口，乃发丧"。此所谓褒口，即是褒谷之口，此尤为斜谷、褒谷同为一谷之证。盖斜谷之南口，即是褒谷之北口也。斜谷、褒谷之考订，已详于前矣。

《蜀志·魏延传》称武侯死后，"延先南归，据南谷口"。此所谓"南谷口"即指褒谷之口，亦即上文引《魏略》，所谓"褒口"也。北谷曰斜，南谷曰褒，已见上文。此次武侯出斜谷，而《魏延传》作"出北谷口"，可知北谷即是斜谷也。北谷口即是斜谷口，则所谓据"南谷口"者，当指褒谷无疑。本传又言"延既败，独与其子数人逃亡，奔汉中"，此汉中当指南郑而言。此因延曾为汉中太守，又封南郑侯，均见本传。故既败而逃回本人之所封地也。其后延为马岱所斩，亦见本传。旧汉中府治南郑，《大清统一志》谓"南郑故城在今城东二里"，魏延之死，当在南郑。今南郑城北门外，东行，路旁有石碑，题曰"马岱斩魏延处"。此后之好事者所为，而亦不可谓为无据也。

（《文史杂志》1944 年第 3 卷）

沔县探访记

历来凡经过汉中区者，无不注意于沔县之古迹名胜，因其为定军山、阳平关，及武侯庙、武侯墓之所在也。考订军山为刘先主与曹孟德战争之场，又为诸葛武侯驻兵及埋骨之所，宜其久为游人所欲凭吊而瞻仰。前清王渔洋先生入蜀，过汉中诗曰"天汉摇摇指剑关，逢人先问定军山"，可谓代表一般过客心理之所同然也。余自到汉中区后，屡作沔县之游，因得备观各地，遂志其所见如下，以备访古者之参考焉。

沔县为沔水所经通，即汉之沔阳也。《大清一统志》称沔县故城遗址在今县城东十里。然今县城又分新旧二城，相去约三里。考《水经·沔水注》，称沔阳"故城为萧何所筑"，其来古矣。《华阳国志》称"蜀川沔阳为汉城"。再考汉城为诸葛武侯所筑，在后主建兴七年（西历二二九年），详见《三国志·后主传》。然则今之沔县，即汉之沔阳，亦即蜀之汉城也。又考《后主传》，武侯以建兴五年（西历二二七年）春，出屯汉中，"营沔北、阳平、石马"。凡此诸地，皆在今沔县境内。所谓沔北，即沔水之北。又考沔水、汉水本为一水，《水经·沔水注》所谓"沔水至汉中为汉水"是也。

阳平之所在，世多异说。余考《三国志》，蜀将黄忠斩魏将夏侯渊之处，《魏志·武帝传》谓在阳平，而《蜀志·黄忠传》谓在定军山。由此可知阳平、定军山二地相去不远。余考刘先主与曹公争汉中，《蜀志·先主传》称先主"自阳平南渡沔水，缘山稍前，于定军山势作营"，此可为证也。今沔县城西有高阁，上刻"古阳平关"四字。南临沔水，再南十里即定军山。沔水与定军山之间，地势平衍，当即古战场之所在也。黄忠斩夏侯渊之地，当在此处。所谓"石马"者，在今县城东。《读史方舆纪要》谓在沔县东二十里是也。《汉中府志》谓之石马城，并谓为"武侯驻兵之所"，即此地也。定军山下旧有黄忠庙，今已亡矣。

沔县旧城北二里，有高丘，今人有碑志之，题曰"武侯读书台"。余考宋人陆放翁已有咏武侯读书台诗，盖斯台之存在久矣。余登其上，见有汉砖残块，侧面皆有几何纹花样，大约汉时已有建筑在此。陆放翁诗云：出师二表千载无，高台当日读何书？此以武侯曾读何书为问，不易答复。然据《蜀志》本传裴注所引《魏略》，只知武侯读书，"观其大略"而已。又据《蜀志·先主传》所引诸葛氏集，知武侯曾为后主"写申、韩、管子、六韬"。余谓武侯之出处大节，不愧儒家，而其政治学术，实本申韩，则其平日所读之书，从可知矣。

近人多为武侯空城计西城的故事，即在沔县发生，其说虽误，而亦有所本。余考曲本《空城计》之本事，虽不见于正史，而见于晋人郭冲所著《诸葛亮隐没五事》之一，今存裴松之《三国志注》内。郭氏之意，即指此事在阳平发生，即今沔县之阳平也。考此事是由建兴六年（西历二二八年）武侯攻祁山失街亭退下而起，具详《蜀志》本传。但《蜀志》所谓"攻祁山"者，《魏志》作"寇天水"，由此可知祁山在天水附近也。《读史方舆纪要》谓"祁山在今甘肃西和县北七里"，其说不误。祁山既在甘肃，则街亭亦当在甘肃境内。《太平寰宇记》所谓"街亭在陇城县（今甘肃泰安县）东北六十里"，其说亦不误。街亭既在甘肃，武侯决不能由此而退，即到沔县。且考之正史，当武侯伐魏之时代，魏兵未能进至汉中区域之内。其事固甚明显也。

余谓曲本《空城计》之西城，本是传闻之误。考汉有西城及西县二地，世人多误而为一，不可不辨也。前汉之西城，属汉中郡，见《汉书·地理志》。后汉改西城为西城郡，见《续汉书·郡国志》。此所谓西城者，《大清一统志》谓在今陕西安康县西北，其说不误。《蜀志·后主传》所谓建兴八年，司马懿"由西城欲攻汉中"，可以为证。西城既在安康，可知绝非武侯由天水祁山退下所能经过之路也。余又考汉时又有西县，在前汉属陇西郡，在后汉属汉阳郡，均见《汉书·地理志》及《后汉书·郡国志》。此西县之所在，《大清一统志》谓在今甘肃"天水西南百二十里"，其说亦不误。当武侯由天水祁山退而南下，正过此地。《蜀志》武侯本传叙述武侯由祁山退下，所谓"拔西县千余家还汉中"，正谓此地也。由此而知西城与西县，本是二地，西城在安康，而西县则在天水。武侯由天水祁山退下，所经过之地，也是西县，而非西城，而前人混而为一，误矣。

《蜀志》武侯本传称武侯卒后，遭"命葬汉中定军山，因山为坟，冢足容棺"。定军山在今沔县城东南十里。余观此山，并无深秀伟大之势，不知武侯何以取为埋骨之所？余考《水经·沔水注》称武侯墓"因即地势，不起坟垄，惟深松茂柏，攒蔚川阜，莫知墓茔所在"。然则武侯墓之地点，不可考久矣。《水经注》作于北魏时代，在北魏既无墓茔可考，未知何以至今尚有坟墓可见也。今定军山下有二墓，一在中央，前有清雍正年间立碑。一在墙下，旁有明万历年间立碑。二墓并存，谁是谁非，无可辩证。前清梁章钜《三国志旁证》引谭君炳之说，谓有万历年碑者为真墓，余亦未敢信也。

土人称定军山下，时有铜马刺及铜箭头出土。余问及守庙道士，果得马刺及箭头各一。并闻昔年出土者颇多，今渐减少。余查所谓马刺者，约高存许，上有四刺，随手抛掷地面，必有一刺向上。盖战时用以散布地上，以刺马足，如后人所谓铁蒺藜是也。其箭头即古战场之遗镞，大小长短不一，而多作三棱形。二者皆铜制，而甚坚利，由此可知古人"以铜为兵"，至三国时代尚然。《汉中府志》谓定军山有"武侯兵书岩"，此固好事者所为，而今亦不可见矣。武侯墓后有二桂树，甚高大，土人谓为汉桂，虽不可信，然尚为宋元物也。

由县城向西北行，约五里，在公路旁，有石碑高丈许，上刻"汉丞相诸葛忠武侯庙"。由此向东南，行里许，有匾额上有"丞相祠堂"四字，用杜子美语也。殿上有匾额上有"天下奇才"四字，用司马懿语也。殿中塑武侯冠服像，虽是近人所造，而颇有古贤士大夫风度。殿内桌上陈石琴一，作青绿色，上刻"章武元年"四字，则亦好事者为之也。守庙道人谓余曰："此即当年空城计在城楼上所弹之琴。"其可笑如此。二门内有砖刻一联曰："日月高悬出师表，风云维护定军山。"此联虽未著撰人姓氏而典雅可观。

此庙实为吾国最古的武侯庙，而成都之丞相祠堂反在其后。考《蜀志》本传，后主景耀二年春，始下诏为武侯"立庙于沔阳"。沔阳即今之沔县，已见上文。武侯死后，百姓因时节私祭于道陌，至景耀二年始立庙，距今一千五百八十二年矣。成都、南郑、武功，皆有庙，皆远在其后。守庙道士年七十余矣，对余言："昔年凡文武大员入川，多由此路，且必住宿庙中，故布施甚丰，庙貌焕然。后来轮船兴，多走水路，即有走此路者，自汽车兴，皆不在此住宿，故收入无源，庙宇颓坏。"言之慨然，不胜今昔之感。余考此庙是否即三国时旧址，今不能定。然余见墙壁间多有汉砖残块，或即旧时遗址，亦未可知也。此类砖侧面皆有几何纹花样，较普通汉砖为大，而与城固张骞墓中发现者相同。

武侯庙中石刻最古者，今只存唐贞元十一年碑一座。盖严武修庙，而沈迥作记。然□字上之武字，已磨灭不清。旧《陕西通志》引此文，则作严氏。余考《唐书》本传，严武死在贞元以前，不应在贞元十一年尚能修庙，或别一严某也。碑文书法清劲，词句典丽，惜半已磨没。碑阴有宋人题名，仅有绍兴□字可见。其余石刻，尚有嘉靖年间甘茹行书七律一首，万历年间樊克昌草书七律一首、同治年间黎庶昌楷书祭文一篇，均有可观。考《唐文粹》所载，尚有裴度、尚驰、吕温等碑文，今皆不存。由此可知古刻之损毁者多矣。

《汉中府志·古迹门》称"定军山下，图列八阵，聚细石为之，各六十四聚"。此为游人所欲观，而现今已无可见。余考《通鉴地理通释》引荆州图，谓"八阵图聚细石为之，各高五丈，广十围，中间相去各九尺。正中开南北巷，悉广五尺，凡六十四聚，或为夏水所没，冬水退，依然为故"。此是宋人之说，当即《汉中府志》所本，未必作府志者尚能亲见此石也。余考八阵图之名，已见班孟坚《燕然山铭序》，所谓"勒以八阵"是也。所谓八阵，似是古人行军之法，故《华阳国志》载武侯之言曰："八阵既成，自今行师庶不覆败矣。"《蜀志》本传称武侯"推演兵法，作八阵图"，亦是此意。后人不察，乃以聚石数十堆当之，且谓为水流不转，何其陋也。

距武侯庙不远，在公路之旁，又有马超庙及马超墓，有前清毕沅题碑。考马氏为三国时之名将，随先主入成都有功，及先主称帝章武元年，马氏为骠骑将军，领凉州牧，次年卒，均见《蜀志》本传。然其死在何处，葬在何地，在正史及其他古书内，均不可考。今其墓竟在沔县，未知何据。或当其赴凉州牧就职之时，路过汉中，而病死于此，遂葬于此欤？墓旁时有古陶器残片发现，余曾亲见之。西国考古家谓"野外如有残陶片发现，多是古墓祭器之遗"。然据此实可定为古墓，而仍未能证明为马氏之墓也。

武侯庙中旧存《武侯全集》之版本，余因请守庙道士导观之。据道士言："昔年文武大员过此，必索取数部，并赠重金而去，现时路过大员甚少，即有人来此，亦不知《武侯全集》之名，故此集版本日就腐朽，现已不能刷印。"余考古本《武侯集》为晋人陈寿所编定，凡廿四篇，其书久亡。今本《武侯全集》，乃前清张澍所补辑，内有诸葛武侯文集四卷，诸葛忠武侯故事五卷，附录二卷，皆就唐宋以前人所引用者集录而成，其书甚为详博。原版即藏庙中，以□共垂久远，而孰知此本至今亦不能保存也。所幸此集之旧印本，在海内流布尚多，庶不至如陈氏所编者之湮没矣。

（《说文月刊》1944 年第 4 卷）

四

理论与方法

中国哲学及其研究方法

一、哲学之定义

现时各国学者解说哲学之定义（defination），有数百家之不同，然终觉无甚满意，余以个人之意见解之：哲学者，即应用各种科学之公理，以期作成综合的原理（unified principle），可为心、身、家、国、社会之指导者也。此定义虽觉繁重，而实不能再求简易。现时各种科学皆以直接间接与人生有用为主。如天文学虽觉玄远，而实则与农产大有关系。哲学可以为人生指导，其有用于人生自不待言。

哲学在西文本谓"爱智慧"，而指导人生，自非有大智慧不可。梵文所谓"般若波若蜜"者，意即谓"智慧可到彼岸"也。哲字今人皆作从折从口，其实不然。前清时代，山东地下发现周代铜器，上有哲字，皆从折从心，作"悊"。然则哲学当作悊学。是知哲学之精义，当作心的研究，而不能用口的讲说也。

二、哲学之起源

推原人类之行为，大抵本于冲动（instinctive impulse）及回想（reflective thought）。最初人类迫于食、衣、住的需要，当然本于冲动之行为多，而本于回想之行为少，及其食、衣、住之需要稍缓，然后有余暇以及回想，即为哲学发生之起源。试比而列之如下：

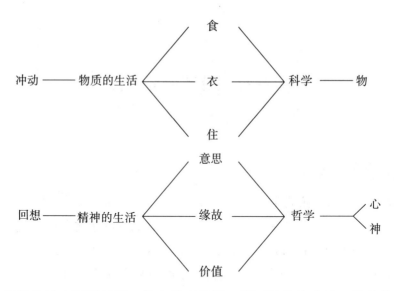

物质的生活自不可轻视，然人类之欲望，绝不以此为止境。是故物质生活以后，必及于精神生活。由前即发生科学，由后即发生哲学。及引起精神生活之意味，则不但不注意物质生活，而且轻视物质生活。如孔子之高才门徒颜渊"一箪食，一瓢饮，在陋巷，而不改其乐"。人类如能重视精神生活，而轻视物质生活，则竞争、冲突、战斗等事可免，而太平可致。

科学所研究者为物，而哲学所讨论者为心及神。此所谓心者，与心理学所言之心有异；而所谓神者，亦与宗教家所言之神不同也。在此点上，中西哲学并无不同。

三、中国哲学之部分

中国哲学出于八卦九畴，而八卦九畴相传出于《河图》《洛书》，然此并非迷信之谈。大约上古有一大哲人悟出此理，刻之于龟甲，流之于河水，有古帝王见而法之，遂传于世。盖古之哲人只求其学理公之于人，不求其姓名知之于世，与今人好"出风头"者大不同也。

八卦变为六十四卦，九畴亦不过六十五文。然于天地间道德、政治、社会各问题，几乎无所不包，此实为世界他国所未有。然论及详密发达之哲学，自当以周秦为始。总计中国哲学约分为三期如下：

周秦——道，儒，名，法，墨，阴阳。

汉唐——道，儒。

宋明——儒（程朱、陆王）。

周秦最为发达，自不待言。汉至唐仅余道儒二家。道家之代表人刘安、葛洪，儒家之代表如董仲舒、韩愈，皆不过祖述前人，无甚发明。宋明受佛学之影响，而哲学又有复兴之象。其所谓理学，是否为孔夫子之理，自是另一问题。然其用佛学解释儒学，自与汉唐人不同。于是有程朱、陆王二派：一派代表经验派，一派代表直觉派。经验派重在铢积寸累，读书穷理；直觉派重在明心见性，静观默证。此其大略也。

佛学自魏晋以来，译为汉文书籍甚多，几乎变为中国化的哲学。然中国哲学素注重现在世，即老、庄、列三家亦未言及未来世。故中国哲学所讲者，即为正心、诚意、修身、齐家、治国、平天下。佛学虽通三世——现在、过去、未来，而实重在未来世，故与中国哲学之精神大异。故佛学仍当还其本来面目，归于印度哲学以内也。

四、研究中国哲学之方法

古书自经秦火以后，缺亡既多，又经后世传写刻印，错误亦不少。且古字多用形声通借之法，如《老子》以迆为迤，《管子》以兄为况之类甚多。故非道训诂音韵，不易了解。清儒虽有注释，而难解之处尚多。然此仍在文字章句上说法，至于大义微言之了解，则又不在乎此。

近人动言用科学方法治中国古学，此为近年最时髦之常语。然科学方法用之于哲学，是否足用，尚为问题。余此处愿引法国哲学家柏格森之说，以代自己之意见。柏氏谓研究学问有二种方法，一为 go around it，二为 enter into it。余谓一即包括计量及分析，二即包括自觉及自证也。

研究科学大概皆为 go around it，即如化学家分析物质为至小之电子，仍然是 go around it，而非 enter into it 也。若研究哲学，则非 enter into it 不可。所谓自觉者，即谓彻底了悟；所谓自证者，即谓与道合一。柏氏所谓 identify 即余所谓自证也。

"彻底了悟"已难，"与道合一"尤难，然此为哲学家至高之境象。儒学家所谓"豁然贯通"，即谓自觉。佛学家所谓"立地成佛"，即谓自证。自证者了悟已极，功力亦至，己即是道，道即是己，己与道合而为一也。《庄子》曰："天地与我并生，万物与我为一。"《中庸》曰："能尽己之性，则能尽人之性；能尽人之性，则能尽物之性；能尽物之性，则可以赞天地之化育，而与天地参矣。"哲学家之目的，即在于此。

筹办历史系计划书

本校现定下年开办历史专科，学分中外，时括古今，范围宽博，事体重大，鄙人既由同人推举，承乏主任，虽凛临深履薄之思，犹冀千虑一得之效。查吾邦为东亚古国，世界同钦，然问其上古之文化起源，至今迄无定说，即来一适用之通史教材，至今亦尚无善本，是则史学急需整理，史书急需改造，人所共喻，无待多言。近时学者如梁任公、王静安两先生，皆治史学有名，并为本校罗致，此实千载难遇之机，亦为中外瞩目之点，整理史事，斯正其时，失今不图，后起难继。然非本校当局对于历史系确有远大之希望，确有诚实之提倡，则前途发展，未易乐观，此因人才非有机会不能表现，学术非有补助不能发达故也。兹当开办历史系专科之始，除由本系同人已将课程拟就暂名试办外，所有关于扶助本系之进行计划，谨就管见所及，略陈者下：

一、宜中西并重以资深造也

历史为陶铸国民性之工具，亦为养成爱国心之教材，世界学者，无不承认。本校旧制课程，原为留美预备，前清以来，素重西史而轻中史；近年以来，且有西史而无中史，此因西史在美国可得学分，而中史在美国不能得学分故也。然青年因此所受之损失，本校实有应负之责任。今既改办大学，自应中史为主，虽校内之成见一时难更，而学生之趋向已与前大异。本系现定课程，中西并重，凡专门中史者兼习西史，专门西史者兼习中史，其有中西同时研究者，亦当视其才力，乐为成就，总期学生毕业之后，既知中史精神，复谙西史之方法，中西兼综，以成全才。

二、宜添聘通才以宏造就也

教授历史，端赖通才，本系担任西史者现有三人，尚敷应用，而担任中史者，除梁任公只允讲授一小时外，其余仅有一人，如不添聘教授，实难分配课程。无如中史人才，物色非易，盖因西史善本甚多，易于掇拾，而中史新著甚少，尚待整理故也。吾国史料，浩如烟海，整理之事，实未易言。盖非精研考古，不能授上世史书；非通达政治，不能议近古史事；品评名著，有关文学；较量古今，尤切经历。人才难得，各校皆然。本系第四年史学专题研究已承梁、王二君担任，其他如本国史必修及选习各课，所余钟点尚多，自非添聘妥员，不足以资分配。第一、二年内至少须增加一人，至第三、四年内，中西史两方人才均恐未必足用，此时尚难预计。

三、宜注重西史方法以广传习也

西国自十九世纪以来，历史一门，久成科学，近时多谓之历史科学（science of history），德法史家，尤称深造。盖研究上古史者，必赖人类学、考古学、地质学、语言学、宗教学之结果，研究近代史者，又必用地理学、政治学、社会学、经济学之解释，而其审择材料，组织成书，又须严按科学方法。吾国学者每多文史并称，而文亦无不以史家自命，辗转贻误，自不待言。今须力矫前人之弊，认定历史为专门之学，而望其根本改造，自必赖西国方法。本系第二年已承梁任公担任历史研究法，并拟于第三、四年添设西史方法及历史哲学等门，务使学生于西人所谓科学方法，切实了解，并拟于第四年添设历史教授法，以广传习。

四、宜搜罗东西材料研究也

现当世界大通，学术互相补助，吾国史册非但苦无善本，即材料亦多放失，如匈奴、蒙古史迹，多存于欧洲著作，隋唐明清遗事，多见于日本记述。又况近数十年，欧洲人所谓东方学，日本人所谓支那学，研究甚力，进步甚速，彼土对于专题研究，往往突过吾国硕学，譬如关于吾国之文化、哲学、文学、美术、佛教等史，欧日学者，均已成书多种，而吾国著作依然寥若晨星。现查研究中国古学者，以英德法学者为最，日本尚居其次。吾人故步自封，抱残守缺，常此以往，岂可与世界学者相见？本系拟于本年请派人赴日本一次，明年再派人赴欧洲一次，以期搜集彼土著作，并期交换两方史家意见，以资参考。

五、宜添设考古学室以资参证也

历史之功，非徒记述国家兴亡，尤当注意人类进化。然欲引起学生兴味，则托之空言，不如征之实物，又况如西人所谓历史前的文化者，既无记载可凭，尤赖器物为据，故欧美大典无不附设博物馆，以备研究。北京大学虽屡感经济困难，而不废搜集事业，故其所办之考古学室，成绩灿然，全国推托。本校于此项学术，素无设备，每遇演讲文化，顿觉瞠目无睹，且大学如无收藏，徒存四壁，既负学府之名，亦失士林之望。本系拟请组织考古学室一所，暂定开办费三千元，以后岁定经常费二千元，以便购买中西古物，并请聘王、梁二先生为顾问，以助览定。开始虽难足用，积久自有可观。本系并拟于第三、四年添设人类学、考古学等门，彼时需用古物标本尤多。

六、宜改编吾国史书以便学界也

西国史家多谓旧时史书，皆不足信，故自近百年来竞称历史改造。英国剑桥大学，首定远大计划，期以廿年时力，改编世界全史，上起埃及，下迄欧战，分期编纂，各由专家，全书现已告成，学界群推绝作。吾人对于西史，虽云无能为役，而对于中史，岂可暴弃自甘？吾国史书之急待改造，前已言及，本校财力，全国称羡。而史学前辈，均聚于此。如能利用时机，整理史事，期以十年之功，以便编出中国通史及上古史、中古史、近代史各一部，庶几上可比剑桥之盛举，下亦不失吾国史界之威权，非徒本国学校有所遵循，即外人之研究吾国史事者，亦可由此免除误会。

上陈数端，皆就管见所及，胪列一二，虽思虑多所未周，而高远亦未敢先务。虽理想或难达到，而实际亦不容缓图。是否有当，理合专函达议，用备采择。

（《清华周刊》第 383 期，1926 年 6 月 11 日）

历史系发展计划概略

本系专科学生已有十六人，而他系学生兼习本系各门中西历史课程者已在八十人以上。本年虽限于经费，难言发展，而其决定可以进行之计划，大略如下：

本系第四年课程有专题研究，已请定史学大家梁任公、王静安两先生担任指导。

中史教授添聘一人，已推荐史学大家柳翼谋先生，现方等候评议会议决。

本年添设人类学一门，与古史极有关系，已请定人类学大家李济之先生担任。

除中国历史研究法已请梁任公先生担任外，其西史研究法已定于后年添设。

与本校研究院合办考古陈列室，现已采集各种金石拓片、历代兵器、钱币、土俑及上古石制、骨制、铜制箭头甚多。

本系主要课程为上古史、中古史、近代史，各分中西，逐年开办。其他各门史学，亦视临时需要，分年添设。已详见本校课程大纲。

本系中西并重，除中史用中文外，凡西史课程皆用英文原书，以期易于深造。

一、历史系现任教授

陆懋德（主任），刘崇鋐，梁启超，钱端升，麻伦，李济之。

二、历史系专修课程

（一）第一年

中国通史（附注）、西洋通史（附注），其余为普通科目。

（二）第二年

历史研究法（中文）、中国近代史或者欧洲近百年史（附注）、本系选习、自由选习。

附注：学生专门中史者，先习中国近代史。专门西史者，先习欧洲近百年史。如时间不冲突，亦可同时兼习。一、二年之选习课程如下：

在本系内者——中国上古史（八）、中国文化史（六）、英国史（六）、美国史（四）、日本史（四）。

在他系内者——中国哲学史、中国文学史、政治学、经济学、社会学、本国文学、英国文学、外国语（附注）、经济思想史。

附注：选习外国语者以连习二年为佳。

（三）第三年

本系选习、自由选习。

（四）第四年

史学专题研究及论文（中史或西史）（附注）、本系选习、自由选习。

附注：学生专门中史者，选中史专题研究。专门西史者，选西史专题研究。三、四年之选习课程如下：

在本系内者——中国上古史（八）、中国史（八）、西洋上古史（八）、中古史（八）、中史名著研究（八）、欧洲交通史（六）、俄国史（四）、印度史（四）、中国断代史（八）、西洋革命时代史（六）、欧洲文艺复兴时代史（六）、欧洲扩展史（六）、欧洲教授法（六）。

在他系内者——本国文学、英国文学、外国语、中国法制史、中国财政史、英国宪政史、西洋政治思想史、西洋哲学史、科学史、教育史，其余不备列。

（《清华周刊》第 408 期，1927 年 4 月 29 日）

修学指导演讲

历史学系课程和组织，已见学程大纲，兹不详剖，仅就历史系之目的略述之。考本校历史系之目的有二：一为他系之补助课程，如政治、经济、文学各系，不习历史，无以知时代之背景及古今之变迁，故各系学生选习历史者甚多；二为本系之专门课程，所以养成输入西方史学及整理中国史书之人才，故本系兼设中西史学二门，凡中史西史两方之教授，均为专门之学者，欲专门中史或西史，均可负指导之责任。中国现时急宜输入西方史学知识，并急需改造中国史书，故史学人才，实有预备养成之必要。然个人对于史学是否确有兴味，实为研究历史之先决问题。西文为研究西史之根基，国学为研究中史之根基，此亦研究历史之先决条件。若论及在社会上之应用，则历史亦与他种社会科学相似，其本身殊难言有用或无用，全视个人之运用能力如何耳。孔子所谓，"人能弘道，非道弘人"亦即此言。

（《国立清华大学校刊》第 24 期，1928 年 3 月 5 日）

西方史学变迁述略

吾国人所谓西方者，皆指中国以西而言。如埃及、巴比伦，在欧洲人虽谓之东方，而在吾国则谓之西方。欧洲人追溯文化之来源，必上推埃及、巴比伦，即史学亦无不如是。此因欧洲文化皆直接或间接受埃及、巴比伦文化影响之故。西方史学在十九世纪以前，无以优异于吾国，且其著作亦远不及吾国史籍之丰富。惟自十九世纪以来，科学进步过绝前古，各种学术无不日进，而史学亦与之俱进。吾国史学界比之西方，诚为落伍，然此亦因他种学术同时落伍之故，绝非史学一家之罪。吾国近时受西方学术之压迫，凡旧有的经学、文学、理学，皆不易前进，只有史学尚有发展之余地，故国人对于史学研究之兴味，较前浓厚。吾国人既欲从事于史学之工作，即不可不与西方史学已过之经历，及以往之成绩，加以研究，以备参考。兹就余个人见闻所及，将西方数千年史学变迁之往迹，述其大略如下：

西方史学之变迁，自当以史学史为详。然此类史学史专书，在欧美各国亦少佳作，且成书者不多。德人 E. Bernheim 在其所作之《史学入门》第一章内，已言及此。大约关于埃及、巴比伦史学，已见于 J. H. Breasted 之《埃及史》，A. H. Saryce 之《巴比伦史》，希腊、罗马史学已见于 J. B. Bury 之《希腊史学史》及 J. W. Dutf 之《罗马文学史》其通论各国史学者，则有 J. T. Shotwell 之

《史学史引论》，H. Bourdeau 之《史学及史学家》，及 G. P. Gooch 之《十九世纪史学及史学家》。又如 H. E. Barnes 之《社会科学史》内有史学一篇，G. W. Robinson 之《历史研究大纲》内，有经典的史学家一篇，F. S. Maruin 之《近代欧洲思想发展史》内有 G. P. Gooch 所作之史学研究一篇，皆可参考。以上诸书叙述已甚简要，本文下列各节，皆于此取材。

埃及、巴比伦上古时代，均有《帝王世谱》，英语所谓 King tablets, Royal lists 者，其类尚多。埃及之帝王世谱，则见于石刻，或树皮书，巴比伦则见于泥板书。此虽为极单简之记录，而不可不谓史记之始祖，其年代至少已在三千年以上。在希腊之南，有西西利岛，Sicily 内有普来姆博物院，Palermo Museum 藏有石刻一方，谓之普来姆石（Palermo stone）。此石为残缺不全之石块，高英尺一七寸，宽九寸五分，上刻埃及四千年前第五朝之年表。全世界真本上古史纪之流传至今者，当以此石为最。

埃及、巴比伦上古史事，又多见于古墓及古庙之壁画，而尚未发现有统系之史册。其后巴比伦有 Berossus 者，约生在西历纪元前四〇〇年，始著《巴比伦史》。惜此书早亡，而其真假亦无从辨认。又其后埃及有 Manetho 者，约生在西历纪元前三〇〇年，始著《埃及史》。此人为埃及之祭司，亦为旅行家。此人游历甚广，其书在希腊写成，故当时以希腊文写之。惜其书亦亡，仅有少部分存在。其书约分埃及上古为三十朝，并以五千前之 Menes 王为首，后之作史者咸宗之。埃及 Menes 王之存在，已得近时考古家证明，此亦 Manetho《埃及史》可信之一证。

希伯来人之《旧约书》内有多部分为犹太及以色列古史，亦有数章记埃及、巴比伦史事者。此书乃集合上古传说及遗文而成，非成于一人，亦非成于一时。此书之写定，据美人 J. H. Breasted 所定，已在西历纪元以后，然其叙述甚有条理，不失为上古记载之佳品。至其《创世纪》当是受巴比伦《洪水记》之影响，《摩西律》当是受汉谟拉比法典之影响。巴比伦《洪水记》著在泥板，汉谟拉比法典刻在石碑，皆为近时地下发现之古物。此二者之记载，皆远在《旧约书》写定之前。

希腊诗人 Homer 在生时代已不可考，据德人 C. Ploetz 所定，其生时约在西历纪元前九〇〇年至八〇〇年之间。此人为希腊史诗之祖，现存诗曰 Iliad，曰 Odyssey，与希腊上古史事有关。此二篇一记希腊人攻伐特洛伊城（Troy

City）之事，一记希腊人战胜凯旋之事。英人 C. E. Robinson 新著《希腊史》以为此二诗乃集合上古数篇遗诗而成，并非出于一人。余考希腊上古此类诗歌甚多，皆不能考出何人所作。然上所言二篇虽无能证为出于何人，然自是希腊史前的诗史。至于希腊在上古时代与特洛伊有交通，已得近时考古家证明。

希腊第一史学家 Herodotus 约生在纪元前四八〇年，初以说故事为业，后作《历史》，后人分为九卷，西方称之为"历史之父"。此人尝游历埃及、小亚细亚等处，故其书不仅记希腊史事，兼及在他国之见闻。其体裁实如闻见录之类，不似后人之史书。书中好采奇异，信天道，自是古代史学家之通病。后有政治家 Thucydides 约生在纪元前四六五年，作《雅典斯巴达战史》。书中能知用人事之因果，为历史之判断，并明言其作书力求真确，以可信之材料及亲身之见闻为主，此为西方史学一大进步。后人称为科学的史学之祖。惜以上二书现存者皆不完全，尚有一部分存在。后又有武人 Xenophon 约生在纪元前四五五年，尝领万人参与波斯内争，归作《波斯战史》及《希腊史》，其叙述甚为精确，处处能表现"爱真"之精神。

罗马初期之记载，相传皆为 Caul 民族入罗马时所焚，故初期史料不全。时有希腊人 Polybius 约生在纪元前一九八年，曾为质于罗马，故熟于罗马故事，初作《罗马史》四〇卷。其书中之第一二卷，详论史学方法，此可谓史法学之祖。罗马文学家 Livy 生在纪元前五九年，亦作《罗马史》，凡一四二卷，用四十年之力作成。其书叙述甚详，描写如生，而多采神话，不脱浮夸之习。又有罗马政治家 Tacitus 生在纪元后五五年，作《续罗马史》，此即续前书而成。其书虽长于描写，优于文词，而褒贬多凭好恶。以上三书现均不全。又有 Suetonius 曾为罗马帝秘书，约生在纪元后七〇年后，作《罗马十二凯撒传》，至今尚存。其书虽讽刺太过，而罗马十二帝之遗事，赖此而传。

罗马时代之希腊人，多仕于罗马，而从事史学著作者颇不乏人。时有 Plutarch 约生在纪元后四六年，作《希腊罗马伟人传》。其书乃取希腊、罗马二国伟人之相似者，比而为之传，凡廿余人，两两相较，颇饶趣味。其书虽多言过其实，而叙述如生，奇趣横溢，至今为各国传颂不绝。又有 Alian 约生在纪元后一二〇年，曾仕罗马为小亚细亚巡抚，故研究亚历山大东征遗事甚详，作《亚历山大远征记》，颇见搜讨之功。又有 Pausanias 约生在纪元后一七四年，久居希腊，熟于希腊古迹名胜，作《希腊游行记》，颇有资于考古之功。

　　已上皆为西方上古期史学家之名著，并为希腊文学、拉丁文学中必读之书，西方皆视之为经典。西方之史学，皆出于此。然此类古史不过仅就前人之纪录传说而编辑之，与近时西方古史学家所谓发现往古（discovery of the past）者，其方法完全不合。其中如希腊之 Thucydides，罗马之 Polybius，均曾论及史学方法，不可不谓为史学界之先觉。已上诸书虽其所用之方法材料，与现时西方治古史之途径不合，因而其为西方史学之祖，故其书至今不废。又其信古而不知选择，好奇而不知求实，皆是前代古史家之通病。至其书之所以流传至今者，并非因其书有何等价值，实因后人有崇拜古文学之心理而保存之。

　　中世纪内，西方史学毫无进步。法人 C. Seignobos 在其所作《历史方法与社会科学》第十一章内，已明言十八世纪以前之史学家，无一人能高出古代史学家之上。此言虽是，而世人多以中世纪之黑暗为教会之罪，其实则不尽然。盖中世纪经过日耳曼民族之焚杀劫掠，书籍文物多已荡然无存。假如无教会之收藏书籍，保存古学，则前所言希腊、罗马旧有的史书，亦必沦亡无遗，遑论新著。惟考在中世纪初期内，最为黑暗，除教会教士以外，能读书识字（者）甚少，能读希腊文、拉丁文著作者尤少，而法、英、德各国在初期尚无文学之可说，史学自不待言。

　　罗马教士 Augustine 约生在三五四年以后，虽死在中世纪以前，而其所著《天国史》一二卷，实代表中世纪之思想。其所谓天国，即指罗马城而言，谓即"上帝之城"。其书推现至隐，重在阐发天道与人事之关系。又有教士 Otto 生在一一一五至一一五八年，作《编年史》，虽称用哲理以解释史事，实亦宗教思想之代表。又有教士 Paris 生在一一九九至一二五九年，亦作《编年史》，所记多据亲身闻见，指陈是非，无所隐讳，号称有良史之才。以上皆教会中最著名之史学著作，皆用拉丁文书之，而尤以《天国史》为后来宗教派的史学思想所宗。

　　此外，非教士的著作，为（有）Villehardouin 生在一一六○至一二一二年，为第四次十字军战役之武员，作《征服康士但丁堡史》。此书用法文书之，以身历之境，为追往之记，为法文史学中第一史书，且为第一佳著。又有Froissatr 生在一三三七至一四○○年，寄居英法二国，自二十岁即发愤著书，至老年绝笔，成《英法战争史》，积五十年之力而成。此人既往来英法二国甚久，见闻较确，故所记多属实录。其书亦以法文写成，后人编定为二五巨册。又有 Mahiaevlli 生在一四六九至一五二七年，为意大利政治家、外交家，所著《王术》一卷，系应用历史的往迹，说明政治的实相，说者讥其尚权诈而轻仁义，然已过史历之实际的表示，正是如此。又作《佛老仑士邦史》，亦有名于世。

综观中世纪史学，非无名著，然其方法、思想均无以有异于希腊、罗马之作者。前言中世纪教会虽为保存学术之中心，而其在史学退步上应负之责任，亦不可不知。盖当时教会之过，因为墨守《圣经》，而以背《圣经》之史学为诬妄，一为严立门户，而以非教徒之著作为邪说。故希腊、罗马之史学名著，皆在排斥之列。当时除最少数人外，多数人几不知史学为何物，且不知史书为何事。又因各国经过长时间之扰乱，虽国家大事亦几无人记载，而日就散失者尤多。然当时各教堂内均有《大主教传记》及《大事年表》，并有《教堂史》，尚能存什一于千百。

近世纪史学之兴，盖自文艺复兴时代以来。前此欧洲人受中世纪思想之拘束，不但不寻求世界的智识，且不研究古代的学术，故此眼光思想极为狭隘。自十字军东征以后，始感觉东方文化之美，而引起研究古学的兴味。自葡萄牙人发现新航路以后，始明了世界范围之大，而引起寻求新知的兴味。在十六世纪内，又有 Copernicus 之地圆说，Calileo 之天文说，Bacon 之试验科学说，在十七世纪内，又有 Descart 之批评哲学，Newton 之实验物理。凡此诸项发明，皆足以改变欧洲人之旧有的学术思想。欧洲之史学自然受其影响，而有特异之改进。是时法国文学久已成立，其次而有英国文学之成立，又其次而有德国文学之成立。于是英、德、法各国之著书者，不必借用拉丁文，而直以英、德、法文写之。又此期之最近期内，各种科学之进步及考古学发现之新材料，尤为前人所不及见。西方史学之盛，于其所以远过前时者，皆在此期。

欧洲人在近世纪以前，对于史学有一谬误思想，为东方人所无者，不可不知。盖彼等受中世纪之拘束，只知以《圣经》内之《旧约书》为惟一之上古史，而对于埃及、巴比伦古史，皆斥为邪说，概不观览。又因埃及、巴比伦古文失传已久，无人能读，故斯时欧洲人作上古史，只推至罗马、希腊为止，而以埃及、巴比伦为不可信。后有荷兰大学教授 Scaliger 生在一五四〇年至一六〇九年，始主张研究古史不可限于希腊、罗马，而必须上追埃及、巴比伦、波斯、犹太之史事。又谓上古各国之年表及其遗事，必须互相参证，而后能得其真相。自此以后，欧人始知希腊以前古史之重要，及其史学上比较研究之方法。所著史学论文甚多，英人 R. C. Christie 为之作传，并编定其文集传于世。

法人 Montesguin 生在一六八九至一七五五年，曾任高级法官，而辞去职位，以研究历史哲学及政治哲学。所著《法意》，全用法律、政治的进化，解明人类历史的变迁。又作《罗马盛衰原因论》，全用政治、历史、哲学之理论，以推究千余年间罗马之盛衰。同时又有 Voltaire 生在一六九四至一七七八年，自幼富于革命思想，因反对当时之宗教、政治，屡被囚禁。彼之史学主张，以为历史不当限于邦国大事，并须注意人民生活。所著有《各国通史文论》《路易十四世传》及《查理士十二世史》。论者以为读其《路易十四世传》，而法国全国生活状况如在目前。以上二人，皆为西方近世史学革命之元勋。盖此二人一注意在历史学深的方面，一注意在历史学广的方面，十九世纪史学家无不受其影响。

英人 Robertson 生在一七二一至一七九三年，为爱丁堡大学教授，并为国史馆委员，其人优于文学，善于叙述，号称良史。所著有《苏格兰史》《美利坚史》，皆有名于世。又作《查理士五世传》，曾得 4500 金镑之酬报，其见重于昔时如此。同时又有 Gibbon 生在一七三七至一七九四年，本为商人子，后被举为国会议员，但其终身兴味及工作，皆在史学研究中。所著《罗马衰亡史》八册，乃积数十年之心力而成，为当时史学界第一名著。英人 W. Bagehot 为之作传，以为自古至今，作罗马史者甚多，各国史学家意见不一，议论不同，惟彼之著作，与世长存，屹然不动，可谓占得史学大家中第一地位。

德国史学派在近世纪史学中，有革新的工作。语其首功，当以柏林大学教授 Ranke 为代表，（其）生在一七九五年至一八八六年。初以现代政治及国际问题著名，所著有《罗马及日耳曼民族史》《欧洲十六世纪十七世纪史》《英国十六世纪十七世纪史》《德国改革时代史》等书，均传于世。英人 Lordalton 作《德国史学派》一篇，载在一八八六年一月号《英国史学评论》，大意谓"前此之著名学家，皆视历史为应用的政治或模范的宗教，或爱国心之制造所，自 Ranke 始是第一人为历史而治历史，不参加其他作用"。自此派出而十九世纪末期之史学家皆宗之，后之客观主义的史学，即始于此。又有 Mommsen 生在一八一七至一九〇三年，曾为莱卜齐大学教授，精于考古之学，作《罗马史》有名于世，在其书内，不重事之是非，而重事之虚实，亦德国史学派之代表。又参与编辑《罗马古物丛编》，为考古之助甚大。

法人 Michelet 生在一七九八年至一八七四年，为印刷工人之子，苦学力行，后为巴黎大学教授。所著有《法兰西史》《法国革命史》《路德言行录》等书，而以《法兰西史》为最著。其书善于描写，能使读者如身历其境。一八七四年七月号《麦克米仑杂志》论之曰："在彼之著作中，历史不是事实的记载，亦不是哲学的分析，乃是过去的复活。"盖谓彼之叙述如生，能使死的事实变为活的表现。又有 Tocqueville 生在一八〇五至一八五九年，为法国政治家，而深通史学，曾出使美国。所著《美国民政》，为美人所叹服，又作《路易十五世史》《古代制度及革命》等书，能用历史的眼光，说明法国政治经济之难免于革命，论者称其有良史之才。

英国剑桥、牛津二大学在史学上，均有贡献。剑桥学生 Macaulay 以文学、法学著名，后为政治家，封男爵，生在一八〇〇年至一八五九年。所著《英格兰史》五大册，最负重名，又作名人传甚多，如《约翰孙传》《爱迪生传》，至今为人传诵。其书中于叙事论事二者，均极史学文学之能事。剑桥学生又有 Maine 生在一八二二年至一八八八年，以法律学及法制史著名，后为政治家。所著《古代法制》，为研究古代社会及法制史名著。牛津学生有 Freeman 生在一八二三至一八九二年，为史学专家，著有《脑耳曼史》《欧洲通史》《欧洲地志》《西西利史》等书。牛津学生又有 Stubbs 生在一八二五至一九〇一年，为宪政史专家，著有《英国宪政史》。二人同为牛津大学教授，其书皆具力求真实的精神。

美国史学家当以 Prescott 为先进，（其）生在一七九六至一八五九年，富有资财，终身从事史学，著有《征服秘鲁史》《征服墨西哥史》等书。其作书之前，先雇用采访员多人，分赴各地，访问当时故老而笔记之，又出重价征求已印未印之材料而购买之，其不出售之书卷，则分遣多人以抄录之，既收之材料，则建筑专室以收贮之，既收集完备，并编定类别，然后从事于笔削。法人 Ch. Seignobos《史学研究引论》第一卷第一章称此法为极合理之方法，又称此法为阿米利坚方法，而叹为他国、他人、他时所不能做。美国又有 Motley 生在一八一四至一八七七年，幼留学柏林，回美后，被任出使奥国、英国。著有《荷兰共和史》《荷兰独立史》等书。又有 Parkman 生在一八二三年至一八九三年，为哈佛大学教授，著有《北美洲英法势力史》。又有 Lea 生在一八二五至一九〇九年，为费城市政主任，著有《中世纪宗教史》。

前列近世纪英、德、法、美四国史家及其著作，皆为美人 Y. W. Roblnson 所著《史学研究大纲》内列在经典的史家（classic historians）之内，盖皆已盖棺论定，名垂不朽。然最近世之史学著作，尚不在内。最近数十年之史学，皆已应用科学方法，自不待言。然欧战以前之史学，多囿于国家主义，欧战以后之史学，渐进于世界主义。国家主义的史学，仍偏于主观，往往尊己国而贬他国，其视历史，如一种可以用为解决国际问题之方法，而其结果则引起欧洲的大战。世界主义的史学，则限于客观，必须为历史而治历史，其视历史，如一种可以当为自然科学之研究，而其结果或可增进世界的了解。最近史学之大贡献，在英、德、法等国均有史料丛编之搜辑，于希腊、罗马、埃及、巴比伦等国均有古物丛编之搜辑，而各国图书馆、博物院、美术馆之收藏，尤较昔时为丰富，故从事史学著作者，亦较前时为便利。语其结果，则最近数十年之史学家姓名及其著作，乃至不可胜数。法人 Ch. Langlois 曾编《袖珍史学书目》，选择极精。美人 Bleasted、Robinson 合编上古、中古、近古史，所附参考书目，尤便于初学。成书具在，不能备述。

英人 G. P. Gooch 在其所作《史学研究篇》内，以为近世史学之新辟的正路，自德国学家 Ranke 为始，并以为自 Ranke 始明白主张，使过的事实与现在的感情脱离关系，并主张凡记述某时代之事迹，必须根据某时代同时代之著作。此即谓自 Ranke 始提出史学之正当方法。史学方法在史学上为入门之途径，古之大史学家固不借径于史学方法，然今人欲修史学，自当以史学方法为始。史学方法之书，以德人为长，Ranke 在其一八二四年印行之《罗马民族史》第一卷内，附有《近代史学家批评》一篇，颇详于史学方法之讨论。继其后者，又有 E. Bernheim 一八八九年印行之《史学方法教本》，自此书出而后史学可称为专门之学。盖自此书始明白示人以搜集史料、鉴别史料及运用史料之方法，而世人始知史学家必须经过一种专门技术之训练。其后英、法、美各国均有关于史学方法之著作，然均无以超过德国学派之上。然则史学方法之学，自当以德国学派为巨擘。文化史为最近史学内之新开的领土，而德人 K. Lambrecht 在一九〇〇年有印行之《文化史方法》，又为研究文化史方法之第一名著。德人虽习用"历史科学（Geschichtswissenschaft）"之名词，然至今历史是否已成为科学，尚为未定之论。盖科学多根据直接的观察，而历史多根据间接的观察，其不同之点在此。近时史学之已用科学方法，自不待言，而近时社会科学又必用史学方法，亦不可不知，法人 Ch. Seignobos 所著《史学方法与社会科学》已详言之。

英人 G. P. Gooch 又以为近时改造古代史之成绩，尤为前人所不能及。此皆由于研究古文字学及考古学之结果。前已言埃及、巴比伦古文久已失传，千余年来无人能通。自法人 Champollion 通埃及象形文后，而有埃及学。自英人 Rawlinson 通巴比伦楔形文后，而有巴比伦学。又因考古学在地下发掘古代遗迹之结果，而埃及、巴比伦及其他古史，皆完全改观。如在希腊之南，发现希腊以前之客瑞特（Crete）文化，在巴比伦之北，发现巴比伦同时之协太特（Hittite）文化。此二国皆有特别之文字，及甚高之文化，并为前人所未尝闻知。又如东罗马帝国有许多事功，非如旧史所言之暗弱；以色列文化皆来自他国，非如《旧约》所言之特殊；中世纪亦有相当之文明，非如新教徒所言之黑暗。其他关于上古、中古，发现之新史料甚多，往往足以推翻旧史而有余。

前言西方上古史及中古史之改造，多由于考古学成绩之美有以助之。史学应用考古学之方法，即在不信书本，而以搜求书本以外之材料为根据。然此方法不但用之于上古、中古史，且用之于近代史，而以发现秘密文件及其他实证为修史之材料。英人 C. G. Crump 所作《历史及史学研究》第三章内以此法为时髦所必须。实则此非仅为其时髦而用之，作史者之必取证于新发现之实物，美人 A. Johnson 所作《历史学家及历史证据》第一章内，言之甚详。其大意以为史学家往往因一堆故物之发现，而完全改变历史之解释。此言诚然，而近时史学之近于用直接观察以增高其地位者，正在此点。材料既多，于是史学内又有分工的著作，如史前史、文化史、思想史、科学史、经济史、宗教史、法制史等，凡一事一物，无不有人为之作历史的研究，此皆为前人所不能有之工作。

近时西方史书不但记述某事之发生，又必须解释某事如何发生之原因、条件及结果。西语谓此为历史的解释（historical interpretation）。在西方所谓的历史解释，已经过四次变迁。大约上古用神话为解释，中古用天道为解释，近古用哲理为解释。至一八四八年，德人 K. Marx 之《资本论》出版，其自序中始言："用经济的进化为历史的解释。"至一八五七年，英人 H. T. Buckle 始采用其说，作《英国文化史》。自此以后，其说大行。此即吾国青年所最崇拜之"经济史观"，此即用经济问题解释人类历史一切变动，即道德、风俗、外交、内政、法律、战争，无不有经济的背影。法人 C. Seignobos 在其所作《历史方法与社会科学》第一八章内，有详细之讨论，而尚未有以易其说。美人 J. T. Shotwell 所作《史学史引论》第二十九章，论历史解释，应于经济之外，加以心理的解释。余谓现时经济问题诚为决定历史变迁之主动力，然至将来科学进步，能使经济如衣、食、住等不成问题，则历史的解释又当于他处求之。

前言最近西方史学之属于科学派者，其姓名及著作已不可胜数。欲知其详，则有专门书目，已见上文。然欧战后出版之史学二大著作，则不可附说于比。此即英国出版之历史丛书 Cambridge History 及法国出版之文化丛书 L'Evolution de L'Humanite 是也。此二书一以时代为组织，详于各国之史事；一以门类为组织，详于各国之文化；各有三十余巨册。最近英国又将法国之文化丛书译为英文，并增加数十种，益臻完备。二书之成功，皆集合世界最近之专门著作及世界最近之研究结果。又于每书后，或每卷后，各附以参考书目，极便研究。读之则于最近各国史学家姓名及其著作了然在目。盖最近之史学家，已悟出一国生活与他国生活有密切之关系，一国文化与他国文化有密切之关系，而过去的生活文化又与现代生活文化有密切之关系，故其眼光大异于前人。

希腊罗马之史学家名垂后世，至今不朽。今之新史学既根据精确丰富之材料，宜其成绩远过前人，而欲成为千秋事业，则反觉甚难。此因近时社会之变迁日速，史料之发现亦日多，故史学上之考证与批评，皆须随时代而变。新材料一出，则旧考证全废，新时局一现，则旧批评全非。西方有许多欧战以前具有史学权威之名著，至今日已失其信用，此即因考证之材料已旧，批评之眼光已旧之故。作《世界史纲》之英人 H. G. Wells 上年在英国演说，有云："古之作书者身虽死而书尚在，今之作书者身尚在而书已亡。"然此非今人不及古人，实因古之社会进步太缓，而今之社会进步太速之故。世之精确著作，莫过于科学书，而科学书传世最短。今之新史学既进于科学之地位，则今之史学著作不能行世久远，固无足怪也。

（《师大史学丛刊》1931年第1卷第1期）

社会科学方法研究
——陆懋德昨在暑期讲演会之演讲

昨日上午九时，为中等教育暑期讲演会第三次讲演，届时由师大史学系主任陆懋德，讲"社会科学方法研究"，到会听讲者约五六十人，主席为两吉女中校长熊知白，讲至十一时始散会，兹录其讲演辞如下：

近数年内，中等学校发生一极大变化，此即因多数学生，不甚注意课程练习，而专注意解决社会问题，此固为社会紊乱、社会不良所驱使而然，而为教职员者，遂感重大困难，吾辈均感此困难，故鄙人甚愿借此交换意见。

鄙人前闻济南某中学英文教员劝学生说："西文 A、B、C，念不念不重要，最重要的是研究社会问题，及解决社会问题。"然此言则大误而特误。鄙人谓如欲研究或解决社会问题，必须先通社会科学，而欲通社会科学，又须先通外国文字，此因社会科学诸书，皆传自欧美，日新月异，而仅读汉文译书，万难足用，且多讹误。

科学本有自然科学与社会科学之分，其分别虽不易确定，而大略自然科学为研究物质变化，社会科学为研究人类活动。然人类活动，又有行为的及思想之不同，亦可谓之体力及脑子之不同。人类活动之可见者，谓之遗迹，根据古今人类活动之遗迹而研究之，于是有历史、政治、经济、社会、伦理等学，其类甚多，统谓之社会科学。自然科学教人如何支配自然环境，社会科学教人如何支配社会环境，是为社会科学之功用。

社会科学之方法，尤为不易讨论之问题。第一，在科学内须知自然科学方法以外，是否另有社会科学方法；第二，在社会科学内，须知历史方法以外是否另有政治、经济、社会等方法。英人 K. Pearson 以为自然科学方法与社会科学方法无异；法人 Ch. Seignobos 以为社会科学方法与历史方法无异，吾辈认定此说，然后可以讨论如下：

由前所言，既承认自然科学与社会科学所用之方法无别，是即世人所常言之科学方法，所谓科学方法者，其说虽多，然大要不外观察、实验、演绎、归纳、分析、比较、综合等法。观察、实验等，可谓之技术的方法；演绎、归纳、分析、比较、综合等，可谓之理论的方法。技术的方法（technical method），即在自然科学中，亦随科目而异；论理的方法（logical method）则在自然科学与社会科学内无不皆同。社会科学只缺乏实验一法，而其余各法，则务期与自然科学无异，譬如地质学亦无实验，亦不能不谓为自然科学。

前已言及社会科学所研究之对象，即古今人类活动之痕迹，是即由于研究者所得之结果。社会科学虽缺乏实验，而其重观察，然其观察又有二种不同，一为直接观察，如根据个人亲自调查之所得；一为间接观察，如根据他人报告或记录之所述。现代社会科学家于直接观察所得之材料，必先举出可以信用之证明，而于间接观察所得之材料，又必先经过是否可信之审查，其工作之谨严，亦与自然科学无异，而与旧时学者完全抄书者不同。

凡社会科学，如历史、政治、经济、伦理、社会等学，无不以搜集材料为生命，其材料亦有事实的及理想之不同，在个人可谓之行为与言论之不同。凡由社会科学家观察所得，皆为社会科学之材料，然又须经过二种工作，一为考证，一为解释（criticism and inteprelation）。考证者，所以审查某种材料之是否可信；解释者，所以根据某种材料而说明其因果变化。此为社会科学方法中二大工作。

历史方法在欧洲发达最早，故世之治其他社会科学者，皆应用历史方法，试以历史方法言之，凡遇任何材料，必先作地、时、人三层考证：第一，定此材料之来源，此为地的关系；第二，定此材料之时代，此为时的关系；第三，定此材料之观察者，或记述者为何人的关系，如来源不明、时代不对，或观察者记述者之人格不可信，或其工作不可信，则此等材料皆不可用。材料如不可信，则由此而定之解释亦必错误，故知考证与解释二者有密切关系，历史如此，其他社会科学亦无不如此。近人多空谈解释，不知考证，其弊甚大。

欧美社会科学书籍，其取材甚为谨严，凡引用某项事实或某项理论，必须注明出处来源，又在篇末或书末必须详列参考书目，凡此皆所以表示取材不苟，内行人只看其引用材料及参考书目，即可断定其内容丰俭，断其程度高下。近时中国人为投机起见，所印行之社会科学书籍亦不为少，然大多数不注明材料来源，不写出参考书目，内行人见之，真以为无可信之价值，此为社会科学方法最低限度之禁律，万勿违犯。凡社会科学书籍，甚不易评其高下，最好先用此法决定之。

考证之后，则加以解释，于是有唯心、唯物二派，在哲学上、宗教上，唯心虽然占甚大势力，而在其他社会科学上，如历史、政治、经济、社会等学，则不能不以唯物派为占优势，俄人 N. Bukhamn 谓"社会科学以唯物观为正当"，此言甚是。盖社会科学终是客观的科学，而非主观的科学，于是 Hegel 以意识为主之辩证法，遂失其势力，而 Marx 以物质为主之辩证法，遂取而代之，所谓唯物史观的社会科学，遂由此盛行于世。然社会或世界研究是意识的，或是物质的，自是另一问题。

前曾言社会科学为可观的科学，考证固是可观，而根据精确的考证，而为公允的解释，亦是客观。反之，如以已用社会科学为宣传品，则由客观而变为主观，已失其科学上之价值。又前言之经济史观，虽可以解释以往社会及现在社会之变化，然在未来社会中或竟失其势力，盖将来自然科学日进，衣、食、住等皆可用最低价格之人造物代之，由此则经济不成问题，不能再支配人类的行为，美国发明家 E. dison 在生时尝为人言之。

中学青年，多未能读西文社会科学原书，然吾辈不可不告以与其空谈社会问题，不如求读西文原书，又如中文的历史、政治、经济、社会各出版品，凡不注明材料来源，及不详列参考书目者，皆不可用。盖读书须先知其材料之出处，并须先知其材料之可信与否，此等习惯，皆须于中学养成之。英国 Oxford 大学出版世界袖珍丛书，每种百页，皆根据专门名家著作，并列参考书目甚详，内有社会科学入门数种，最便青年适用。又去年美国 Chicago 大学出版《社会科学方法》一册，凡七百余页，此为最新著作，有暇可以参考。鄙人对于社会科学，所知甚浅，今日借此与诸位先生交换意见，幸甚幸甚。

（《世界日报》1932 年 8 月 5 日、6 日）

李译历史研究法序

《说文解字》曰："史，记事者也。"上古之世，识字者少，而能作字者尤少，每苦遇大事而不能记忆，故设史以为记事之专职。此时之为史者，自以为某事可记，则记之而已，或他人以为某事可记，则亦记之而已。初未有今人所谓作史之主义及作史之方法也。

吾国史册之最古者，《尚书》远矣。然《尚书》每事为篇，实为列朝档案之流，非为具有统系之史书也。现存史书之最早者，当为孔子所修之《春秋》。《史记·十二诸侯年表》序称孔子作《春秋》，"约其文词，去其繁重，以制义法，王道备，人事浃"。史学中所谓"义法"二字者，始见于此矣。义者，所以为笔削史事之标准，今人所谓"主义"是也。法者，所以为处理史料之规则，今人所谓"方法"是也。义与法，后之作史者莫之能废矣。

虽然，义，属主观者也，其为物也因人而异。法，属于客观者也，其为事也，应用如一。义只可以意会，而法则可以言传，义只可以藏之己，而法则可以授之人。故后之治史学者，少言义而多言法，因义随时变，而法可执一故也。吾国言史法之书，唐人刘知几之《史通》善矣。然其书详于批评前人之法，而少于表示自己之法。故《新唐书》本传称其书为"讥评古今"而作，后之读者如欲于其讥评中而得其方法，非易事也。后世之治史学者如章实斋、崔东壁之流，虽言史法，而其说不详；赵瓯北、王西庄之流，其说虽详，而非专言史法。故在吾国而求善言史法之书，至今未之闻也。

西方近时之言史学者，尤以客观为尚，故多舍"义"而言"法"，且视史学方法与自然科学方法无异。德国之史法学，其先进者也。余昔好德人柏恩亥木氏（指德国史学家伯伦汉）之书，见其内有搜集史料之法，有审查史料之法，有运用史料之法，西方言史法者莫不宗之。美国于史学为后进，而仿效德国学派甚早，故改进史学亦甚速。美人傅铃氏者，亦宗法柏恩亥木氏之一人，所作《历史研究法》，明晰简要，尤于初学为最便。故余每举其书以为青年研究史学者之指导，而又深望有人译为汉文，以备不能读英文原本者之参考者也。

近者友人李子刚君所译傅铃氏之书见示，虽仅为书一册，而已费时数阅寒暑矣。李君治史学有年，又精于英语，娴于译笔，其译本之可信，固无待余言以为重。然李君嘱余为序，余亦乐观其译本之成也，乃述史法之需要及译本之不可少，以示介绍之意云尔。

（《师大月刊》1933年第2期）